《中国阅读通史》编委会

主　编　　王余光
副主编　　徐雁　刘洪权　熊静

理论卷	王余光　汪琴
先秦秦汉卷	先秦编／徐林祥　张立兵
	秦汉编／张积
魏晋南北朝卷	何官峰
隋唐五代两宋卷	黄镇伟
辽西夏金元卷	王龙
明代卷	王龙
清代卷（上）	何官峰
清代卷（下）	王美英
民国卷	许欢
图录卷	熊静　黄镇伟　赵晓　刘刈青

国家出版基金项目
NATIONAL PUBLICATION FOUNDATION

王余光 主编

理论卷

王余光 汪琴 著

中国阅读通史

时代出版传媒股份有限公司
安徽教育出版社

图书在版编目（CIP）数据

中国阅读通史. 理论卷 / 王余光主编；王余光，汪琴著. —合肥：安徽教育出版社，2017.12
ISBN 978-7-5336-8632-1

Ⅰ.①中… Ⅱ.①王…②王…③汪… Ⅲ.①阅读—文化史—中国 Ⅳ.①G252-092

中国版本图书馆CIP数据核字（2017）第292138号

中国阅读通史·理论卷
ZHONGGUO YUEDU TONGSHI·LILUN JUAN

出 版 人：郑 可
质量总监：武常春
策划编辑：刘洪权
责任编辑：唐 秀 黄 俊 何宏贵
装帧设计：袁 泉
技术编辑：陈善军

出版发行：时代出版传媒股份有限公司 安徽教育出版社
地 址：合肥市经开区繁华大道西路398号 邮编：230601
网 址：http://www.ahep.com.cn
营销电话：(0551)63683012，63683013
排 版：安徽时代华印出版服务有限责任公司
印 刷：安徽新华印刷股份有限公司

开 本：710×1010 1/16
印 张：24
字 数：356千字
版 次：2017年12月第1版 2017年12月第1次印刷
定 价：162.00元

（如发现印装质量问题，影响阅读，请与本社营销部联系调换）

总　序

中国有几千年的读书史,几千年来,书籍的制作方式几经革新,但人们藏书与读书的方式并没有发生根本的变化。近十几年来,即此世纪之交的时代,随着电视、网络与智能手机的普及,人们的藏书与读书生活发生了根本的变化。数据库、电子书的出现,颠覆了人们的藏书理念;网络阅读、手机阅读也改变着人们传统的阅读习惯。这是读书人生活的一场真正的革命,不能不让人反思。对中国阅读史的研究,正是基于对现实的一种历史反思。

中国是一个史学发达的国度。传统史学如正史、编年史高度发展,而专门史、专题史发育不良。近百年间,受西方学术思想的影响,专门史得到很快的发展,大多齐备。20世纪后期,图书文化史的研究受到学界的重视。图书文化史中的三大支柱,即出版史、藏书史、阅读史,研究成果逐步增多。21世纪初,中国出版史与藏书史,均有通史出版,但阅读史的研究相对薄弱。20世纪80年代,在欧美的一些大学中,已开设阅读史的课程,并开展相关研究。有几千年阅读历史的中国,还没有一部著作对阅读史加以系统的叙述与总结,这不能不说是一个缺憾。

正是以上原因,《中国阅读通史》的编撰被提上议事日程。

相对于出版史、藏书史关注图书的制作过程、收藏与传承,阅读是一个思想与认知的过程。从这个意义上说,阅读史,如英国学者柯林武德在《历史的观念》一书中所说的,是真正的"作为心灵的知识的历史学"。这样,阅读史的资料、描述、解释等一系列问题,对研究者来说,就构成了相当大的挑战。然而,近三十年的认知与探索,让我们这个研究团体,不仅积累了相当丰富的中国阅读史的资料,在研究方法与研究实践上也具备了一定的经验,同时也完成了与中国阅读史相关的一些学术成果。

自我读大学本科以来,中国图书出版、收藏的历史,既是图书馆学长期关注的话题,也是我感兴趣的领域。对中国阅读史感兴趣,则源于我在20世纪80年代中期主编的《影响中国历史的三十本书》①。一本书的影响,来源于读者对这本书的阅读与阐释。而《影响中国历史的三十本书》,正是选择中国历史上一些重要著作,着力讨论历代读者对这些重要著作的阅读、解释与评论,以及这些重要著作对中国历史的进程是如何产生影响的。

1990年,我与徐雁合作主编的《中国读书大辞典》②编纂工作开始启动。这部工具书近两百万字,我们搜集了相当丰富的古今中外与阅读相关的资料,其中也包括了大量的中国阅读史资料。虽然这是一部辞书,但在编纂过程中,我们的视野更加开阔了,对细节有了更多的关注。《中国读书大辞典》在1993年出版后,得到了社会的好评,1994年获第八届"中国图书奖",此后多次重印。

1997年,我与几位同道将几种中国古代读书史的资料汇集成《读

---

① 王余光:《影响中国历史的三十本书》,武汉:武汉大学出版社,1990年(初版),2007年(新版);汉城:韩国首尔知永社,1993年(韩文版);台北:台北洪叶文化事业有限公司,1994年。
② 王余光、徐雁:《中国读书大辞典》,南京:南京大学出版社,1993年(第1版)。

书四观》①一书出版,这本书所选《读书训》《读书止观录》《读书纪事》及《先正读书诀》,均为明清时期著名藏书家、学者辑集的先秦以来的读书古训和读书掌故,思想深刻,事迹生动,内容丰富,文笔晓畅。我们为之做了简明的注释,并加以翻译,既可为研究者参考,又便于一般读者阅读。同年,吴永贵等人编著的《把卷心醉》一书出版,该书辑录中国古代关于读书、藏书方面的资料,并加以翻译。也是在这一年,由我主编的对中国现代名人的阅读活动进行总结的《中国名人读书生涯》丛书十种,相继由长江文艺出版社出版。

此后数年,由我主编的《中国读者理想藏书》②《读好书文库》③《书海导航》④《世纪阅读文库》⑤等系列读物相继出版。这些编撰工作在社会上引起了一定的反响,让越来越多的人开始把目光投注在阅读问题上。以上著作和丛书的编撰,为我们下一阶段转入对阅读文化与阅读史的全面研究做好了基本资料的准备,同时也为我们开展实践活动奠定了一定的基础。

2000年,我与北京大学信息管理系的部分师生,举行了以阅读史和阅读文化为研究对象的专题讨论会,对阅读史与阅读文化、国外阅读史的研究状况及如何建设中国阅读史等问题进行了热烈的讨论。通过这次讨论,大家对中国阅读史的构建提出了一些初步设想。此后,我结合研究生课程的教学,召集硕、博士生,以阅读史与阅读文化为题展开了多次讨论,并发表了一系列论文。我在2001年发表的《关于阅读史研究的几个问题》⑥一文,对中国阅读史资料、阅读的内涵、

---

① 王余光等:《读书四观》,武汉:湖北辞书出版社,1997年。
② 王余光:《中国读者理想藏书》,北京:光明日报出版社,1999年。
③ 王余光等:《读好书文库》(第1辑,共12种),昆明:云南人民出版社,1999年。
④ 王余光:《书海导航》(3册),宁波:宁波出版社,2000年。
⑤ 王余光等:《世纪阅读文库》(4册),西安:陕西师范大学出版社,2001年。
⑥ 王余光:《关于阅读史研究的几个问题》,载《图书情报知识》2001年第3期。

阅读的时代变迁、中国阅读的传统、书籍的力量与象征意义等问题展开初步讨论，但对中国阅读史的具体内容缺少必要的探讨。

2003年，我承担了教育部人文社会科学研究（博士点基金）项目：中国阅读史研究。这个项目试图从理论上解决中国阅读史研究中的一些问题。同年9月，安徽教育出版社曹露明社长与编辑刘洪权博士来北京大学参加《胡适全集》首发式。其间，曹社长约我在北京大学勺园餐叙，我在席间提出编纂多卷本《中国阅读通史》的构想，得到曹社长的支持。

经过一年多的准备，2004年11月13日，在安徽教育出版社的支持下，由北京大学、南京大学、武汉大学、苏州大学等院校的相关研究者共同参与的《中国阅读通史》编撰会议在北京大学召开。原安徽教育出版社编辑刘洪权，南京大学徐雁，武汉大学王三山、黄鹏、吴永贵，苏州大学黄镇伟，包头师范学院王龙，北京大学张积等诸位先生，以及我与我指导的硕、博士生，在站博士后共20余人参加了会议。会议就《中国阅读通史》撰写的意义、内容、分卷大纲以及编撰过程中的学术规范和研究进程等内容进行了讨论，经过充分研讨，与会代表对中国阅读通史内容、体系、架构等问题达成了共识，明确了撰写的主旨。①

在本次会议上，我提出了《中国阅读通史》按历史时期分卷撰写的方案。全套书分十卷，首卷为理论卷，阐释阅读史研究的基本框架和一般问题；末卷为图录卷；其余八卷，按历史时期划分，叙述各时期阅读的历史过程。我们认为，一个读者的阅读行为受外在因素与内在因素两个方面的影响。外在因素包括社会环境与教育，社会意识与宗教，学术、知识体系，书籍出版、流传与收藏，文本变迁等。这些

---

① 关于这次会议的内容，详见许欢：《〈中国阅读通史〉编撰工程启动》，载《图书馆杂志》2005年第3期。

因素会对阅读行为产生重要影响。内在因素包括谁阅读、如何阅读、读什么、在何处读等内容,这些因素构成了个人的阅读史。我们结合阅读史研究资料与理论,将上述两个方面分解为八个内容,以纲要的形式分述如下。

中国阅读史研究纲要

一、阅读史研究的基础
1. 中国阅读史资料的集结
2. 历代学人论读书、论读书方法、论读书的价值等

二、理论研究
1. 国外阅读史研究进展
2. 国内阅读史研究进展
3. 阅读史研究内容
4. 阅读文化发展的阶段性
5. 阅读文化发展的区域性

三、文本变迁与阅读
1. 文字统一与阅读
2. 载体变迁与阅读
3. 制作方式与阅读

四、社会环境、教育与阅读
1. 经济条件对阅读的影响
2. 出版对阅读的影响
3. 书籍流传、收藏与阅读的关系
4. 教育对阅读的影响
5. 推荐书目

五、社会意识、宗教与阅读
1. 政治意识、国家的文化政策对阅读的影响

2. 禁书

3. 群体意识与阅读的关系

4. 宗教信仰与阅读

六、学术、知识体系与阅读

1. 从书目看历代知识体系的构成、变迁与阅读的变化

2. 注释、翻译与阅读

3. 工具书与阅读

4. 推荐书目与阅读

七、中国阅读传统

1. 思想层面

2. 学而优则仕

3. 勤学苦读

4. 对文本的尊重、对知识的崇敬、对书籍的爱护

5. 书籍的力量与象征意义

八、个人阅读史

1. 书香世家

2. 藏书楼、书房与读书处

3. 阅读习惯

4. 读书经历与思想

5. 生活、时尚与阅读

6. 书呆子、被读书所误

这个纲要汇集了与会众多学者的智慧,并成为我们论述中国每个时期阅读史的主要框架。

2007年,我与课题组成员完成了《中国阅读史研究》项目研究工作,并将项目成果结集,出版了《中国阅读文化史论》①一书。在这本

---

① 王余光:《中国阅读文化史论》,北京:北京图书馆出版社,2007年。

书中,我们就阅读文化与阅读史研究的相关问题展开讨论。这些研究成果为《中国阅读通史》的撰写提供了较好的理论基础。

经过十余年的努力,至2015年,十卷本《中国阅读通史》初稿的撰写与修改工作基本完成。同年10月,我组织硕、博士生对全部书稿的引文注释等做了一次校对。2016年7月,安徽教育出版社在合肥召开了一次作者与责任编辑参加的统稿会。至此,我们基本完成了全书的定稿工作。全书十卷内容如下:

第一卷　理论卷

第二卷　先秦秦汉卷

第三卷　魏晋南北朝卷

第四卷　隋唐五代两宋卷

第五卷　辽西夏金元卷

第六卷　明代卷

第七卷　清代卷(上)

第八卷　清代卷(下)

第九卷　民国卷

第十卷　图录卷

安徽教育出版社在出版学术著作上的坚持,深得学术界的赞赏。十余年来,该社一直支持着这部通史的撰写工作。在这部通史即将出版之际,我与各位作者对安徽教育出版社的帮助,至为感佩。

刘洪权博士在任安徽教育出版社编辑期间,负责协调本套书撰写的进程。2009年他调离安徽教育出版社,进入安徽大学任教,仍然关注本书的进展。刘洪权离社后,本套书的出版事宜由安徽教育出版社原编辑部主任唐秀女史负责,其尽心尽力,贡献良多。上海大学熊静博士为书稿后期的修改、统稿及相关协调事宜做了很多工作。在此一并致谢。

现今的中国,有很多工程、项目或战略。我以为,推广阅读,鼓励国人读书，或许是这个民族最重要的战略。十余年来，《中国阅读通史》的作者一直没有申请研究项目，该书的撰写，是我们的一种自觉行为。我不能肯定，这种行为是否是来自现实的反映。意大利史学家克罗齐认为：我们只能以我们今天的心灵去思想过去，从这个意义上说，一切历史都是当代史。中国曾经是世界上图书文化最发达的国家，且极具民族特色。中国图书从载体、用墨、印装到文字，均系自身发明，形成了非常有民族特色的图书文化，并对世界的图书文化产生了重大影响。而阅读文化正是图书文化的重要一环。我们带着敬畏的心灵去思想那些辉煌的过去，这正是我们的动力所在。

司马迁云：述往事，思来者。通过我们的努力，我们期盼未来阅读史的研究更加辉煌。通过对中国阅读历史的叙述，我们希望未来的中国是一个书香的中国。

王余光
2015年9月28日初稿
2016年8月2日修改

目 录

导言 …………………………………………………………… 1

第一章　阅读文化与阅读史 ………………………………… 6
第一节　阅读与阅读文化 ………………………………… 7
第二节　阅读史研究 ……………………………………… 9
第三节　阅读文化的民族性 …………………………… 35
第四节　阅读文化的区域性 …………………………… 48
第五节　阅读文化的时代性 …………………………… 55
第六节　阅读文化的发展趋势 ………………………… 72

第二章　文本变迁与阅读 …………………………………… 76
第一节　文本的多种视角与多重意义 ………………… 77
第二节　文本的时代变迁 ……………………………… 91
第三节　手抄本时代的阅读 …………………………… 94
第四节　印刷文本时代的阅读 ………………………… 106
第五节　电子文本时代的阅读 ………………………… 124

第三章　社会环境与教育对阅读的影响 …… 130
第一节　经济条件对阅读的影响 …… 130
第二节　出版业与社会阅读 …… 136
第三节　图书馆与社会阅读 …… 143
第四节　教育与阅读 …… 152
第五节　推荐书目 …… 159

第四章　社会意识与宗教对阅读的影响 …… 171
第一节　政治意识与阅读 …… 171
第二节　群体意识与阅读 …… 188
第三节　宗教信仰与阅读 …… 197
第四节　禁书 …… 209

第五章　学术变迁与阅读 …… 215
第一节　知识体系与阅读 …… 215
第二节　注释、翻译与阅读 …… 233
第三节　工具书与阅读 …… 241

第六章　文人生活与阅读 …… 248
第一节　文人生活与休闲阅读 …… 249
第二节　阅读疗法 …… 264
第三节　阅读生活情趣 …… 281

第七章　阅读传统 …… 290
第一节　传统的阅读价值观 …… 290
第二节　传统的阅读方法 …… 299

第三节　传统的阅读精神 ………………………………… 325
第四节　古代读书人的文化情怀 ………………………… 322
第五节　热爱藏书和读书的传统 ………………………… 344

主要参考书目 ………………………………………………… 351

索引 …………………………………………………………… 357

导　言

　　阅读是阅读主体(读者)与文本(可以是一本书,也可以是整个宇宙)相互影响的过程,是阅读主体实践活动与精神活动的一种体现。第一,阅读是人类的一种认知过程。人们通过阅读来探索未知,创造自我。人们在阅读中,会受到文本的影响,这已为人类长期的阅读实践所证实;同时,人们对文本的不同解释,也影响着人们对文本的认识与理解。第二,阅读是一种普遍的文化现象。人类有受教育和获取知识的需求,阅读是人们获取知识的重要手段,它不受时间与地域的限制。第三,阅读是对知识的传承与文化的延续。图书流传的时间性,使阅读具有了有效储存人类文化的功能,为人类文化的继承和创造提供了条件,而阅读则使文化的继承和创造变为可能。第四,阅读是人生的一部分。

　　阅读风气的形成是一个时期政治、学术发展的综合体现,并受其深刻的影响。一方面,我们说阅读是"一种普遍的文化现象",这一现象随着时代的变迁而变迁;另一方面,阅读又是对历史传统的延续与继承,一些凝聚着人类智慧的经典名著不受时代变迁的影响,而一直成为人们阅读的对象。可以这样说,一部阅读史,正是在这种变迁与永恒的矛盾中展开的。

第一，社会变革与阅读的时代变迁的关系。我们以鸦片战争以来的中国史为例，因为这一时期是社会的大变动时期，阅读的转型与变迁也最为显著。清代同治、光绪之际，社会处在大变革的前奏时期，但思想、学术还深受乾嘉学派的影响。在这样的背景下，张之洞于光绪元年（1875）写成《书目答问》①，其主导思想如下：一是以小学（文字学）为根基，提倡秉承乾嘉治学的方法；二是读书宜博，书目所举二千余部，要求读者殚见洽闻。张之洞的这些主张，也反映了当时读书界的普遍趋向。到了1898年，张之洞写《劝学篇》时，其读书的主张已发生变化，作为旧道德的守卫者，他虽然一面反对维新，但是一面又主张"译西书""阅报""变法""变科举""广立学堂"，倡导发展"农工商学""兵学""矿学"等，强调学以致用，不再要求"博闻"。这一变化正体现了戊戌前后世人读书心态的变化。

第二，阅读的时代变迁还体现在阅读的形式的变化上。如"读"与"看"、熟读成诵等。先辈重视高声朗诵、熟读成诵；而如今，读书人注重默读，泛泛浏览。20世纪20年代，梁启超在给清华学生开列的《国学入门书要目及其读法》中，多处提到"熟读成诵"。近一百年来，我们从朗读到默读，从熟读到泛览，我们的知识面变宽了，视野也开阔了许多，而我们的心却浮躁了一些。因此，先人们关于读书的一些见解，仍值得我们仔细思索。

第三，文本的变化也会影响阅读的变化。以中国文献典籍为例，文本形态的每一次变化，对阅读都是一次冲击。如从甲骨到简策，从简策到纸本，从手抄到雕版印刷，从雕版印刷到机器印刷，阅读活动都发生了巨大变化。今天，文本形态从纸本变成电子本，人们的阅读习惯随之也在进行一次大的改变。北宋时期，正是雕版印刷术的普及时期，苏轼适逢其时，理应欢欣，但他对雕版印刷物对阅读的冲击

---

① 张之洞：《书目答问》，上海：商务印书馆，1934年。

却迷惑不解。他在《李氏山房藏书记》一文中说:"而后生科举之士,皆束书不观,游谈无根。"①在网络普及的今天,我们似乎也有着与苏东坡同样的感受。对某些网迷来说,他们是真正做到了"束书不观,游谈无根"。

第四,时代变迁与读物选择的异同。在近代中国,随着科举的结束与新学堂的开办,传统经典不再成为一些读者的阅读对象,人们追求新思潮、新知识。出版业为适应读者的需要,在很大程度上,视阅读为一种新式消费行为,把图书看成一种商品,因而读物层出不穷,花样翻新。虽然如此,但一些传统的经典名著并没有因为时代的变迁而被抛弃,它们仍然有众多读者。

在中国悠久的阅读历史中,读书人逐渐形成了丰厚的读书传统,这种传统的积淀与继承,对后世读书人产生了重要的影响,他们的阅读心理和阅读的价值取向无不受其支配。虽然目前我们还不能对阅读传统做深入与系统的总结,但这一话题显然对中国阅读史的研究具有意义。阅读的思想与方法作为中国阅读传统的一个重要内容,在这方面学术界已有很多的讨论。1996年,我们在译注《读书四观》一书时,钱婉约在这本书的序言《亘古常新的精神追求》中将阅读的思想与方法概括为三个方面:首先,强调读书为学的首要意义是修身弘道,以追求崇高的道德境界;其次,读书须求广博,为学须求通达;最后,读书为学须将"思""习""行"相结合。② 这正如《中庸》中所概括的"博学之,审问之,慎思之,明辨之,笃行之"。然而,阅读的目的与动力还有着强烈的现实需求,这种需求深刻而广泛地影响着读书人的阅读价值观。

---

① 苏轼:《苏轼散文选集》,崔承运选注,天津:百花文艺出版社,2009年,65页。
② 钱婉约:《亘古常新的精神追求》,载王余光等:《读书四观》,武汉:湖北辞书出版社,1992年,1—5页。

一是"学而优则仕"。从孔夫子提倡读书做官,到《大学》中阐发的修身、齐家、治国、平天下,从隋代初创科举制度,到宋代流传的"书中自有黄金屋""书中车马多如簇"等,其中都有一个很鲜明的目的:读书以致富贵。这一现象是中国文化传统和阅读价值观中的重要组成部分,对中国文化的健康发展有着不可低估的负面影响。

二是勤学苦读。在中国阅读史上,勤学苦读的感人故事层出不穷,如"悬梁刺股""凿壁偷光""囊萤映雪""韦编三绝"等,这些故事数千年来激励着无数读书人发愤攻读,积极进取,其影响至今犹存。

三是对文本的尊重。过去的读书人,往往都是藏书人或抄书人。印刷术虽是我国很早发明,但印本书籍的流传仍不是很普遍。宋代的雕版印刷术在当时虽然已经流行,但是印出的图书品种不是很多,仅限于一些经史名著。古代中国读书人抄书,是一种很普遍的现象。过去的学者认为,好书当抄,抄书有益。抄书也是一种读书与学习的方法。书既不易得,读书人对书的敬重与珍视是可想而知的。书不仅因贵重而受珍视,同时,书也是读书人生活中不可缺少的组成部分。无法想象,对读书人来说,没有书的生活是一种怎样的生活。古人曾说:可无衣、可无食,不可以无书。许多读书人常常嗜书如命,并从阅读中获得乐趣。读书人在尊重文本的基础上所构建的私人阅读空间,是我们对读书人进行个案研究时最为关注的一点。书房的内外环境、买书、藏书、借书、抄书、读书,以及某些读书人的如痴如疯,正是中国阅读史中最具特色和感人的篇章。

本卷是《中国阅读通史》的《理论卷》。我们根据《中国阅读史研究纲要》(见《中国阅读通史·总序》)的思路,确定了这一卷的撰写内容。本卷试图阐述阅读史研究的基本框架和一般问题,如阅读文化与阅读史,文本变迁与阅读,社会环境、教育与阅读,社会意识、宗教与阅读,学术变迁与阅读,文人生活与阅读,中国阅读传统等。

本卷的完成凝聚了多人的智慧。我们多次召开小型研讨会,对本卷的内容、框架、结构进行讨论,并在此基础上对书稿内容不断进行补充、调整和修改。

王余光提出全书指导思想、写作体系、编写大纲,并撰写了部分章节,以及对全书做了最后的统稿工作。汪琴博士承担了全书主要撰稿工作。王三山、刘富玉等也参加了部分初稿的撰写工作。刘刘青、赵晓提供了本卷插图用的照片,并对本卷引注做了校改。刘洪权对书稿也提出了很多有益的建议。在此一并致谢。

第一章　阅读文化与阅读史

阅读是人类文明生活中的一项重要活动,是一种普遍的文化现象,是保存和传播文化的根本途径。中国是一个有悠久阅读历史的国家,阅读史料颇丰,但阅读史上的丰富遗产还没有受到人们足够的重视。阅读文化与阅读史研究可以反映社会文化的发展状况,揭示人类文明获取和创造的过程,对于丰富相关学科的理论体系具有重要意义。

21世纪以来,电子设备和网络普及,阅读,特别是传统意义上的阅读等相关问题备受关注。我们应该怎样认识阅读和阅读文化的含义、特征及其发展趋势,在新的社会环境下如何弘扬阅读文化……这些都是亟待解决的现实问题。阅读文化与阅读史研究是对阅读传统的总结和对现实阅读状况的反思,对于我们继承优良的阅读传统,推广社会阅读,建设书香社会,提升整个社会的文化品质和可持续发展的潜力,亦将有所裨益。

第一节 阅读与阅读文化

一、阅读

阅读是人们对文本进行认知的过程。人类对"阅读"这一现象的认识和研究很早就开始了,随着阅读研究的不断发展,人们从心理学、生理学、行为学、语言学、文学、教育学、阐释学等多个角度出发,对阅读的概念做了不同的理解和阐释。这些定义,或侧重于读者个体在阅读过程中的心理行为,或着眼于读者对文本的接受和诠释,或关注于阅读的形成机制和阅读原理的分析等。随着历史的发展,阅读的内涵和外延也在不断地发展和变化。从最早的"结绳记事"式的阅读到原始的图像阅读,到文字阅读、听读,再到现代的对图像、电影、电子音像制品的阅读,甚至所有的视觉文化产品、现实世界和人生,都被视为阅读的对象。

本书从文化学的角度来理解阅读的概念,将阅读置于社会历史的整体环境中来综合考察,把以文字为主体符号的文本的阅读作为研究对象。从这个意义上说,阅读是"一种从书面语言和其他书面符号中获得意义的社会行为、实践活动和心理过程"[1],是阅读主体(读

---

[1] 王余光、徐雁:《中国读书大辞典》,南京:南京大学出版社,1993年,337页。

者)实践活动与精神活动的一种体现。

二、阅读文化

根据文化学的有关理论,我们可以这样界定阅读文化:阅读文化是建立在物质和社会基础上,受社会制度和意识制约而形成的阅读价值观念和阅读方式。具体来说,阅读文化由内到外又可分为三个层面:价值和功能层面(核心层)、制度层面(联结层)、物质和社会基础层面(表层)。

阅读文化的核心层,即价值和功能层面。它是一定时代、一定区域为人们所普遍接受的关于阅读的价值和意义的精神总体,主要体现为深层的"阅读观念"。它能回答这样一些问题:阅读的价值是什么,阅读有哪些功能,人们为什么去阅读,阅读对于个人、社会、国家、民族有哪些意义。阅读观念由社会价值观决定,受社会环境的影响,并最终决定着人们的阅读方式。阅读观念是阅读主体对阅读对象的整体化的价值取向或评价,它从本质上反映了读者与文本的关系。

阅读文化的联结层,即制度层面。其主要体现为阅读行为的规范力量和制约因素。阅读受到政治意识、社会意识、群体意识、时尚、知识体系等因素的影响和制约。

阅读文化的表层,即物质和社会基础层面。阅读文化的物质基础是文本。阅读文化的社会基础是阅读文化赖以形成和发展的社会基础和条件,它包括社会经济条件、图书的生产和流通业(出版业和图书市场)、图书馆、学校、家庭、社区等。任何一种文化的建设都离不开社会基础的建设,社会经济、出版业、图书馆、教育事业的发展状况决定着阅读文化的发展状况。通过对社会经济水平、出版物种类和数量、各类读物的收藏和流通状况、社会教育结构和发展水平、识字率等因素的分析，可以比较不同时期、不同国家和不同地区阅读文化的发展状况。

阅读文化具有民族性、区域性和时代性特征。不同民族的宗教、语言、文字、书籍制度、文化传统等，影响并构建了各自独特的阅读文化模式。不同地区经济水平和文化模式的差异，会直接导致阅读文化的差异。而阅读文化的进化体现为一个历史的过程，不同阶段的阅读文化因时代的不同呈现出差异性，而具体的阅读活动也是在一定的时代背景下发生的。

一个民族的阅读文化源于该民族的阅读传统，并深深地打上了民族文化传统的烙印，形成了区别于其他民族的较稳定的阅读价值体系和阅读方式，并且随着时代的变迁，受到不同的社会基础和环境因素的影响和制约，又处于不断的发展和变化之中。这些是我们研究阅读文化和阅读史的基本框架和出发点。

第二节　阅读史研究

一、国外阅读史研究

1. 从书籍史到阅读史

西方书籍史研究是20世纪50年代以来西方学术界在突破传统文献研究藩篱的基础上兴起的一门交叉学科，它以书籍为中心，研究书籍创作、生产、流通、传播等书籍生命周期中的各个环节及其参与者，探讨书籍生产和传播形式的演变历史和规律，及其与所处社会文化环境之间的相互关系。它有机地整合了关于书籍的各个方面的历史——编辑史、印刷史、出版史、发行史、藏书史、阅读史,是一门对图书进行全面的历史研究的学科。①

从研究成果和趋势看,西方书籍史研究的主要内容已转向读者及其阅读,转向阅读史研究。20世纪80年代前后,阅读史研究在西方兴起。欧美的许多大学开设了阅读史课程,一些国际性学术研究机构也积极开展阅读史研究,并设立优秀论文奖和优秀图书奖,其中较有影响的有作者、阅读和出版史学会(SHARP:Society for the History of Authorship, Reading and Publishing)、目录学会(The Bibliographical Society)和国际阅读协会(IRA)。一批阅读史研究成果先后问世,其代表学者主要有美国史学家罗伯特·达恩顿(Robert Darnton)和法国史学家罗杰·夏蒂埃(Roger Chartier)等。

(1)阅读史研究的理论基础

阅读史研究是书籍史研究的一个分支,是多学科融合的产物。作为一门新兴学科,其理论基础还比较薄弱,现有的理论框架、概念和范畴主要是从读者反应批评理论借用的。1986年,达恩顿发表《阅读史初探》(*First Steps Toward a History of Reading*)一文,后被收入1990年出版的《拉莫莱特之吻:有关文化史的思考》(*The Kiss of Lamourette:Reflections in Cultural History*)。该文提出阅读史研究模式,指出读者反应批评是阅读史的理论支撑。② 西方的阅读史研究学者一般认为,阅读史的研究对象应该是历史上真实的读者和阅读行为,可以从个体读者着手,但应着眼于读者社群共有的阅读规则和阐释策略。这是它与读者反应批评的不同之处。阅读史研究还需运用史学规范,并受可用史料和书籍史研究传统的制约。因此,西方

---

① 何朝晖:《译者前言》,载戴维·芬克尔斯坦、阿利斯泰尔·麦克利里:《书史导论》,北京:商务印书馆,2012年,6页。
② Robert Darnton, First Steps Toward a History of Reading. *The Kiss of Lamourette:Reflections in Cultural History*. New York:W. W. Norton & Co. ,1990.

的阅读史研究融合了法国的年鉴学派、英美的分析目录学和德国的接受美学这三种学术传统。法国年鉴学派的书籍史研究,关注书籍流通和阅读的社会、经济和法律背景,认为书籍是推动文化发展和变迁的重要因素;英国的书籍史研究关注书籍的物质形态及其如何影响书籍流通和阅读,充分运用丰富的出版史料,继承了目录学传统;德国的出版史研究很大程度上受益于自15世纪延续至今的法兰克福书展和莱比锡书展,但其阅读史研究受到文学批评理论的影响更大。这三种研究传统彼此渗透、互相借鉴。阅读史学者们在研究中需要综合文本批评、目录学和历史学的方法。①

欧美阅读史研究迄今涵盖了西方各个历史时期、多个民族和多个区域,研究方法各异,但研究者们都遵循着渊源于上述三种研究传统的一些共同的理论预设,如阐释社群、阐释策略、书籍形态的表述功能、读者的能动作用等。这些假设有助于厘清阅读行为中读者、文本、作者三者之间错综复杂的关系。这些关系是阅读史研究关注的中心。

(2)阅读史研究的问题

关于阅读史研究的问题,达恩顿认为,阅读史应该着力探讨六个问题:谁读,读什么,在哪儿读,什么时候读,为什么读,怎么读。这六个问题中,"谁读""读什么"是最基本的,是研究者必须首先回答的两个问题;"在哪儿读""什么时候读",这两个问题有助于把读者放在特定的历史背景中考察,从中找到线索,确定其阅读经验的特征。"为什么读"和"怎么读"的问题,涉及读者的阅读习惯、阅读规范和阅读方法。探讨不断变化的读者如何独特地解读不断变化的文本,这是

---

① 戴联斌:《从书籍史到阅读史》,北京:新星出版社,2017年,163、164页。

核心问题。① 阅读史学者大多将这些问题置于特定的历史背景下,考察特定的历史行为是如何发生的。

在西方阅读史研究中,一些具有转折性的变化常常成为焦点问题,被称为"阅读革命",如从朗读到默读,从精读到泛读,以及网络阅读文本的出现极大地改变了阅读模式和阅读习惯等。

(3)阅读史研究的方法

达恩顿在1982年发表的《什么是书籍史》②一文中,界定了书籍史学科的性质和对象,并开创性地提出了"传播循环"分析模式。他认为,书籍史是印刷传播的社会史和文化史,所有参与印本书籍制作、销售、传播和阅读的人和机构,都是书籍史研究的对象,他们的活动共同组成书籍的"传播循环"路径,通过循环路径传递信息,书籍是思想观念的物化形态,经过阅读,书籍又转化为思想观念。书籍史要研究这个循环中的每个环节和整个过程在不同时空的变化,及其与政治、经济、社会、文化环境的关系。达恩顿的"传播循环"分析模式,对西方书籍史和阅读史研究有较大影响。

在实际研究中,学者使用什么方法,最终取决于他的具体问题是什么,以及运用什么原始材料。夏蒂埃就曾经将问题和材料简化成三类——阅读、书写、文本,并据此考察了14世纪到18世纪西欧人如何管理和使用大量增加的各种文本,包括抄本和印本。③ 大多数学者偏好考察个案,不大喜欢做宽泛、概括性的总体研究。夏蒂埃认为,在阅读史研究中,应该考虑文本内容差异和书籍的物质形态差异,所

---

① Robert Darnton, First Steps Toward a History of Reading. *The Kiss of Lamourette: Reflections in Cultural History*. New York:W. W. Norton & Co.,1990.
② Robert Darnton. What Is the History of Books? *Daedalus*,1982, Vol. 111,No. 3:65—83.
③ Roger Chartier. *The Order of Books: Readers, Authors, and Libraries in Europe Between the Fourteenth and Eighteenth Centuries*. Translated by Lydia G. Cochrane. Cambridge:Polity Press,1994:7—9.

有的材料,都要放在特定的历史背景中去理解、阐释。只有在特定的历史背景下,读者才会赋予文本以具体意义。①

欧美阅读史的研究方法,大抵是在历史框架内以书籍的三要素——文本、物质形态和阅读——为基础,并借用政治经济学、社会学等多种学科的研究方法,在个案研究中将阅读行为和文本分析结合起来,议题涉及文本类型、图书消费(阅读)、图书收藏和借阅、图书出版、图书销售等。实际上,真实的读者和阅读行为作为阅读史研究的关注中心,要优先于文本分析和物质形态考察。②

(4)阅读史研究的资料

阅读史研究史料的分类有不同标准。达恩顿在《阅读史初探》③中对西方阅读史研究做了回顾和评介。他针对阅读史研究的主要问题列出了一些相关的史料类型。对于"谁什么时候读什么",可以基于长期累积的系列史料做宏观的分析,比如法定呈缴记录、图书专营许可记录、法国的《法兰西书目》年刊、德国的法兰克福和莱比锡书展目录、英国出版同业公会档案;微观的研究,则可基于私人藏书目录、财产清单、图书馆借阅记录。至于"在哪儿读"和"什么时候读",达恩顿更倾向于利用视觉史料来探究阅读的具体场景。有助于回答"怎么读"和"为什么读"的史料,留存下来的多零散且不系统。达恩顿把这类材料分为五类:一是关于阅读的描述,见于小说、自传、书信、绘画、书籍广告、查禁报告,它们能反映当时阅读的物质因素、阅读观念和阅读方式;二是文化素养史和教育史,它们可以揭示阅读技能如何传授和习得;三是读者留下的边批,还有词汇列表和脚注,它们可能

---

① Roger Chartier. *The Culture of Print : Power and the Uses of Print in Early Modern Europe*. Translated by Lydia G. Cochrane. Cambridge: Polity Press, 1989.
② 戴联斌:《从书籍史到阅读史》,北京:新星出版社,2017年,134、135页。
③ Robert Darnton. First Steps Toward a History of Reading. *The Kiss of Lamourette: Reflections in Cultural History*. New York: W. W. Norton & Co., 1990.

是我们理解普通读者阅读经验的线索；四是读者反应，读者反应可以显示他们如何从文本中推演出意义及可用史料；五是基于分析目录学考察书籍的物质形态对阅读的影响。

在阅读史研究实践中，学者们更倾向于针对具体的问题搜集材料。例如，詹姆斯·史密斯·艾伦(James Smith Allen)研究近代法国读者的阅读行为，认为分析历史上真实读者的阅读经验，应该基于"直接材料"而非"间接材料"。他说的间接材料，包括教堂结婚登记册上的签名、学校注册人数、出版记录、文学批评模式等；所谓直接材料，包括读者对经典作品的反应，重要作家的阅读经验，普通人的私人记录、日记、自传、回忆录，乃至逸闻趣事，甚至书评、读者来信等。他承认，任何证据对于阅读史研究都不是完美的，每一条都必须小心权衡，与其他史料比勘校正。①

2. 西方阅读史的研究成果

对西方阅读史进行总体回顾和研究的重要成果有古里耶默·加瓦罗(Guglielmo Cavallo)和罗杰·夏蒂埃主编的《西方阅读史》②。该书以历史时期为序，描述了西方世界从古希腊多样性的阅读实践到现代电子革命所带来的阅读的新变化这一漫长的阅读史，分析了人类阅读活动的发展历程及影响因素，着重研究文本与阅读的时代变迁、同一社会中不同社群读者的阅读的差异以及影响文本和读者状况的各种环境和规则的变化。该书在1995年首次出版后，先后被译为多国文字，并被一些高校作为阅读史课程参考书，影响较大。

新西兰学者费希尔(Steven Roger Fischer)于2003年出版的《阅

---

① James Smith Allen. Toward a History of Reading in Modern France, 1800—1940. *French Historical Studies*, 15(2): 263—286.
② Guglielmo Cavallo, Roger Chartier. *A History of Reading in the West*. Translated by Lydia G. Cochrane. Cambridge: Polity Press, 1999.

读的历史》①也是一部较有特色的阅读史研究专著。作者试图在此书中涵盖东西方的阅读史,并对中国、印度、日本、韩国、美洲等地的阅读史进行了专门论述,但事实上由于作者文化视野的局限性,整本书仍以介绍西方阅读史为主体而对东方的阅读史的研究存在诸多不足。作者还对公共广告、教会及国家的禁书目录、黑人阅读等问题给予了关注,并对网络阅读和视觉阅读做了论述,探究了阅读的未来发展趋势。

加拿大作家阿尔维托·曼古埃尔(Alberto Manguel)的《阅读史》②于1996年出版后,赢得了广泛好评。作者以生动的笔触描述了西方阅读史的发展历程,使"阅读史"进入普通大众的视野中。该书由两条平行发展的线索组成:一条是阅读的活动,描述阅读和阅读对象(字符和书)的发展过程;另一条是读者的力量,描述人类的一种精神的发展过程。但该书在写作风格上文学色彩较浓,并不算一部严格的学术著作。

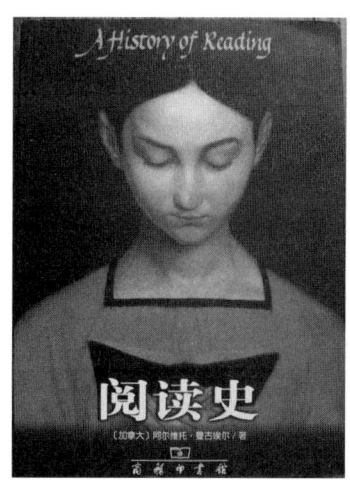

《阅读史》书影

---

① Steven Roger Fischer. *A History of Reading*. London:Reaktion Books,2003.
② 阿尔维托·曼古埃尔:《阅读史》,吴昌杰译,北京:商务印书馆,2002年。

英国麦克米伦出版社于 2011 年出版了三卷本《阅读史》。其中，特韦德(Shafquat Towheed)和欧文斯(W. R. Owens)主编的《〈阅读史〉第一卷：全球概览，1500—1900 年》①，主要内容是对 19 世纪的波兰和德国，种族隔离时期的南非，内战前的美国，殖民地时期的加拿大、印度、新西兰，以及近代早期英国的个人读者、阅读社区或群体的研究，展现了不同国家、不同时期的阅读历史。凯蒂·哈尔西(Katie Halsey)和欧文斯主编的《〈阅读史〉第二卷：来自不列颠群岛的证据，1750—1950 年》②，介绍了 1750—1950 年两百年间英伦三岛的读者和阅读的情况。罗沙林德·克龙(Rosalind Crone)和特韦德主编的《〈阅读史〉第三卷：方法和策略》③，介绍了世界各地历史学家研究阅读史的不同方法和策略，反映了全球范围内阅读史的研究面貌。

在探讨阅读的历时性发展和未来趋势方面，阅读史学者主要关注科技、书籍物质形态和消费文化的发展对阅读的影响。如达恩顿 2009 年首次出版的《阅读的未来》④(*The Case for Books：Past, Present, and Future*)一书回顾了西方的图书文化史，并对数字化生存环境下的未来阅读形态做了大胆预测，勾勒了图书领域未来 5 年至 10 年的图景，指明科技带来的阅读方式的改变将如何影响人们的生活。斯文·伯克茨(Sven Birkerts)《读书的挽歌——从纸质书到电子书》⑤一书探讨了电子书诞生后人们的阅读方式发生的根本变化，作者认为传统的读书生态环境受到了威胁，但他仍坚信纸本图书以其

---

① Shafquat Towheed, W. R. Owens. *The History of Reading*, Volume 1：International. Perspectives, c. 1500—1990. London：Palgrave Macmillan, 2011.
② Katie Halsey, W. R. Owens. *The History of Reading*, Volume 2：Evidence from the British Isles, c. 1750—1950. London：Palgrave Macmillan, 2011.
③ Rosalind Crone, Shafquat Towheed. *The History of Reading*, Volume 3：Methods, Strategies, Tactics. London：Palgrave Macmillan, 2011.
④ 罗伯特·达恩顿：《阅读的未来》，熊祥译，北京：中信出版社，2011 年。
⑤ 斯文·伯克茨：《读书的挽歌——从纸质书到电子书》，吕世生、杨翠英、高红岭译，北京：中国对外翻译出版公司，2001 年。

趣味性及独特性享有自己的地位,坚信读者心灵的独立性。美国学者崔维斯(Molly Abel Travis)1998年出版的《20世纪读者所建构的阅读文化》[1]一书,运用行为学、心理学和社会学的理论和方法,探讨了文化生产和阅读教育的互动关系,以及大众文化对网络时代阅读的影响,对20世纪的阅读文化进行了研究和总结。

在对不同国家和地区的阅读史的研究方面,成果较为丰富。对法国旧政体时期阅读史的研究,影响较大的如夏蒂埃的《书籍的秩序:14至18世纪的书写文化与社会》[2];对现代法国阅读史的研究,有艾伦的《透过大众的眼睛:现代法国阅读史(1800—1940)》[3]等。英国的阅读史研究著作有沃尔夫(D. R. Woolf)的《英国现代早期阅读史》[4]、布奈特的《英语图书与读者:1475—1557,1558—1603,1604—1640》(三卷本)[5]、理查德·阿特力克的《普通英语读者:阅读大众的社会史1800—1900》[6]、克雷希(David Cressy)的《读写能力与社会秩序》[7]等。美国的阅读史研究著作有卡梭(Carl F. Kaestle)的《美国的读写:1880年以来的读者与阅读》[8]等。

---

[1] Molly Abel Travis. *Reading Cultures：The Construction of Readers in the Twentieth Century*. Carbondale：Southern Illinois University Press, 1998.
[2] Roger Chartier. *The Order of Books ：Readers, Authors, and Libraries in Europe Between the Fourteenth and Eighteenth Centuries*. Cambridge：Polity Press, 1994.
[3] James Smith Allen. *In the Public Eye：A History of Reading in Modern France*, 1800—1940. Princeton：Princeton University Press, 1991.
[4] D. R. Woolf. Reading History in Early Modern England. *Cambridge Studies in Early Modern British History*. New York：Cambridge University Press, 2000.
[5] H. S. Bennett. *English Books and Readers, 1475—1557, 1558—1603, 1603—1640*. Cambridge：Cambridge University Press, 1969, 1965, 1970.
[6] Richard D. Altick. *The English Common Reader：A Social History of the Mass Reading Public, 1800—1900*. Chicago：University of Chicago Press, 1983.
[7] David Cressy. *Literacy and the Social Order：Reading and Writing in Tudor and Stuart England*. Chambridge：Cambridge University Press, 1980.
[8] Carl F. Kaestle. *Literacy in the United States：Readers and Reading since 1880*. New Haven：Yale University Press, 1991.

一定时期内中下层读者的阅读行为也是阅读史学家关注的重点。达恩顿在其专著《屠猫记:法国文化史钩沉》第一章中通过对近代欧洲的民间故事及其不同流传版本的考察与阐释,解决了关于下层民众阅读情况的研究材料不足的问题,揭示了18世纪欧洲农民特别是法国农民的阅读世界、处世策略和生活面貌,以及由此呈现出的集体心态和思维方式。① 夏蒂埃的《"他者"的角色:启蒙运动时期的农民阅读》②一文,通过分析当时的知识精英对于农民阅读的看法和图书馆借阅记录等材料,探讨了文化启蒙时代法国农民的读物、阅读方式、阅读倾向以及阅读在生活中的作用。马丁·里昂(Martyn Lyons)在《19世纪法国的读者与社会:工人、妇女和农民》③一书中,通过分析传记、回忆录以及图书馆的借阅记录等材料,探讨了19世纪法国工人、农民和妇女的阅读情况与心态变化。

对西方古典时代的阅读史进行研究的著作有法国学者萨雷丝(Catherine Salles)的《古罗马人的阅读》④,该书系统地分析了古罗马作家、书籍和读者之间的关系,著作发行的方式,以及读者群的知识结构,探讨了古罗马时期文学创作、作家和书籍的作用,并得出结论:阅读在古罗马社会生活中占有特殊的地位。英国古文书学家凯尼恩(Frederic George Kenyon)的专著《古希腊罗马的图书与读者》⑤,对

---

① 罗伯特·达恩顿:《屠猫记:法国文化史钩沉》,吕健忠译,北京:新星出版社,2006年,1—75页。
② Roger Chartier. Figures of the "other": Peasant Reading in the Age of the Enlightenment. *Culture History Between Practices and Representations*. Translated by Lydia G. Cochrane. Ithaca, New York: Cornell University Press, 1998.
③ Martyn Lyons. *Readers and Society in Nineteenth-Century France: Workers, Women, Peasants*. London: Palgrave Macmillan, 2001.
④ 卡特琳娜·萨雷丝:《古罗马人的阅读》,张平、韩梅译,桂林:广西师范大学出版社,2005年。
⑤ 弗雷德里克·G.凯尼恩:《古希腊罗马的图书与读者》,苏杰译,杭州:浙江大学出版社,2012年。

出土的纸草文献资料进行了概括和分析,详述了古希腊和古罗马社会生活中图书的材质、形制、内容以及阅读习惯的发生、发展和演变的情况。

此外,在一些书籍史著作中,如法国学者巴比耶(Frédéric Barbier)的《书籍的历史》①,英国科学史学家斯帕达(Marina Frasca-Spada)和贾丁(Nick Jardine)主编的《历史上的书籍与科学》②等,阅读史都是其研究内容的一部分。

3.西方汉学家关于中国阅读史的研究

西方汉学界对中国阅读史的研究,同样经历了从印刷技术史、出版史到书籍史和阅读史的历程。早期重要的研究成果包括卡特(Thomas Carter)对中国印刷术的西传的研究,钱存训对中国印刷术和造纸术以及先秦书籍史的研究。自20世纪70年代末起,轻思想、重技术的研究倾向减弱,基于文本和目录学特征,以及社会学和文化学视角的书籍史逐渐成为新的研究热点。1996年《晚期中华帝国》杂志推出了"晚期中华帝国的出版与印刷文化"专辑③,收录了弗里德曼(Jill A. Friedman)、贾晋珠(Lucille Chia)、包筠雅(Cynthia Joanne Brokaw)、卜正民(Timothy Brook)、周启荣(Kai-wing Chow)、贝尔(Catherine M. Bell)六人的六篇文章。这些文章都借鉴了西方书籍史的研究理论和研究方法,研究内容涉及中国印刷文化的方方面面,如各类书籍的生产、收藏和传播,书商的出版策略和读者的阅读实践,文人群体和著名大儒的读书生活,印刷与科举、教育、文化、社会的关系等。周启荣在文中特别指出:印刷文化史和阅读史正在进入中国史学家的研究议程,这些新的研究路径有助于人们改变对晚明

---

① 弗雷德里克·巴比耶:《书籍的历史》,刘阳等译,桂林:广西师范大学出版社,2005年。
② 玛丽娜·弗拉斯卡—斯帕达、尼克·贾丁:《历史上的书籍与科学》,苏贤贵等译,上海:上海科技教育出版社,2006年。
③ Publishing and the Print Culture in Late Imperial China. *Late Imperial China*,1996, Vol. 17, No. 1.

思想史的习惯看法；研究者不能忽略对读者接受层面的研究。

西方近些年来关于中国书籍史研究的新成果主要有包筠雅的《为赚钱的印刷业：11—17世纪福建建阳的商业印刷者》①，周启荣的《近代早期中国的出版、文化与权力》②，芮哲非（Christopher A. Reed）的《谷登堡在上海：中国印刷资本业的发展（1876—1937）》③，包筠雅和周启荣合编的《晚期中华帝国的印刷与书籍文化》④等。值得关注的是，周绍明（Joseph P. McDermott）的《书籍的社会史——中华帝国晚期的书籍与士人文化》⑤，是西方学者以社会史、文化史方法研究中国书籍史的代表性论著。作者对印本与手抄本的兴替、中国古代藏书文化与"知识共同体"、士人对于书籍和知识的复杂心态以及中西书史比较的有关论述均较精彩。包筠雅《文化贸易——清代至民国时期四堡的书籍交易》⑥一书突破了过去仅关注重要的出版中心、关注城镇读者和精英读者的研究局限，对19世纪至20世纪福建一处偏僻村落"四堡"的出版发行业进行了细致的描述和深入的分析，揭示了中国南方社会基层的社会风俗、文化兴趣与精神状态。

可见，西方学者研究中国书籍史，侧重于出版史，由此切入可上溯编辑出版史，下延至图书发行和阅读史，最终涵括书籍文化史。阅

---

① Cynthia Joanne Brokaw. *Printing for Profit：The Commercial Publishers of Jianyang，Fujian（11th—17th Centuries）*. Cambridge，Massachusetts：Harvard University Asia Center，2003.
② Kai-wing Chow. *Publishing，Culture，and Power in Early Modern China*. Stanford：Stanford University Press，2004.
③ Christopher A. Reed. *Gutenberg in Shanghai：Chinese Print Capitalism，1876—1937*. Honolulu：University of Hawaii Press，2004.
④ Cynthia J. Brokaw，Kai-wing Chow. *Printing and Book Culture in Late Imperial China*. California：University of California Press，2005.
⑤ Joseph P. McDermott. *A Social History of the Chinese Book：Books and Literati Culture in Late Imperial China*. Hong Kong：Hong Kong University Press，2006.
⑥ Cynthia J. Brokaw. *Commerce in Culture：The Sibao Book Trade in the Qing and Republican Periods*. Cambridge，Massachusetts：Harvard University Asia Center，2007.

读史是中国书籍文化史研究的重要内容。

在中国阅读史的专门研究方面,汉学界最先是从思想史和哲学史角度对朱熹读书法进行研究的,然后延伸到明清小说、戏曲、地方志等读物。何谷理(Robert E. Hegel)在《中华帝国晚期插图本小说的阅读》①一书中,探讨了印本小说的物质形态对阅读的影响。他注意到明末的"出版标准化",即出版物大多以半叶十行二十字为行格标准;还发现不同形态的出版物,为不同的目标读者制作:插图本的豪华版是给有钱人刻印的,穷人只能读到质量低劣的坊刻本。马兰安(Anne Mclaren)在《构建中国晚明时期新的阅读公众》②一文中,探讨了白话小说的读者群如何扩展到普通民众。新近出版的著作中,何予明的《家与世界:16—17世纪刻本书籍中所塑造的"盛世皇明"》③,考察了当时坊刻俗本的文本内容和形式特征(尤其是页面布局),从读物本身的文字、排版、图片、句读等方面切入,进行个案分析与比较,推断读者如何使用这些读物。作者别出心裁地使用了"识书"(book conversancy)这一概念,指出这些俗本的读者,不论其文化程度如何,都能与这些结构一目了然、内容包罗万象的文本互动,主动参与文本意义的生产过程,进而赋予俗本文化意义,而这种意义,自18世纪以来一直为崇尚正统精英文化的人所忽视甚至鄙弃。戴思哲(Joseph Dennis)的《中华帝国的地方志编写、出版与阅读,1100—

---

① Robert E. Hegel. *Reading Illustrated Fiction in the Late Imperial China*. Stanford, California:Stanford University Press,1998.
② Anne Mclaren. Constructing New Reading Publics in Late Ming China. *Printing and Book Culture in Late Imperial China*. Edited by Cynthia. J. Brokaw, and Kai-wing Chow. Berkeley, California: University of California Press,2005:152—183.
③ He Yuming. *Home and the World:Editing the "Glorious Ming" in Woodblock-Printed Books of the Sixteenth and Seventeenth Centuries*. Cambridge,Massachusetts:Harvard University Asia Center,2013.

1700》①,不仅探讨了地方志出版与阅读的各方面的问题,还考察了与地方志有关的其他议题,例如特定文献的历时演变、国家与地方的互动、基层社会的运作机制、知识体系的建构与规范、书籍生产与使用、印刷技术的应用与刻工的流动网络、消费与物质文化等,从而展现了更为广阔的中国社会文化图景。

至于长时段的中国阅读史,迄今尚无著作面世。2003年美国俄亥俄州立大学虞莉(Yu Li)的博士论文《中华帝国晚期的阅读史:1000—1800》②,从社会历史、民族文化等视角,描述了1000—1800年间中国出现的阅读模式,以及儿童、妇人、男子和非汉族读者的阅读观念和阅读方法。但它并未将阅读模式纳入书籍史中,也未述及该时段内读物和阅读模式的变迁,因此算不上严格意义上的历史学研究著作。

二、国内阅读史研究

中国是一个历史悠久的读书大国,读书人积累了非常丰富的读书经验,然而,把"阅读"作为专门学问来研究,中国却稍滞后于西方。严格地说,阅读研究在中国大陆崛起,是在改革开放以后。20世纪80年代以来,随着社会经济文化的发展,以及图书产业发展和学术研究的需要,阅读文化的建设日益受到重视。这主要体现在以下几个方面:图书馆在知识工程建设方面的积极参与,社会读书活动的蓬勃开展,大众传媒的宣传推广,阅读调查工作的积极开展,书评书话类图书的出版热潮,阅读教学和研究专业机构的大力建设。特别是,2012年11月,党的十八大报告提出"开展全民阅读活动";2014年以来,

---

① Joseph R. Dennis. *Writing, Publishing, and Reading Local Gazetteers in Imperial China, 1100—1700*. Cambridge, Massachusetts: Harvard University Asia Center, 2015.
② Yu Li. *A History of Reading in Late Imperial China, 1000—1800*. Ph. D. Dissertation. Columbus, Ohio: The Ohio State University, 2003.

"倡导全民阅读"连续三年被写入国务院政府工作报告;《中华人民共和国国民经济和社会发展第十三个五年规划纲要》要求"推动全民阅读",并将全民阅读工程列为"十三五"时期重大文化工程之一,标志着全民阅读上升到国家战略的高度。

在此背景下,出现了阅读研究的热潮。为推动全民阅读活动的开展,以倡导"爱读书、读好书"为宗旨,2006年4月23日,由王余光担任主任的中国图书馆学会科普与阅读指导委员会在东莞成立。2009年该学会换届更名为"阅读推广委员会"。截至2016年,该学会下设的专业委员会由最初的5个发展到包括"阅读文化研究委员会"和"阅读史研究委员会"等在内的21个。该学会每年举办不同主题的"全民阅读论坛",开展多种多样的学术活动和科普、教育、宣传、交流活动,对推动全民阅读和阅读研究发挥了重要作用。2015年,阅读推广委员会组织编写了一套"阅读推广人系列教材"[1],预示着由该委员会引领的阅读推广活动,将朝着图书馆阅读推广人才的岗位培训、业务进修和知识素养提升方向前进。

经过30多年的发展,阅读文化和阅读史研究的学术环境、团队实力和研究面貌,都取得了不小的发展。总的来说,其研究成果体现在以下几个方面。

1. 研究资料的整理和出版

中国素有重视阅读的传统,阅读史料颇丰,主要包括各个时代直接记载阅读活动的文字,学者总结的阅读思想、方法、理论、读书事迹与掌故等。直接资料来源主要有先秦典籍、古人文集、单篇刻印的论读书之道的篇章、史料笔记、读书志、家训、各类推荐书目等。各类读书事迹与

---

[1] 该教材第一辑共六册:《图书馆阅读推广基础工作》《图书馆阅读推广基础理论》《图书馆经典阅读推广》《图书馆时尚阅读推广》《图书馆数字阅读推广》《图书馆儿童阅读推广》,北京:朝华出版社,2015年。

掌故记载在正史、方志、学案、笔记、墓志等的人物传记中,资料比较分散。此外,从书籍史、藏书史、出版史、文学史等交叉学科的研究资料中也可以辑录出大量阅读史资料,如题疏、艺文志、经籍志、书店售书目录、藏书目录和题跋、提要、书志、书序、书刻、书约、读书记、校勘记、注疏、补遗、章句、书话、词话、诗话、评点、夹注、眉批、购书记、贩书、藏书约、简帛、石刻、版刻以及有关禁书、焚书、书厄的记载和表述等大量与书和阅读有关的文献。开展阅读史研究,除了需要对已刊著述和大量的一般资料进行细致梳理外,还需要发掘新史料,如历史报刊上刊载的阅读史资料、广告资料、新小说、地方性材料等。

对于丰富的阅读史料,早在民国时期,就有学者整理和总结,在此基础上,当代学者又做了大量工作,为进一步研究阅读史奠定了资料基础。

(1)阅读观念和阅读方法资料的整理和出版

1935年,北平各大学发起一场读书运动,史学家钱穆应邀撰写《近百年来诸儒论读书》(原名《近百年来之读书运动》)①,以窥探中国近百年间的学术精神、路向和风气的不同。1939年,张明仁从历代典籍中择取先秦至民国三百多位名人的读书方法的史料,汇编成《古今名人读书法》。20世纪80年代后,关于古今名人读书、藏书、劝学、治学的资料汇编大量出版,主要有杨磊选编的《古今劝学诗选讲》(1984),徐梓主编的《劝学——文明的导向》(1996),吴永贵等人选编并译注的《把卷心醉:读书藏书》(1997),袁咏秋等人主编的《中国历代国家藏书机构与名家藏读叙传选》(1997),朱关法选编的《中国古代劝学名篇选注》(1998)等。曾祥芹等人编撰的《古代阅读论》选录先秦至晚清学人有关阅读的种种论述,《历代读书诗》选辑中国历代221位诗人的543首读书诗,《现代读书经》汇集20世纪百家学者的阅读经验,这三本书是对中国古代和现

---

① 钱穆:《近百年来诸儒论读书》,载《学龠》,北京:九州出版社,2010年。

当代阅读史料的一次全面总结。① 2010年,吉林出版集团出版《中外劝学名篇系列》(全三册),该书对荀子、张之洞、日本福泽谕吉的《劝学篇》分别加以译注。2013年,白山出版社出版了董志先等人编著的《劝学谚语》,商务印书馆出版了杨达明辑注的《陆游读书诗》。

关于中外文化名人论阅读的汇编文集有金元浦主编的《阅读的欣悦》、《博览群书》杂志选编的《读书的艺术》、曹积三等主编的《当代百家话读书》、邓九平主编的《中国文化名人谈读书》等。此外,还有大量的书话作品出版,或讨论书和阅读的价值功能,或介绍个人读书经验。近代学者叶德辉的《书林清话》《书林余话》可视为近现代书话作品之滥觞。自20世纪80年代以来,书话作品的出版蔚为大观,代表作有郑振铎的《西谛书话》、阿英的《阿英书话》、周作人的《知堂书话》、唐弢的《晦庵书话》等。这些书话作品能反映个人阅读史和社会阅读状况,也是阅读史研究重要的资料来源。

(2)阅读指导资料的整理和出版

阅读指导资料包括各类推荐书目、影响书目、导读书目等。古代的推荐书目,大多已有单行本行世,如程端礼的《程氏家塾读书分年日程》、张之洞的《书目答问》等。特别是后者,自清末就有学者对其进行补充和勘正,如范希曾的《书目答问补正》②、叶德辉的《书目答问斠补》③等,还有吕幼樵、张新民等人的《书目答问校补》④,以及来新夏、韦力、李国庆的《书目答问汇补》⑤。王余光也先后主编出版了对经典阅读进行推介的《影响中国历史的三十本书》《塑造中华文明的

---

① 曾祥芹等:《古代阅读论》,《古代阅读论》,郑州:大象出版社,2002年;《历代读书诗》,北京:中国文联出版社,2001年;《现代读书经》,北京:中国文联出版社,2001年。
② 范希曾:《书目答问补正》,南京:南京国学图书馆,1931年。
③ 叶德辉:《书目答问斠补》,苏州:江苏省立苏州图书馆,1932年。
④ 吕幼樵、张新民等:《书目答问校补》,贵阳:贵州人民出版社,2004年。
⑤ 来新夏、韦力、李国庆:《书目答问汇补》,北京:中华书局,2011年。

200本书》《中国读者理想藏书》、"读好书文库"丛书、"书海导航"丛书、"世纪阅读文库"丛书等。其中1999年出版的《中国读者理想藏书》采用了统计量化的方式,广泛收集国内外的推荐书目80种,并对这些书目所推荐的图书进行统计,以各书被推荐的次数多少为序,形成《中国读者理想藏书》的基本书目,可以说该书目是现代学者推荐书目的集大成者,相对来说更为客观、公允。2002年,黄秀文主编的《智者阅读:中外名报名刊名家的推荐书目》一书,选编了1920—2000年包括中国在内的七个国家的推荐书目,所涉较广。

(3)读书掌故资料的整理和出版

1987年,马达选编的《古代劝学寓言》出版,收录古代读书故事近百篇。1994年出版的王三山所著《文人书趣》一书,涉及许多历代学人读书掌故。1997—1998年,长江文艺出版社陆续推出《中国名人读书生涯》丛书十卷本。1997年,王余光等人译注的《读书四观》出版,汇编了祁承㸁、吴应箕、陈梦雷、周永年四家所辑的历代学人读书事迹与掌故。2002年,徐雁、谭华军、王余光等人主编的《中华读书之旅》三卷本出版,收录了古今中外大量读书事迹和读书方法。

(4)阅读文化和阅读史工具书的出版

1993年,王余光、徐雁主编的中国图书史上第一部以读书为主题的辞典《中国读书大辞典》由南京大学出版社出版,内容包括"名人读书录""读书知识录"等十个部分,收录词条3700余条。该辞典的问世标志着中国的阅读研究进入社会学和文化学领域。2016年,在此基础上改编而成的《中国阅读大辞典》①出版,该书将相关阅读史料按照《儿童阅读与书香家庭》《藏书名家与书人事迹》《读书方法与阅读理论》《文献知识与读书珍闻》《读书门径与读物推广资源》《社会组织与阅读推广案例》《数字化读物与新媒体阅读》七大主题重新编排,并附录若干阅读书目和资讯,更吻合

---

① 王余光、徐雁:《中国阅读大辞典》,南京:南京大学出版社,2016年。

当前阅读学研究热点,该辞典是一部"促进全民阅读,建设书香社会"的重要工具书。

2.中国阅读史的理论研究

在对中国阅读史料不断进行整理和积累的基础上,近年来以王余光、徐雁、曾祥芹、王龙等人为代表的图书馆学和阅读学研究者,在阅读文化和阅读史的理论体系的构建方面进行了具有开拓意义的尝试。

多年来,王余光除了组织整理并结集出版大量的阅读史资料外,在阅读文化和阅读史研究方面多有开拓性理论创建。他很早就从历史文献学的角度切入阅读文化研究,20世纪80年代起就出版了《中国历史文献学》《影响中国历史的三十本书》《塑造中华文明的200本书》等专著,并发表了有关书史、阅读文化和阅读史研究的重要论文,如《论推荐书目》[1]《中国书史研究刍议》《论阅读传统经典》[2]《关于阅读史研究的几个问题》(2001)、《关于阅读文化的几个问题》(2004)、《阅读史研究纲要》(2007)等。他认为,书史研究"不仅要反映一个时代图书的内容、形式和数量等情况(即横向研究),同时它也应当从广阔的历史背景出发,来揭示图书的产生、发展及其内在逻辑和它所带来的社会影响(即纵向研究)"[3]。在这些论文中,他对阅读文化和阅读史的基本概念、研究范围、理论框架、史料来源、研究方法、研究问题等,以及阅读的时代变迁、中国阅读传统的内涵、推荐书目、经典阅读等问题都做了专题研究,开拓了阅读文化和阅读史研究的新领域和新路径。对于中国阅读史的研究内容,他认为可以将其分解为八个问题,分别是资料集结,理论研究,社会环境与教育对阅读的影响,社会意识与宗教对阅读的影响,文本变迁与阅读,学术、知识体系与

---

[1] 王余光:《论推荐书目》,载《图书馆学刊》1983年第1期。
[2] 王余光:《论阅读传统经典》,载《北京大学学报》(哲学社会科学版)2001年第1期。
[3] 王余光:《中国书史研究刍议》,载《图书与情报》1984年第Z1期。

阅读、中国阅读传统、个人阅读史。① 他多年来关于阅读文化的研究文章，主要结集在《名著的阅读》和《读书随记》中。此外，他还组织和指导研究生进一步开展了阅读文化的理论研讨，其学术团队的研究成果主要结集在《中国阅读文化史论》②一书中。该书分为"阅读文化研究""阅读史研究""书的选择与阅读"以及"网络阅读研究"四编，内容涵盖传统的、当代的阅读文化研究，图书馆、图书出版业对阅读的影响研究，数字时代的阅读问题研究，以及国外相关的阅读研究等。

经过多年来在中国阅读文化和阅读史研究资料与理论上的准备和积淀，对中国阅读史进行专门研究的事宜被提上了议事日程。2004年，王余光倡议并着手主编多卷本《中国阅读通史》，多位学者参与了这套论著的编撰。《中国阅读通史》"试图首次系统总结中国悠久的阅读传统，为当代中国阅读文化的构建奠定学术基础。该书问世以后，将与《中国藏书通史》《中国出版通史》两部巨著形成呼应和互动，以构成包括出版文化、藏书文化、阅读文化在内的中国图书文化史，提供一个较为完备的体系框架和思路"③。

徐雁作为当代著名书话家和阅读学家，长期从事中国图书文化史研究和阅读推广工作。他策划主编的《中华读书之旅》"华夏书香丛书""读书台文丛""书林清话文库"等读书文丛，以及《全民阅读知识导航》《全民阅读推广手册》和《全民阅读参考读本》，④是当前阅读研究的重要参考读物。他在图书和阅读文化史研究方面的代表作有《中国旧书业百年》⑤和《阅读的人文与人文的阅读》⑥。前者学理性

---

① 王余光：《中国阅读史研究纲要》，载《高校图书馆工作》2007年第2期。
② 王余光等：《中国阅读文化史论》，北京：北京图书馆出版社，2007年。
③ 徐雁：《王余光教授和他的阅读学代表作》，载《山东图书馆学刊》2008年第3期。
④ 徐雁：《全民阅读知识导航》，南京：南京大学出版社，2016年；《全民阅读推广手册》，深圳：海天出版社，2011年；《全民阅读参考读本》，深圳：海天出版社，2011年。
⑤ 徐雁：《中国旧书业百年》，北京：科学出版社，2005年。
⑥ 徐雁：《阅读的人文与人文的阅读》，北京：科学出版社，2014年。

与史料性兼具,是我国第一部系统探讨近现代中国古旧书业发展历史和经营业态的学术专著。后者对朱熹、陈汉章、孙犁、萧乾、赵萝蕤、曾祥芹、莫言等人的读书生活进行了阐述,对鲁迅、钱锺书、王安忆等作家的现、当代文学名著做了读者接受的美学分析,还探究了书目和书评、传记文学作品、"文学疗愈"、诺贝尔文学奖图书与全民阅读推广的关系,充分阐述了其"人文阅读"和"大阅读观"的基本观点。

曾祥芹多年来致力于汉文阅读学的研究。他编撰的《现代读书经》《古代阅论》《历代读书诗》《国外阅读研究》①为阅读学的研究提供了部分资料基础。他在1999年出版的专著《阅读学新论》②"中国阅读学史略"一节中,对从先秦时代到鸦片战争的古代阅读学、鸦片战争至五四运动前夕的近代阅读学、五四运动至中华人民共和国成立时期的现代阅读学和当代阅读学的发展史做了回顾,分别阐述了各时期的代表人物及其阅读学思想和观点,反映了中国汉文阅读研究的历史发展轨迹。该书还辟有"汉文阅读文化论"专节,阐述了阅读文化的概念内涵、结构、性质和类型,并提出要创造具有民族个性和民族风格的汉民族阅读文化的观点。

王龙在2001年发表的《阅读史研究探论》③一文中,分析了阅读史研究的意义。之后出版的《阅读研究引论》④一书,对国内外的阅读研究现状做了述评,提出了国内阅读研究需要重视的一些重要课题,如阅读语言学、阅读活动信息论、阅读活动系统论、阅读社会学、阅读政治学、阅读史、阅读卫生学、阅读儿童学等,并分别做了专门论述。他在2014年出版的《阅读文化概论》⑤一书中,从阅读的起源入手,论述了阅读活

---

① 曾祥芹等:《国外阅读研究》,郑州:河南教育出版社,1992年。
② 曾祥芹:《阅读学新论》,北京:语文出版社,1999年。
③ 王龙:《阅读史研究探论》,载《图书馆理论与实践》2001年第1期。
④ 王龙:《阅读研究引论》,香港:天马图书有限公司,2003年。
⑤ 王龙:《阅读文化概论》,长春:吉林大学出版社,2014年。

动与社会各种因素的关系,对中国阅读文化的传统也进行了总结。

3.中国阅读史的专题研究

中国阅读史研究起步较晚,研究基础较薄弱,迄今少有专门的阅读史专著出版。除了上述图书馆学和阅读学研究者所做的理论研究外,不同领域的学者也开始从各自的研究视角出发,切入中国阅读史研究。根据不同的研究视角和主题,这些研究成果大致可分为以下几类。

(1)书籍史、思想史视野下的阅读史研究

阅读史在某种程度上又是一部社会思想史和社会变迁史。一些历史学者研究思想史,开始关注一定历史时期内各类书籍的出版与阅读状况,及其与民众观念、思想启蒙和社会进步的关系。2005年9月,台湾学者潘光哲在台北的权威史学杂志《新史学》上发表了《追索晚清阅读史的一些想法:"知识仓库""思想资源"与"概念变迁"》一文,提出了研究晚清阅读史的建议,希望"透过阅读史的取向,我们可以深入地了解晚清士人是怎样借着各式各样的阅读、思想活动为他们的生命寻找意义,编织自己的'意义之网'"①的。同年,他还在《思与言》杂志第43卷3期主编了"近代中国的阅读、出版与文化"专辑,收录了其所撰"导论"和其他学者的四篇近代阅读史研究论文。② 这些个案研究讨论了阅读与思想观念、阅读对文人文化生活及其人生的影响,是从书籍史角度切入阅读史研究的较早成果。2014年,潘光哲撰写出版了专著《晚清士人的西学阅读史(一八三三—一八九八)》③,运用了中国近代实证史学和西方书籍史研究方法,引入"知识仓库""读书秩序"等关键概念,详

---

① 潘光哲:《追索晚清阅读史的一些想法:"知识仓库""思想资源"与"概念变迁"》,载《新史学》第16卷第3期,2005年。
② 这四篇文章分别为孙慧敏的《翰林从商:张元济的资源与实践》、李仁渊的《新式出版业与知识分子:以包天笑的早期生涯为例》、周叙琪的《阅读与生活:恽代英的家庭生活与〈妇女杂志〉之关系》、余芳珍的《阅书消永日:良友图书与近代中国的消闲阅读习惯》。
③ 潘光哲:《晚清士人的西学阅读史(一八三三—一八九八)》,台北:"中央研究院"近代史研究所,2014年。

述晚清士人接受、学习西学的读书历程,重点剖析了朱一新、梁启超、《时务报》《沅湘通艺录》等人物和书报的阅读史,试图梳理中国人近代知识的起源和流变以及思想观念的变迁。

又如,历史学者张仲民的《种瓜得豆——清末民初的阅读文化与接受政治》①,详述了在近代中国历史情境下生殖卫生类书籍的阅读史以及"黑格尔""古登堡"和"世界语"等关键概念的接受史,重点讨论这些新名词及其所代表的新知识、新思想如何被读者接受,产生哪些社会影响等问题,从观念史的角度叙述了当时的阅读文化及其带来的社会影响。卞冬磊的《古典心灵的现实转向:晚清报刊阅读史》②,以数十位晚清读书人的日记为史料,探讨了报纸这一"现代文化形式"是如何参与到近代中国的现代化进程之中的。

(2)文学接受史、读者研究视野下的阅读史研究

中国留日学者李长声于1992年和1993年先后发表在《读书》杂志上的《从音读到默读》③《书·读书·读书史》④,是较早向国内读者介绍西方阅读史研究成果的两篇文章。《从音读到默读》介绍了日本的文学研究者在读者研究领域取得的新进展,指出"从音读到默读"这种变化的表现与意义,以及20世纪60年代以来阅读史研究的理论动态,并引用了达恩顿的《什么是书籍史》一文中的观点,建议在图书出版中重视读者因素。《书·读书·读书史》则对年鉴学派的书籍史理论观点、夏蒂埃及其代表作等进行了评介。

近些年来,文学接受史研究受到一些文学研究者的重视,中国历代文学读者和文学作品的阅读史是他们的重要研究内容。尚学锋等

---

① 张仲民:《种瓜得豆——清末民初的阅读文化与接受政治》,北京:社会科学文献出版社,2016年。
② 卞冬磊:《古典心灵的现实转向:晚清报刊阅读史》,北京:社会科学文献出版社,2015年。
③ 李长声:《从音读到默读》,载《读书》1992年第2期。
④ 李长声:《书·读书·读书史》,载《读书》1993年第6期。

的《中国古典文学接受史》①和马以鑫的《中国现代文学接受史》②是迄今所见的两部断代宏观接受史。这两部书,虽年代相续,却有不同研究思路,前者侧重于接受形态的演变史,后者则关注作者与读者的关系史。此外,还有经典作品接受史、经典作家接受史及分体分类接受史的研究专著出版,如张毅的《唐诗接受史》③、李剑锋的《元前陶渊明接受史》④等。又如,蔡亚平的《读者与明清时期通俗小说创作、传播的关系研究》⑤,运用接受美学理论,探讨了明清时期小说读者的阅读状况、特点和影响,以及读者与小说创作的关系;王亚鸽的《魏晋时期〈庄子〉阅读史》⑥,从文本流传、阅读模式、读者对象和阅读效果等角度,对人们在魏晋时期阅读《庄子》的情况进行了多方面的研究。

(3)基于阅读调查的阅读社会学研究

阅读调查可以反映一定时期社会阅读的状况和变迁,以及不同读者群体阅读行为的异同。基于阅读调查的研究成果如:康晓光等著的《中国人读书透视——1978-1998 大众读书生活变迁调查》⑦,反映了改革开放后 20 年间中国社会阅读文化的变迁;郝振省、陈威主编的《中国阅读:全民阅读蓝皮书》⑧,对我国国民阅读发展现状和趋势进行了调查分析,总结回顾了新中国社会阅读近 60 年的发展历程。此外,畅销书研究成果也可反映一定时期社会阅读的倾向和变迁,如

---

① 尚学锋、过常宝、郭英德:《中国古典文学接受史》,济南:山东教育出版社,2000 年。
② 马以鑫:《中国现代文学接受史》,上海:华东师范大学出版社,1998 年。
③ 张毅:《唐诗接受史》,北京:人民文学出版社,2012 年。
④ 李剑锋:《元前陶渊明接受史》,济南:齐鲁书社,2002 年。
⑤ 蔡亚平:《读者与明清时期通俗小说创作、传播的关系研究》,广州:暨南大学出版社,2013 年。
⑥ 王亚鸽:《魏晋时期〈庄子〉阅读史》,北京:光明日报出版社,2014 年。
⑦ 康晓光等:《中国人读书透视——1978-1998 大众读书生活变迁调查》,南宁:广西教育出版社,1998 年。
⑧ 郝振省、陈威:《中国阅读:全民阅读蓝皮书》(第一卷),北京:中国书籍出版社、海天出版社,2009 年;郝振省、陈威:《中国阅读:全民阅读蓝皮书》(第二卷),北京:中国书籍出版社、海天出版社,2011 年。

徐丽芳等编著的《中国百年畅销书》①分析总结了 1900 年以来百年间在中国畅销的书籍及其畅销原因、反映了 20 世纪中国社会的百年阅读史。

(4)阅读指导研究和禁书研究

阅读指导研究和禁书研究成果可以反映不同的政治和社会力量对不同类别读物的鼓励阅读或控制阅读的态度,反映一定时期的社会阅读文化。这类研究主要有以下研究主题:关于推荐书目、影响书目的研究,如徐雁平的论文《20 世纪 20 年代的国学推荐书目及其文化解读》②、张国功的论文《从共识到冲突:导读性书目的历史及其文化意义》③探讨了推荐书目(导读书目)的内容和发展历史,及其与国故整理、新式教育和启蒙救亡等问题的关联,解读了推荐书目产生的文化背景及意义,描述了 20 世纪初的大众阅读史和读书生活史。关于禁书和书报检查制度的研究,如陈正宏、谈蓓芳的《中国禁书简史》④一书,系统梳理了从先秦到清末的禁毁书籍的历史,实际上也是一部历代统治阶级对书籍和阅读的控制史。

(5)中国古代阅读特征、传统和变迁研究

中国古代阅读特征、传统和变迁研究多侧重于阅读的文化史研究,关注阅读行为的历史文化背景,梳理阅读史的发展脉络,探究一定时期或一定人群的阅读模式,或试图总结中国阅读传统的总体特征。例如,徐雁的《"耕读传家":一种经典观念的民间传统》⑤一文,追溯了"耕读传家"观念在中国农耕社会中形成、发展和行将消亡的演变轨迹,说明了"耕读传家"观念不仅由来已久,并且曾深远地影响了农业

---

① 徐丽芳等:《中国百年畅销书》,西安:陕西师范大学出版社,2001 年。
② 徐雁平:《20 世纪 20 年代的国学推荐书目及其文化解读》,载《学术研究》2000 年第 10 期。
③ 张国功:《从共识到冲突:导读性书目的历史及其文化意义》,载《博览群书》2003 年第 8 期。
④ 陈正宏、谈蓓芳:《中国禁书简史》,上海:学林出版社,2004 年。
⑤ 徐雁:《"耕读传家":一种经典观念的民间传统》,载《江海学刊》2003 年第 2 期。

中国的乡村社会。王波的《阅读疗法》①一书,"在总结国外阅读疗法研究成果的基础上,对阅读疗法的原理进行了本土化再造,并对阅读疗法的发展做了必要的爬梳"②。其中"阅读疗法在中国"一章,梳理了中国古代的阅读疗法的发展脉络、思想精华和实践案例。他的《中国古代传世画作中的读书图初探》③一文,阐述了研究中国古代传世画作中的读书图的重要性和可行性,并根据接触到的资料揭示了中国古代传世画作中的读书图的大致特点,建议以《中国历代画目大典》和《中国美术全集》作为资料基础,梳理中国古代传世画作中的读书图,从而为阅读史研究提供富有趣味的图像证据。汪琴的博士学位论文《中国阅读文化的理论研究》④,探讨了中国阅读文化理论研究的框架构建及其基本问题,其中有专章对中国阅读文化传统进行了较系统的总结。张洁的《历史上的实用阅读活动》《历史上的休闲阅读》⑤两篇论文,分别考察了中国历史上实用阅读和休闲阅读的有关论述及阅读实践活动。许欢的《中国古代传统阅读模式研究》⑥一文,从四个方面总结了中国古代社会的阅读特征,认为中国古代的阅读史,是一部建立在文字与文献基础上的阅读史,是一个以知识精英为主体的阅读历程的记录。陈静的《抄本传播与魏晋南北朝时期的作者、读者和作品》⑦一文,指出魏晋南北朝时期纸的普及引领中国文化进入抄本传播的新时代,并分析了新媒介对作者、读者和作品所产生的深远影响。

综上所述,国外和国内的阅读史研究成果,在理论基础、研究方法、

---

① 王波:《阅读疗法》,北京:海洋出版社,2007年。
② 王余光:《2007年国内图书馆学研究综述:图书馆与社会阅读研究》,载《中国图书馆学报》2008年第2期。
③ 王波:《中国古代传世画作中的读书图初探》,载《图书馆》2015年第2期。
④ 汪琴:《中国阅读文化的理论研究》,北京:北京大学博士论文,2007年。
⑤ 张洁:《历史上的实用阅读活动》,载《情报资料工作》2005年第6期;《历史上的休闲阅读》,载《图书与情报》2005年第4期。
⑥ 许欢:《中国古代传统阅读模式研究》,载《图书与情报》2010年第5期。
⑦ 陈静:《抄本传播与魏晋南北朝时期的作者、读者和作品》,载《出版科学》2010年第2期。

研究思路、历史概述、史料积累等方面,为我们进一步拓宽和加深中国阅读文化史研究提供了有益的参考,奠定了良好的基础。但是,对于中国阅读史的研究,无论从研究的系统性,还是从内容的全面性来看,尚显不足。因此,借鉴已有的阅读史研究经验和成果,考察中国的阅读文化发展史,构建中国阅读史的研究内容,继承和弘扬中国阅读史的优良传统,将成为中国阅读史研究的主要任务。对中国阅读史的系统梳理和研究,不仅对中国学术界和读书界具有重要意义,也将对世界阅读史的研究做出应有的贡献,同时对于推动全民阅读和书香社会的建设亦有所裨益。

第三节 阅读文化的民族性

在悠久的历史中沉淀下来的中国阅读文化,具有鲜明的民族性特征。这种民族性特征的形成原因及其对阅读文化的影响主要体现在以下三个方面。

一、汉语语言、文字和文本的独特性

1. 语言

现代语言学的奠基人索绪尔认为,人类语言总系统的基本类型为"两级(三类)":其中,以汉语为代表的单音节、孤立型语言和以英语为代表的多音节、曲折型语言,构成现代人类语言总系统中对立的两极,这意味着汉英语言之间存在着基本结构的差异。①

---

① 索绪尔:《普通语言学教程》,高名凯译,北京:商务印书馆,1980年,51、52页。

汉语以词汇为核心，语音、语义、语法、语用、文化等多维之间互相依存，交叉渗透，形成网络状态。字在句法结构上有很强的独立性，不受统一的形式和规则的支配，句子的构成对理解句子影响较大，句子过长易导致结构混乱和语意不清。中国自古以来训诂学、音韵学、文字学发达，词汇研究成果丰富，但在语法研究上却乏善可陈。西方语言以词为句法结构的基本单位，句子结构具有封闭性的特点，句子内部的各种成分受统一的形式和规则支配，句子长短与否不会影响读者的理解。因此，西方语言比较适于用长句表达，而汉语则较适于用短句表达。

语言与思维、文化密切相关，使用不同语言的人，思维模式也有所不同。由于语言类型的不同，中西语言在句法结构、句法文化方面呈现不同特征。汉语句法层次呈立体性，结构开放，对偶句发达，推动着汉民族辩证思维的发展；西方语言句法层次呈线性，结构封闭，主从句多，推动着西方民族逻辑思维的发展。

2. 文字

文字是用来记录表达语言的符号系统，是文本的基本单位。语言的基本类型制约着文字的基本类型。人类各民族的文字大致可分为表音文字与表意文字两大类，而表意文字的典型代表就是汉字。汉字是唯一发源于公元前，又活跃于当今世界的自源文字。

根据语言学的观点，西方的表音文字中，一个字母与口语中的一个辅音音素或一个元音音素相对应，但字母与音节之间并不完全对应，书面文字中被空格隔开的是词，而不是词素或者音节。而汉字则保留了与词素本身的直接联系，而不是仅仅保留了与词素发音的联系。汉字的构成方式主要有象形、指事、会意、形声四种，现在通行的汉字绝大多数是形声字，能明显地表示其词素和音节特征。阅读的过程就是探求书写系统和口头语言之间的相互关系的活动。字母书写系统中的对应关系与方块字系统不同，对读者的认识有不同要求，读者的思维方式也不相同,而这种思维方式在长期的阅读实践中逐渐形成定式,并成为不自觉的行为。例如,一个英语读者会用抽象的规则系统来处理书写字母与口语音段之间的一致的问题,而一个汉语读者会不自觉地浏览方块字的外形。人类主要通过视觉信号系统来获取来自外界的信息,视觉神经细胞因而远比听觉神经细胞发达,从这个意义上说,汉字的象形特征具有极大优势,有助于提升阅读速度和阅读效果。此外,方块字本身并不表示一个确定的语音,因而初学者学习如何把文字转换为声音时就感到很困难,因此大声朗读在早期阅读中起到了重要作用。[①]

汉字属于没有形态变化的表意文字,这种稳定的书面形态对于解决语言的时空差异问题有重要意义,有助于维持历史上文字和读物的稳定性。中国历史悠久,疆域辽阔,在语言的发展过程中,各地语音的变化很大,但是不论哪个方言区的人,都可以阅读同样的文字和书籍。即使现在通行简化字,人们阅读两千年前的古文,也比西方人阅读几百年前的英文要容易得多。"书同文"对于几千年来中国阅读传统和文化传统的稳定与传承,对维系中华民族的统一具有不可磨灭的贡献。

3. 文本

文本以语言文字为媒介来运载所要传达的信息。文艺理论学者傅修延认为,汉语文本不但是由声音组成的系列,同时还是由复杂的笔画与偏旁部首构成的图形系列。汉语文本具有"二合"特征,影响着人们的阅读方式和阅读效果。他说:"汉字形音结构的对称平衡,与多为偶数音节的词和成语以及多为平行结构的汉语句法(可能还要包括汉语文本的章法)之间,存在着千丝万缕的内在联系。汉语中'文'既可指文本的最小单位——字,又可指整部作品,体现在'错画为文'中的'二合'精神由汉字层面向外渗透,弥漫在构成文本的各个层面之间。如前所

[①] 何丹、方柯:《汉语文化学》,杭州:浙江大学出版社,2003年,162页。

述,汉语文本中的'二合'实际上是一种共振性质的对立平衡,外在符码的并存、平衡或对立,透露出内部元素的呼应、冲突和激荡,这些'二合'为汉语文本带来了蕴藉含蓄、咀嚼不尽的阅读效果。"[1]

曾祥芹认为汉语文本具有独特的形式美。首先,汉语具有双声、叠韵、叠音、声调等特点,辅以音节、停顿、骈散交错、长短相间等手段,读起来抑扬顿挫、朗朗上口,具有音乐美。其次,由于汉字的方块形体,其构造追求疏密、穿插、相让、避就、排叠等技巧,匀称而有变化,具有形体美。最后,汉语具有重意合、略形式的特点,其言简意丰,发人思考,令人联想,具有含蓄美。汉语文本的这种形式特点推动着人们发展综合、直觉、顿悟的思维习惯,使人们在阅读中可以尽情地去欣赏首尾圆合、过渡照应、起承转合、跌宕起伏的结构美,领略刻意求新、求异、求变的构思美。[2]

总之,汉语语言、文字和文本的独特性决定了人们理解和阐释文本的特殊方式,影响了中国人的思维方式、阅读观念和阅读方式,从而使得中国阅读文化呈现出鲜明的民族性特征。

二、中国书籍制度的独特性

各民族在不同时期的书籍,由于所用材料及样式的不同,形成各异的书籍制度,并对人们的阅读产生不同的影响。概括而言,中国古代书籍制度主要分为三大类,即简牍制度、卷轴制度和册页制度。这三类书籍制度大体上代表不同的历史时期,但也有交叉。至于商周的甲骨刻辞、青铜器铭文及后来的石刻碑文,并不能算是严格意义上的书籍,因此可略而不论。西方书籍制度大致经历了从卷轴制度到册页制度的过程。下表对中国和西方的书籍制度及其演进做一简要比较。

---

[1] 傅修延:《文本学》,北京:北京大学出版社,2004年,220页。
[2] 曾祥芹:《阅读学新论》,北京:语文出版社,1999年,243、244页。

中西书籍制度及其演进比较

中国书籍制度			西方书籍制度		
简牍制	书籍材料	竹、木	卷轴制	书籍材料	纸莎草
	装订方式	丝编、韦编		装订方式	芦苇笔书写或悬挂或卷起
	组成部分	册、帙(或囊)			
	简牍制是我国最早的书籍制度,沿用时间长,影响深远。 竹帛并行约1000年,竹纸并行约300年			莎草纸约出现于公元前3000年。还有其他载体,如小木板、雕刻陶器、陶土板等,用锥子写字	
卷轴制	书籍材料	缣帛、纸	册页制	书籍材料	羊皮纸、纸
	装订方式	糊裱		装订方式	缝合后用绳子串联(羊皮书)
	组成部分	卷、轴、缥、带、签、帙			现代装订形式(纸本)
	东汉蔡伦改进造纸术。墨、笔、砚等书写工具改进。 3—4世纪,废简用纸			组成部分	书皮(封面)、册页
册页制	书籍材料	纸		羊皮纸约出现于公元前170年。① 之后纸莎草卷与羊皮书册并行。 册子本的普及始于三、四世纪。② 8世纪,造纸术开始传入西方③,到14世纪时普及。④ 14—15世纪之交木版印刷技术从中国传入欧洲。⑤ 木版印刷技术首先用于织物装饰品上,后大量用于宗教画像、名人肖像画上。木版印刷术一直沿用到1480年左右。15世纪中期,谷登堡发明金属活字印刷术	
	装订方式	糊裱(蝴蝶装); 糊、线订(包背装); 线订、糊(线装); 现代书籍装订形式:平装、精装			
	组成部分	书皮、书叶			
	雕版印刷术普及后主要是蝴蝶装、包背装、线装。 线装书在明代中期开始流行				

---

① 弗雷德里克·巴比耶:《书籍的历史》,刘阳等译,桂林:广西师范大学出版社,2005年,29页。
② 弗雷德里克·巴比耶:《书籍的历史》,刘阳等译,桂林:广西师范大学出版社,2005年,35页。
③ 肖东发:《中国图书出版印刷史论》,北京:北京大学出版社,2001年,297页。
④ 弗雷德里克·巴比耶:《书籍的历史》,刘阳等译,桂林:广西师范大学出版社,2005年,90页。
⑤ 肖东发:《中国图书出版印刷史论》,北京:北京大学出版社,2001年,319页。

根据上表分析，中国书籍制度的独特性及其对阅读的影响如下。

1. 中国书籍形式多样化

中西书籍制度的演变都是为了适应人们改善阅读效果的需要，并相应地促进了阅读实践的发展。西方的书籍制度大致经历了卷轴制和册页制两个阶段，主要的书籍材料从莎草纸到羊皮纸，再到纸。与西方相比，中国古代书籍形式更为复杂多样，主要的书籍材料有竹、木、缣帛、纸等，书籍制度大体经历了从简牍制到卷轴制，再到册页制三个阶段。在册页制阶段，书籍装订形式又出现过蝴蝶装、包背装、线装、现代书籍装订形式等多种形式，使书籍形态更为丰富多样，其装帧都注重雅致，具有独特的美感。此外，随着图书生产技术的进步，书籍制度的每次演变都为人们的阅读提供了便利。书籍形式经过多次演变，到明代中期出现了线装书。线装书因其更便于阅读，而久传不衰，成为中国古籍最后的也是最通行的形式。线装书的装订也追求古雅，清人孙从添说："不在华美饰观，而要护帙有道。款式古雅，厚薄得宜，精致端正，方为第一。"①又如古籍护装形式，有函套、夹板、木匣等，其制作工艺也非常讲究，如函套有"四合套""月牙套""云头套""如意套"等多种形式，木匣多取楠木，具有古朴典雅的美感，使藏书和读书给人以美的享受。

2. 中国书籍从载体、用墨、印装到文字，均系自身发明，特色鲜明

不同的书籍制度呈现出不同的书籍形态，涉及书籍材料、装订方式、字体、版式、插图、封面等多种要素，这些对人们的阅读方式和阅读效果都有影响。中国是纸、墨、印刷术的发明国度。汉字的文化意蕴、应用笔墨纸砚和雕版印刷的悠久历史使中国书籍形态形成了鲜明的特色，也使阅读文化具有了民族性特征。

---

① 孙从添：《藏书记要·装订》，载祁承㸁等：《澹生堂藏书约 藏书记要》，上海：古典文学出版社，1957年，42页。

古人读书十分讲究图书的书法美。古人藏书多以手抄本为主,因此读书与书法鉴赏自然就合为一体了。孙从添在《藏书记要》中说:"汲古阁影宋精抄,古今绝作。字画纸张、乌丝图章,追摹宋刻,为近世无有能继其作者。"[1]不仅是手抄本,古籍刻本也讲究书法美,藏书家多推崇宋版书,固然主要是因为它是古本、善本,但其字体精妙、赏心悦目也是一个重要原因。叶德辉《书林清话》云:"北宋蜀刻经史及官刻监本诸书,其字皆颜、柳体,其人皆能书之人。其时家塾书坊,虽不能一致,大都笔法整齐,气味古朴。"[2]

　　古人读书还十分注重"墨趣",享受"墨香"。古墨精品不仅色泽鲜亮、光鉴可人,而且须具香味,其香型也多样。赵孟頫有诗曰:"古墨轻磨满几香,砚池新浴灿生光。"[3]既有"墨香",那么以墨抄书,自然有"书香"。古代一些讲究的出版家也常用上好的香墨印刷图书,使得印成的木版书带有沁人的幽香,增添了人们阅读的享受感。此外,古人在读书时喜焚香助兴,天长日久,也有书香。而更多的时候,"书香"并不仅仅实指图书本身的香味,而且象征书的内容,如其文字、思想、意境等,可以给人以美的享受。

3. 简牍制度对中国阅读传统的影响

　　与西方不同,简牍制度是中国古代早期的书籍制度,对于中国的阅读传统有着极为重要和深远的影响。它决定了中国文字的直行书写和自右至左的排列顺序,以及阅读效率。即使在纸张和印刷术发明以后,中国书籍的单位、术语,以及版面上的所谓"行格"的形式,也都源于简牍制度。书史学家钱存训指出:

---

[1] 孙从添:《藏书记要》,载祁承㸁等:《澹生堂藏书约 藏书记要》,上海:古典文学出版社,1957年,42页。
[2] 叶德辉:《书林清话 书林余话》,长沙:岳麓书社,1999年,30页。
[3] 王三山:《文人书趣》,武汉:武汉大学出版社,1994年,24页。

中国文字,不论记载在何种材料上,也不论是何种形式的记录,总是从上到下、从右到左,直顺着排列和阅读,古今皆然,直到最近才开始改变。虽然有些古铭文并不如此,相信那只是极少数的例外。这种直行书写的原因虽不可确考,但毛笔书写的笔划,大多是从上到下;竹木材料的纹理以及只能容单行书写的狭窄的简策等,都是促成这种书写顺序的主因。至于从右到左的顺序,也与世界各国通行的文字不同,这大概是因为用左手执简、右手书写的习惯,便于将写好的简策顺序置于右侧,由远而近,因此形成从右到左的习惯。我们没有理由说文字的直行排列是落伍,或会减低了阅读的效能。正好相反。据现代许多专家的研究,"直行阅读实较横行阅读为快"。因为中国文字的单字所占面积较小,视力涵盖的范围较为广阔。心理学家也说,中国字的特殊排列和眼皮上下开合的情况也许有关。这很可能是中国人偏爱直行书写和阅读的原因。当然,排列的顺序和阅读效力,一部分是基于习惯;而书写材料与工具亦是形成这种传统的因素之一。①

中国书籍的单位"篇""册",来源于简牍制度。简册形制的书,其编连长度要视书籍内容的长短而定。如果书籍内容太长,抄写、阅读和收藏都不方便,因此就需要分成若干"篇"。每一篇往往是由若干支简编成的一册,然后合为一书,如《论语》二十篇、《孟子》七篇等。简册之"篇",内容上或是一意相贯,或是以类相从,大多自成段落,这正是后世书籍或文章分"篇"的由来。同样,后世的长篇巨帙往往分成若干册,也正肇始于简册各篇之"册"。

---

① 钱存训:《印刷发明前的中国书和文字记录》,郑如斯增订,北京:印刷工业出版社,1988年,130页。

中国书籍的正文外有目录或总目,版面上的"行格"形式,也渊源于简牍制度。用许多简编连成册,书写文字也就有了天然的界栏。后来的帛书、纸卷、雕版印刷的册页制书籍,也大都画有界栏,以使文字整齐、清晰、美观,有利于阅读。

简牍制度对文本内容也有影响。简册用绳编连,翻阅久了易散断,从而造成原简的排列顺序混乱,文本内容也就颠倒错乱了,因此经常出现"脱简"或"错简"的情况。《汉书·艺文志》载:"刘向以中古文校欧阳、大小夏侯三家经文,《酒诰》脱简一,《召诰》脱简二,率简二十五字者,脱亦二十五字,简二十二字者,脱亦二十二字,文字异者七百有余,脱字数十。"①简牍制书籍出现的"脱简""错简",随着书籍形制的更替,往往流传下来,其间虽经历代学者的研究、校勘,被纠正了不少,但仍有一些存在于流传至今的古书中,从而给读者带来了阅读和理解上的困难,同时也凸显了阅读时选择善本的重要性。

4. 中国书籍形式的"书卷气"特点

中国的书籍装帧形式有着鲜明的特色,这渊源于中国的文化传统。中国书籍形式对中国读书人的阅读观念、阅读方式和阅读效果也产生了深远的影响。

西方最初的书籍装帧形式以实用为主,后来为了使书籍更耐久或美观,装帧材料就有了朴素与豪华之分。如羊皮书的装帧,普通的是外面包皮、里面贴布,用两块厚纸板做封底;厚重的羊皮书背面加上金属饰物使之坚固,有的还加铜扣或锁;华丽的羊皮书常以锦、绢、天鹅绒或软皮做封面,以金银链或鞣革做束带,书上镶嵌宝石或象牙。在西方书籍装帧的发展历程中,基督教会起了非常重要的作用。教会人士将文字和书籍看得异常神圣,于是不惜工本对其加以装饰使其呈现庄重、华美的特点,但是过分追求华丽风格导致了形式的繁

---

① 班固:《汉书·艺文志》,北京:中华书局,1962年,1706页。

琐和造价的昂贵。15世纪末随着印刷术的普及，欧洲书籍明显地分为实用书籍和王室特装书籍两类。前者简单实用，后者则富丽堂皇，做工十分考究，这仍然与书籍装帧诞生时的宗教特性有关。书籍装帧的这种华美风格和宗教特性，易使人们在阅读时产生虔诚敬畏的心态，反过来又推动了宗教阅读的发展，特别是在中世纪，阅读甚至被认为是一种自省或赎罪的方式。

与西方书籍形式追求色彩浓烈、装帧高档的视觉冲击力不同，中国书籍形式强调整体形态，崇尚实用简约、淡雅柔静、和谐统一，蕴含着一种"书卷气"。如线装书讲究纸质如玉，墨光似漆，清心悦目，软而轻，展卷自如，自有一种书香。再如中国书籍历来有书有图，图文并茂，书籍装帧中的图形要素包括传统纹饰、图案、插图、图式、绘画，以及册页本版式中的象鼻、鱼尾、边栏、界行、牌记等。明清时期版刻插图艺术达到很高水平，出现了《十竹斋画谱》《芥子园画传》等艺术精品。版式中的牌记有荷叶式、莲花式、钟式、鼎式、龛式等多种图案，"象鼻、鱼尾"的名称还寄托着吉祥意义，是人们美好心灵的表征。这些图形要素孕育出活泼风致、自然生动、气韵横生的意境，也是"书卷气"的一种体现。

中国书籍形式的这种"书卷气"特点，渊源于中国传统文化中"天人合一"、追求整体和谐的思想观念，这对中国传统文人的阅读生活产生了很大影响。首先，与"焦点透视"的西方艺术审美特点不同，中国艺术的审美特点是"散点透视"，也就是在远近俯仰、视线流动的"静观目游"中去感受神秘的气韵和美感。书籍形式的"书卷气"给读者带来的美感主要来自人的视觉，它能调动读者的视线，使其专注于阅读，这种美感还来自触觉、听觉、嗅觉、味觉等多种感官。读者处于与书籍全方位的感官互动之中，以至于人物交融，物我两忘，在静悟中体味书籍之道、书卷之气带来的大美之境。其次，"书卷气"采自书卷，反映了一种抛却世间一切欲望和利害、不受约束的审美态度，强调心灵的自由和快乐。通过阅读，人们在幽幽书香潜移默化的熏陶下,追求清雅、淡泊、开阔、平和的心境。可以说,中国传统文人将书籍视为良师益友,以读书为乐,将读书视为休闲怡情的寄托的非功利性阅读心态,与中国书籍形式的"书卷气"特点密切相关。

三、中国阅读传统的独特性

中国阅读文化的民族性突出体现在阅读传统各方面,而中华民族文化传统对阅读传统的形成和发展有深刻的影响。

文化传统是文化现象的核心和本质,是指蕴含在传统文化现象中的各民族独有的价值观念、宗教信仰、思维方式、审美情趣、行为准则以及社会制度等。每一种文化都有其内在的生命力和优越性。不同的文化的发展历程和文化形态有所不同,因此文化传统也呈现出不同的特征。下表对中西文化传统和阅读传统的主要特点进行了扼要比较。为表述方便,表中所列出的对应关系,只是文化传统中影响阅读传统特征的主要因素。事实上,民族文化传统中的各因素是有机结合的,共同作用于阅读传统的形成和发展过程。

中西文化传统与阅读传统比较

影响阅读传统的文化因素	中华民族文化传统与阅读传统	西方文化传统与阅读传统
价值观念	内圣外王的理想人格; 天人合一的根本观念; 尊儒宗经,重道轻器	科学精神,理性精神;客观态度;探求真理的执着精神
传统的阅读价值观	修身、齐家、治国、平天下; 非功利心态下的阅读; 以儒家经典的阅读和阐释为中心,稳定统一的阅读文化	偏好自然科学知识;以征服自然为主要目的
宗教文化	对现世的热爱; 泛神论的多元信仰; 逍遥的宗教体验; 宗教文化臣服于王权统治	寄托于彼岸的信仰; 一元神的上帝崇拜; 以爱感拯救罪感; 教会与王权分庭抗礼

续表

影响阅读传统的文化因素	中华民族文化传统与阅读传统	西方文化传统与阅读传统
宗教信仰对阅读传统的影响	融合多种宗教文化的阅读风尚和阅读方式；敬惜字纸；崇尚阅读；以读书为乐	宗教阅读长期占据重要地位，将阅读《圣经》视为对灵魂的救赎
思维方式	尊儒、宗经、崇道； 提倡静学与学术师承； 天人合一的整体思维； 直观实用的思维原则； 主观联系的直觉思维	逻辑推理：细剖精析的逻辑分析； 思辨理性：纯粹思辨的抽象理性
传统的阅读方法	以识字为先，循序渐进； 读思结合，读习结合，读行结合； 熟读成诵，博约结合，重视精读； 抄读	擅长运用逻辑推理和抽象理性的读书方法（分析、推理、思辨）
民族精神	谦虚，谨慎，内敛； 自觉，自律，自强； 勤奋，锲而不舍	科学精神，个人本位， 崇力尚争，开放精神
传统的阅读精神	以立志为先，勤学苦读； 学不可以已，读书须虚心、专心	善于吸收外来文化，也易受外来文化冲击
审美情趣	崇文好古； 心物感应； 中和婉约	模仿现实，激扬奔放
读书人的文化情怀	文本尊重情结； 精心营造阅读环境； 书斋名、书斋联、藏书印等； 读书追求情境交融、淡泊宁静的意境	阅读中注重对客观知识的获取和新知识的创造； 阅读鉴赏中偏好激烈的生命体验
社会制度	以农耕为基础的自然经济； 以家族为本位的宗法社会； 以地缘为纽带的乡里情谊； 大一统的国家制度	重商主义； 城邦制度（以地区划分和财产差别为基础的国家制度）； 法治传统
社会阅读风气	热爱读书、藏书的风气； 耕读传家的传统； 私学、书院的兴盛； 王权控制下的社会阅读	追求财富更甚于文化； 注重法治更甚于德治

从表中可以看出，中西文化传统及其相应的阅读传统都有着一定的差异。中华民族文化传统的起源和发展，有着显著的民族性特征。中国历史上农耕经济的持续性造就了中华民族文化的持续性。以宗法色彩浓厚和君主专制高度发达为主要特征的中国传统社会政治结构，对中国文化的影响巨大。"在政治上表现为儒法合流，在文化上的反映则是伦理政治化和政治伦理化，突出地表现为'内圣外王'的心态，即修身、齐家、治国、平天下的人生理想和追求"[①]；在宗教信仰上表现为泛神论的多元信仰和入世观念，在思维方式上表现为整体思维、实用思维和直觉思维，在民族精神上表现为勤劳、内敛、自律等。

在文化传统的深刻影响下，中华民族形成了源远流长、延续至今的阅读传统，其最显著的特征表现在以下几点。首先是学而优则仕的阅读观念。入仕成为古代读书人心目中唯一的正途，自隋朝开始实施的科举制度，更是在读书与仕途之间搭设了通道。无数读书人寒窗苦读，皓首穷经，以期金榜题名，光宗耀祖。由此又引发了读书以求富贵的观念，这一传统影响深远，至今功利性阅读仍然盛行。其次是统一稳定的阅读秩序，如以儒家经典为中心的阅读和阐释传统、敬惜字纸、对文本的尊重情结、藏书读书的风气、耕读传家的传统，以及强调熟读成诵、熟读精思、重视抄读、精读的读书方法等。再次是强烈的实用主义阅读倾向，如强调知行合一、学以致用、读思结合、读行结合等。最后是中国文人阅读风尚。这主要体现为中国古代隐逸文化影响下的非功利性阅读形态，如以读书为乐、山林读书、胜境讲学、阅读环境的营造等。

一种文化传统，一经形成，便以精神文化的积淀式对历史和

---

① 张岱年、方克立：《中国文化概论》，北京：北京师范大学出版社，1994年，72页。

现实产生潜在而深远的影响;从这个意义上说,传统不是已逝的梦影、风干的尸骸,不是一种只具考证价值的古董,而是一种将民族的过去、现在和将来联结起来,显示民族的稳定性、连续性和生命力的东西。一个民族的文化传统愈是悠久、深厚,其生命力也就愈是强大。①

阅读传统作为文化传统的一种表现形式,同样将过去、现在和未来凝聚在一个统一体中,使不同历史阶段的阅读文化之间保持着连续性和统一性。中国传统阅读文化具有强烈的历史性和遗传性,同时具有鲜活的现实性和变异性,至今仍无时无刻不在影响着中国的读书人。

第四节 阅读文化的区域性

不同地理区域文化模式的差异,会导致阅读文化的差异。一个地区的阅读文化与当地的出版活动、藏书活动有着密切的联系,并受社会经济、教育和文化环境的制约。中国阅读文化的区域性特征主要体现在两个方面:一是各文明区域内阅读文化的独特性,二是各地区之间阅读文化发展水平的不平衡性。

一、中国各文明区域内阅读文化的独特性

中华文明的形成经历了漫长的过程。根据摩尔根的看法,文字的出现是人类进入文明时代的标志。中华文明始于汉字的出现。20

---

① 文怀沙、邵盈午:《中华根与本——宝学概论》,北京:中国文联出版公司,1997年,149页。

世纪晚期,考古工作者在西安西郊花园村发现了一批属龙山文化的甲骨文。据研究,这些甲骨文比安阳殷墟甲骨文要早 1200 年以上,即距今 4500 年至 5000 年,时间约是传说中的黄帝时代。龙山甲骨文在一定程度上印证了"黄帝之史仓颉造字"的传说,反映了汉字萌芽时期的特征。黄河流域的关中平原是中华文明的最早发祥地。① 在文明起源的过程中,地理环境起到了重要作用,英国史学家汤因比在《历史研究》"文明的起源"中对文明为何起源于某些区域时曾指出:

> 我们所能肯定的仅有这么一点,就是在黄河岸上居住的古代中国文明的祖先们,没有像那些居住在南方的人那样享有一种安逸而易于为生的环境。②

中华文明从起源到形成,再到发展、成熟,在不同的历史时期内,先后形成了六个中部区域文明区和六个周边区域文明区。根据这十二个文明区的地域联系和文明特征的相近性,我们可将它们划分为五个文明带。一是以西域文明区和北方游牧文明区为主体的游牧文明带,这个文明带包括现在长城以北的各个省区。二是以秦文明区、三晋文明区和齐鲁文明区为主体的黄河文明带,这个文明带包括现在黄河中下游各省市(陕西、山西、河南、河北、山东、北京、天津)。三是以巴蜀文明区、楚文明区和吴越文明区为主体的长江文明带,这个文明带包括现在长江中下游各省市(四川、湖北、湖南、江西、安徽、江苏、浙江、上海)。四是以岭南文明区和闽台文明区为主体的南方沿海文明带,这个文明带包括现在南方沿海各省区(广西、广东、海南、福建、台湾)。五是以藏文明区和滇黔文明区为主体的西南文明带,

---

① 王余光:《名著的阅读》,昆明:云南人民出版社,2001 年,24 页。
② 阿诺德·汤因比:《历史研究》(上册),上海:上海人民出版社,1986 年,93 页。

这个文明带包括现在西南及相关省区（青海、西藏、云南、贵州）。① 各文明带以及各文明区域在语言、文学、艺术风格、学术传统等多方面有着很大的差异。

以学术传统为例，学术文化的生长发育和传承是植根于文明区域基础之上的，反映在阅读文化方面，主要是人们的阅读观念和阅读方式呈现出鲜明的地域性特征。就大的文明带来说，长江文明带的南方区域和黄河文明带的北方区域差异显著。王国维说：

> 我国春秋以前，道德政治上之思想，可分之为二派：一帝王派，一非帝王派。……前者大成于孔子、墨子，而后者大成于老子。故前者北方派，后者南方派也。②

孔子、孟子都是鲁国人，重视伦理纲常。老子是楚国人，主张无为而治。此外，经学有南人约简、北人深芜之别，禅宗有南主顿悟、北讲渐修之分，书法有南书温雅、北书雄健之论。就文风而言，也有南骚北风之异，大体而言，南人偏情怀，北人重气概。刘师培在《南北学派不同论》一文中，阐述了诸子学、经学、理学、考证学和文学各学科南北学派的不同之处，其中对南北文风与地理环境的关系有进一步的论述，其有一定的道理：

> 大抵北方之地，土厚水深，民生其间，多尚实际；南方之地，水势浩洋，民生其际，多尚虚无。民崇实际，故所著之文，不外记事析理二端。民尚虚无，故所作之文，或为言志抒情之体。③

就不同的文明区域来说，学术文化传统也有差异。潘起造认为，

---

① 王余光：《名著的阅读》，昆明：云南人民出版社，2001年，37页。
② 王国维：《屈子文学之精神》，载姚淦铭、王燕：《王国维文集》（第一卷），北京：中国文史出版社，1997年，30页。
③ 刘师培：《刘师培辛亥前文选》，北京：三联书店，1998年，400页。

浙东学术文化的精神是经世致用,主要着眼于经济、民生,重商轻农,办实业、重教育,形成了良性循环;湖湘学术文化中的经世致用精神则主要着眼于政治、图强,追求"治国、平天下",注重实际,提倡理论联系实践,有强烈的参政意识;岭南学术文化则追求自由开放的学风和创新求变的精神,较少受中国传统儒家文化的束缚,提倡独立思考、大胆革新。① 学术文化的区域性特色在一定程度上反映了本地区人们读书治学的价值观念。

二、中国阅读文化发展的区域不平衡性

根据经济地理学家的观点,中国经济中心由中原和西北地区逐步向东南地区转移。大约东晋以前,中国的经济中心是在现代的陕西、河南一带,东晋以后,东南的江浙地区经济逐步发展,到了南宋,便成了中国的经济中心。经济中心的转移,也带来了文化、文献中心的转移。② 文化中心的转移,促进了阅读活动的中心地域的转移,如南宋以来,经济发达的东南地区曾长期成为中国阅读文化发达的区域。这可以从读者(文人)和读物(书籍)的发展状况中反映出来。

文人数量的增加和质量的提高是阅读文化兴盛的重要标志。文人的聚集地随着中国经济文化中心的南移也逐渐南移,文人的聚集与文献的著述、印刷、流通的繁荣有着直接的关系,它们互为条件,相互促进。

有学者根据"二十四史"列传统计了正史有传的历史人物的分布情况,得出的结论是,南宋以前,中国人物(主要是文化人)多集中于黄河流域,南宋以后,逐渐转移到扬子江流域而荟萃于江浙。其中如北宋时人物最多的地域依次是河南、河北、山东、山西、江苏(依次取

---

① 潘起造:《浙东学术的地域文化渊源及其文化精神》,载《浙江社会科学》2006 年第 4 期。
② 王余光:《中国文献史》(第一卷),武汉:武汉大学出版社,1993 年,86 页。

前五位,下同),南宋时则变为浙江、福建、江西、四川、江苏,至明则为浙江、江苏、江西、安徽、河北。而清代"进士及第"的人则分布在江苏、浙江、江西、安徽、河北。① 另据统计,自唐至明清,状元籍贯的地理分布具有明显的自北向南逐渐转移的趋势。唐宋两代,来自北方的状元共 68 人,占全国总数的 61%;南方籍贯的状元仅 44 人,占全国总数的 39%,北方籍状元占明显优势。元明清三代,状元籍贯的地理分布与前代相比发生了明显的变化,这一时期全国共有状元 194 人,其中来自北方的仅 26 人,占全国总数的 13.4%;南方状元则有 168 人,占全国总数的 86.6%。明清两代共有状元 187 人,其中江浙两省就有 84 人,接近半数。南方籍贯特别是江浙一带状元在数额上形成了绝对优势。② 可见,自南宋后长江流域,特别是江浙地区成为读书人的聚集地。

　　文人的聚集促进了图书著述的繁荣,这在《四库全书总目》中有明显体现。以黄河文明带、长江文明带和南方沿海文明带为例,看《四库全书总目》所收这三个地区历代作者的数量情况,具体见下表。据统计,《四库全书总目》所收作者总数为 6873 人,除去地域不详 782 人与外国作者 30 人,为 6061 人。其中黄河文明带为 1150 人,约占总人数的 19%,长江文明带为 4224 人,约占总人数的 70%,南方沿海文明带为 597 人,约占总人数的 10%。若从省、市、自治区的作者分布情况看,前 10 名依次为:浙江(1423 人),江苏(含上海,1229 人),江西(736 人),福建与台湾(469 人),安徽(393 人),河南(322 人),山东(312 人),河北(229 人),湖北(165 人),四川(156 人)。可见,长江文明带,文人聚集,图书著述丰富,这也反映了历史上长江文明带社会

---

① 朱君毅:《中国历代人物之地理的分布》,载《厦门大学学报》第 1 卷第 1 期,1931 年 12 月。
② 韩茂莉、胡兆量:《中国古代状元分布的文化背景》,载《地理学报》1998 年第 6 期。

文明程度的相对优势。从下表中可以看出,唐和唐以前,长江文明带的作者数量少于黄河文明带;唐以后,长江文明带的作者数量就大大超过了黄河文明带,这反映了宋代文化重心的南移。①

从图书的生产和消费情况来看,图书出版和贸易中心随着中国经济中心的转移而逐渐转移。南宋以后,东南地区不但是文具纸张的生产中心,而且是书籍印刷中心和书业贸易集散中心。叶德辉认为,杭州、苏州、南京三地雕版刻书业兴盛,且以刻善本、精本闻名,其刻书中心地位历宋、元、明、清四代而不衰,至清道光年间,"天下书板之善,仍推金陵、苏、杭"②。

《四库全书总目》所收历代著作作者分区统计表③

分区	先秦	秦汉	魏晋南北朝	隋唐	五代宋元	明	清初	合计
黄河文明带	30	33	36	95	283	349	314	1140
陕西	3	5	1	25	16	40	34	124
山西	3	1	3	13	30	41	33	124
河南	12	12	19	24	99	101	55	322
河北	5	1	4	22	69	66	62	229
北京	—	1	—	—	1	7	15	24
天津	—	—	—	—	1	1	3	5
山东	7	13	9	11	67	93	112	312
长江文明带	—	9	28	75	983	2007	1122	4224
四川	—	—	5	7	89	40	15	156
湖北	—	3	1	4	19	87	51	165
湖南	—	—	1	—	36	50	29	122
江西	—	—	4	9	257	339	127	736

---

① 王余光:《名著的阅读》,昆明:云南人民出版社,2001年,42—47页。
② 叶德辉:《书林清话 书林余话》,长沙:岳麓书社,1999年,211页。
③ 王余光:《名著的阅读》,昆明:云南人民出版社,2001年,44页。

续表

分区	先秦	秦汉	魏晋南北朝	隋唐	五代宋元	明	清初	合计
安徽	—	—	1	4	67	220	101	393
浙江	—	4	4	27	365	644	379	1423
江苏(含上海)	—	2	12	18	150	627	420	1229
南方沿海文明带	—	—	1	11	187	288	110	597
广西	—	—	1	2	7	20	2	32
广东(含海南)	—	—	—	3	10	66	17	96
福建与台湾	—	—	—	6	170	202	91	469

从图书的收藏情况来看，随着宋代中国的经济重心南移，东南地区成为经济枢纽，其繁荣和富庶的经济条件为藏书业的发展提供了物质基础，从而出现了庞大的藏书家群体，藏书楼到处可见，留存至今的尚有宁波的天一阁、聊城的海源阁、常熟的铁琴铜剑楼、湖州的嘉业堂等。据《中国私家藏书史》统计，有文献记载的中国历代藏书家总数为5045人，若按其籍贯划分，其中浙江有1139人，江苏有998人，合计2137人，几乎占到藏书家总数的一半。藏书家人数最多的10个市县全部在沿江一带(见下表)。

中国历代藏书家数量(单位:人)最多的十个市县统计表[①]

名次	1	2	3	4	5	6	7	8	9	10
市县名	苏州	杭州	常熟	宁波	湖州	绍兴	福州	嘉兴	海宁	南京
藏书家数量	277	207	146	109	95	94	80	77	68	67

综上，历史上各文明区域在经济发展水平，社会文明程度，图书著述、出版、消费和收藏状况等方面都存在差距，因此造成了各地区阅读文化发展的不平衡。

考察中国当代的阅读现状，我们可以发现阅读文化发展的区域

---

① 范凤书:《中国私家藏书史》，郑州：大象出版社，2001年，678、679页。

不平衡性主要表现在城乡之间的不平衡，文化中心区域和边缘区域的不平衡，以及东、中、西部地区的不平衡上。阅读文化发展的城乡不平衡突出反映在家庭藏书量和图书阅读率（读书率）等指标上。中国出版科学研究院组织的历次全国国民阅读与购买倾向抽样调查结果显示，中国农村居民的家庭藏书量以及读书率（指狭义的识字者阅读率，即每月至少有一次读书行为的读者与总体识字者之比），都普遍大大低于城市居民。产生这种不平衡现象的原因，主要是农村与城市在各方面存在的较大差距，例如经济条件，出版物的生产、流通和消费情况，文化活动和公共阅读设施状况，受教育人口的数量和质量，城乡人口的从业特点和阅读心理等存在较大差距。

总之，阅读文化的区域性不能仅仅以行政区划来划分，其形成和发展有历史原因，并受到社会经济发展水平、地理环境、教育水平等因素的影响。随着社会文化和科技的发展、区域经济的繁荣，区域间的封闭隔绝的状态被进一步打破，各地区在相互交流融合的同时，其阅读文化发展水平会趋同，不过在一定时期内在某些方面仍会保持其独特性。

第五节　阅读文化的时代性

美国文化史学家罗伯特·达恩顿说："读书有读书史，读书并非时时处处都相同。我们可以将其视作从书中直接提取信息的过程，但是，假如进一步思考，我们就会发现这些信息必须经过筛选、分类、诠释。诠释机制取决于文化形态，这种形态随时代不同而千差万别。我们的先辈生活在截然不同的精神世界里，他们读书必定有别于我们,因此,读书史的复杂程度不会逊于思想史。"①在他看来,阅读活动是一种诠释机制,它取决于文化形态,是一定时代的文化形态的反映,文化形态的变迁又决定了阅读的时代变迁。从中外阅读史的发展历程来看,从口耳相传到文字记录,从手抄本时代到印本时代再到电子文本时代,阅读文化的发展体现为一个历史的过程,不同阶段的阅读文化因时代的不同而呈现不同的特征。

一、阅读文化是时代文化的反映

阅读是人类特有的一种社会文化活动,反映着人类文明的演变进程,而人类社会生活的方式、水准是由时代的物质文明与精神文明程度决定的。从断代文化的视角看,阅读文化存在于时代文化这一大的文化系统中,阅读文化是时代文化的一个有机组成部分。从文化的纵向发展视角看,阅读文化自有它的发展过程,但它的每一次发展,都必然要融入那个时代之中,打上那个时代的印记。

1. 阅读文化反映时代精神

时代精神由整个时代文化凝聚,它以鲜明的时代感、强大的感召力制约和影响着那个时代人们的精神生活与物质生活。文本的创作者,要受时代精神的影响,并通过文本对读者施加影响。读者在阅读过程中的观念和行为也带有鲜明的时代精神的烙印。

2. 阅读文化反映时代生活方式

读者的阅读观念反映着一个时代人们的生活理念;社会阅读水平折射着人们的生活水准;社会阅读倾向和热点是一个时代阅读文化的显著表征,它在表现每个时代的文化风向时,必然印记着那个时

---

① 斯文·伯克茨:《读书的挽歌——从纸质书到电子书》,吕世生、杨翠英、高红岭译,北京:中国对外翻译出版公司,2001年,78页。

代的生活方式。

3.阅读文化受时代文化背景和环境的制约

一个时代的社会经济条件直接限制了文本的传播方式和读者的阅读需求,决定了阅读活动的对象、规模和方式。出版业的发展状况决定了文本生产和复制方式,决定了社会上读物的丰富程度,以及读者阅读需求的满足程度。图书的收藏和消费状况影响着阅读文化的发展水平。教育的发展水平和普及程度,决定了读写人口的数量和质量。图书馆、社区和家庭,是开展社会阅读活动的基本单位。

二、阅读的时代变迁

阅读文化的发生、发展是一个历史演变的过程,在不同的阶段有着不同的特点。一方面,作为一种文化现象,阅读随着时代的变迁而变迁;另一方面,阅读又是对历史传统的继承与延续,一些经典名著不受时代变迁的影响,而一直成为人们阅读的对象,某些传统的阅读观念、阅读方法、阅读精神也会被后世的人们继承和发扬。一部阅读史,正是在这种变迁与永恒的矛盾中展开的。

中外阅读史大致都经历了从精英阅读到大众阅读的历史演变阶段。在西方社会,在文字与书籍发展的初期,阅读是少数人的特权。在中世纪,文字和书籍长期被教士阶层垄断和掌控,并成为宗教统治的工具和象征,阅读活动仅仅是社会上层人物的精英阅读,普通民众几乎没有阅读书籍的权利和机会。15世纪,金属活字印刷术的发明从根本上改变了图书的生产条件和物质形态,带来了书价的降低和书的相对平凡化。城市里书籍数量开始增多,大众阅读的产生成为可能。18世纪,欧洲在社会政治和经济文化发展的背景下,产生了"阅读的革命",读者群迅速扩大,大众阅读迅速发展。

在中国,阅读文化也经历了从精英阅读到大众阅读的转变,以此转变为界,我们可以将其划分为中国古代阅读文化和现代阅读文化两个阶段。

中国古代阅读文化的发展过程大致可以分为以下几个阶段。从文字出现到先秦时期是中国古代阅读文化的形成期。这一时期,阅读活动随着文字的产生而出现。出土的甲骨上多次出现"教""学""师""笔""册"等字,说明殷商时期就有学校进行读写教学活动。到了西周,阅读被明确规定为学校的课程。西周时学校教学内容已相当丰富,有德、行、艺、仪四个方面,其中"艺"包括"六艺",即礼、乐、射、御、书、数,其中包括识字和阅读。史载,周宣王的史官编了一本《史籀篇》,是供识字用的;《礼记·学记》中记载了西周学校的一整套考查学绩的方法,其中第一条规定"一年视离经辨志",即通过阅读分析经文的章句,领会其思想内容。西周及西周以前"学在王官",阅读活动被神权和王权垄断。春秋战国时期,书写工具的进步,书籍数量的增加,百家争鸣的文化环境,使得阅读开始成为广泛的社会活动。孔子整理编订的"六经",被当作阅读的范本和教学的教材。我国传统的阅读方法和阅读理论也开始形成,并对后世产生了深远影响。

两汉至唐代是中国古代阅读文化的发展期。这一时期,中国阅读文化传统的基本特征已初步形成。我国古代阅读史基本上是以儒家经典的阅读即"尊孔读经"为主流的历史,汉代是这一阅读主流的确立时期。《七略》开创了编纂藏书目录的传统。工具书编纂受到重视,汉代产生了我国第一部字典《说文解字》、第一部词典《尔雅》和第一部方言词典《方言》。造纸术的改进使书籍广为传播,日益扩大的文人群体成为文本创作者和阅读主体,而阅读对象基本上是各种载体的传统经典文本。阅读活动在魏晋南北朝时期开始向多元化发展,在唐代形成高潮,尤其是文学作品的阅读在唐代成为广泛的社会活动。

宋元明清时期是中国古代阅读文化的成熟期。这一时期,文化学术和文学作品得到了空前规模的普及,印刷术的进步使书籍的传播与阅读更为便捷与广泛;城市的繁荣、市民阶层的壮大使阅读活动的主体和对象都发生了显著的变化——在文人群体之外出现了数量可观的社会阅读群体,官方经典读物和通俗文学作品并行发展,文学阅读活动分外活跃。元明时期,民众的口头阅读形式(即书籍通过演员和说书人进行娱乐化传播)得到大发展,其主要表现为场所多样化、时间频繁化、读者普泛化。宋代朱熹的读书法和元代程端礼的《程氏家塾读书分年日程》对后世影响很大。这一时期的阅读理论、阅读方法和读物的艺术性越来越受到重视,在传统的经典阐释之外出现了专门指导阅读的新形式——普及性的文学选本和评点。明清时期因政治、文化环境的影响,儒家经典的阅读和阐释更为盛行。

从历史上看,中国古代阅读文化的一个主要特征是,以"士"为主体的文字阅读系统和以中下层民众为主体的口语阅读系统的对立。"士"作为"四民"之首,掌握着文字读写能力,形成了一个以儒家经典为中心的文字阅读系统。由于受教育程度低的限制,其他民众识字率普遍偏低,他们多靠听和看的方式来进行阅读,即通过演员和说书人对书籍进行娱乐化传播来阅读。例如,唐宋以来在民间流传着一种"说话"的表演艺术,也就是艺人以"话本"为底本来说唱故事。随着这种说唱技艺的发展,还出现了专门编写话本的文人组织"书会"。书会的成员是一些文学功底较深的落魄书生,他们将原来简略粗糙的话本发展成为可供阅读的书面文学作品。此外,文、言的长期分离进一步强化了这两种阅读系统的对立,两者的对立不仅表现在阅读内容上,还表现在阅读方式上,如对通俗小说的阅读,文人多是对文本进行直接阅读,而民众则是通过听说书、看戏剧、听快板、传唱等方式进行阅读。但是口语阅读因缺乏有效的记录机制和传播载体,所以不易保存,以致在历史上无迹可寻。从这个意义上说,中国古代社会的阅读系统仍是一个统一稳定、有限控制的精英阅读系统。

19世纪末20世纪初,中国阅读文化进入了一个现代化的阶段。这一时期,由于科学技术的发展、新的思想与理论的输入和社会情势的变化,尊儒读经活动逐渐式微,人们阅读的范围、观念、方式等都发生了革命性的变化,其具体表现是阅读群体广泛化,阅读阶层下落,大众阅读兴起。

近一百年来,中国阅读文化经历了一段快速发展的时期,当然这种发展并不是一帆风顺的,其间经历了很多曲折,并且在这个螺旋式上升的不同阶段呈现出不同的特征。特别是进入21世纪以来,阅读文化进入了新的转型期。人类社会进入视听时代和网络时代,阅读形式也日益广泛化和多元化。信息渠道和娱乐方式的多样化对传统的阅读造成了巨大冲击。

从以上对中国阅读史的简要描述中,我们可以发现:中国阅读文化的历史发展,在总体趋势上呈现出以下两个特征。

1. 从阅读的绝对垄断到有限控制,再到大众阅读的兴起和发展

前一转变始于春秋战国时期,发展于汉唐,自隋唐科举制推行后,随着雕版印刷术的发明和应用,宋代以后社会阅读得以迅速推广,人们有更多的机会去读书,以期考取功名,但文字阅读活动仍限于以"士"为主体的知识阶层。后一转变发生于19世纪末20世纪初中国现代化转型期。之后大众阅读迅速发展,在20世纪60年代至70年代大众阅读经历了一段低谷时期,在80年代后期重新崛起。

2. 从文字阅读系统与口头阅读系统的对立到两者互相交融

这一转变发生在19世纪末20世纪初,最主要的推动因素是现代教育体系的建立和白话文运动的开展。大众阅读在中国社会的兴起是这一转变发生的标志。

三、阅读的形式随时代不同而变化

阅读史中两个重要的转变引起了研究者的注意,即从音读到默读,从精读到泛读。

1. 从音读到默读

相对于自我创作以给他人留下阅读的文本,古代东西方的圣贤更注重口头传播知识,如苏格拉底认为口头语言比文字更真实,孔子也主张"述而不作",他们的言论都是由自己的学生记录下来才得以流传后世的。在古代,阅读被视为一种口语技能,往往是一种存在于公众中间的音读活动。音读是书面文字从口头语言发展而来的原始现象。声音可以转换为文字,但习惯于听说的人们还需要读出声,把文字再变回声音,借助于耳听来理解意思。阅读的功能就在于给文本以声音,使文本能够通过口语表达的方式变得可以理解。书面文字如果没有停顿,会给理解书面意义带来障碍,使阅读难以无声化。古希腊、古罗马时代的文本没有标点,文字是连成一气的。在英国,8世纪出现单词断开的文献,默读普遍化才具备了前提条件。古代和中世纪的阅读是以音读进行的,伴随印刷术的发展,默读开始普及。有的欧洲学者认为,默读首先兴起于古代后期的基督教界,7世纪至21世纪在不列颠岛传开,随后在欧洲大陆的修道院抄写室传开,13世纪波及大学和经院,一个半世纪以后在贵族阶级中普及。实际上,直到19世纪和20世纪,最普通的民众仍离不开音读。[①] 美国成人教育家林德曼对朗读传统做了如下的描述:

> 朗诵属于戏剧性的艺术。当书本稀少,家里的灯光设备还

[①] 李长声:《从音读到默读》,载《读书》1992年第2期。

在原始阶段,而家庭还是由合作的个体互相依赖并紧密组织而成的单位时,在家庭圈子中朗诵书本是那么的普遍,以致曾被认作一种传统。就是在这种形式之下,很多早期的美国人熟悉了像《圣经》之类的古典著作和莎士比亚与弥尔顿这样的作家。在寒冷的冬夜,当全家坐在火炉旁边,多数是由父亲担任朗诵者。在有些家庭里,书是传递着读的,每个人要轮流朗诵。……那些在幼年青年时享有过这种经验的都记得那些场合,那是家庭团结的象征。实际上读过些什么书也许早已淡忘,但那因而滋长了的习惯总能保持,而阅读仍然是令人得以满足的习惯。①

日本文学评论家前田爱在其代表作《从音读到默读:近代读者的形成》②中论述了这种转变的现象及其根源。他说:"这种默读的读书习惯普遍化为时尚浅,不过才两代、三代吧。试从日记、回忆录之类资料中探求一下明治时代的读者状态,就会惊讶于那时人们还依恋着音读的享受方式,其根深蒂固超乎我们的想象。"前田爱把"音读"分为朗读和朗诵两类,"朗读"主要指的是民众的阅读行为,他认为明治初年"朗读"还普遍存在。李长声对此这样评述:

> 一人读众人听的读书方式乃基于民众的读写能力低下,并且与日本"家"的生活样式(缺少私生活天地)有关。当时的通俗小说等文学样式具有民众娱乐的特性,正是与这种共同享受的

---

① 林德曼:《朗诵使生活更有意思》,载培根等:《读书的情趣和艺术》,北京:中国友谊出版公司,1988年,179页。
② 此文最初发表于1962年6月号《国语与国文学》杂志,1973年与其他论文合编为《近代读者的形成》,由有精堂刊行。20多年后,筑摩山房出版《前田爱著作集》(六卷本),其中第二卷为《近代读者的形成》,新闻学教授山本武利为其做解说时,断言这部论著仍旧是最高水平的:"是日本第一本揭出读者研究旗号的著作。岂但是第一本书,而且时至今日,犹未被后来的研究者超越。"(转引自李长声:《从音读到默读》,载《读书》1992年第2期)

形态相适应。那时小说还不是个人鉴赏之物,而是家族共有的教养食粮和娱乐对象,其读者层大大超出识字者的界限。在某种意义上,说书也可算是一种变相的读书(听书),是共同读书在市民阶层的社会化、商品化。……"朗诵"是明治时代念汉籍的青年(所谓书生)们的特征。在学校、宿舍、政治结社等精神共同体内创造叙事诗般的享受场。与之相应,文学样式是汉诗文、政治小说等。显然,这样的读书不同于隐遁的、孤独的读书,在酒馆、沙龙等集团性的场所的朗诵是社会关系的表现与纽带。日本近代化之初,汉诗文曾起过巨大作用,可以说默读的确立也伴随着对汉诗文的疏离。汉诗文铿锵上口,韵文不消说,甚至散文也本来是为诵读而写的。南宋杨与立《幽居》诗"柴门阒寂少人过,尽日观书口自哦"之句,活脱脱一幅"音读图",中国读书人就这么自我陶醉了千百年,直至三味书屋的老塾师。①

中国传统阅读重视经典研读、高声朗读、熟读成诵。音读需借助于句读,句读原本是基于发声,而非句法,而书面语言与口头语言的脱节,使句读成为一种技术,甚至成为一门学问,因此古代阅读史的主体是精英阅读。基于话本的中国古典小说和诗篇韵文宜音读而不宜默读,讲究锦心绣口,赏读玩味;汉字除象形之外的摹声特点,也使得古人在音读之时能享受并沉醉于音节的抑扬顿挫所营造的意境里。默读的普及大致发生在19世纪末20世纪初中国社会现代化转型时期。新印刷技术的应用使书刊数量剧增,近代新文体的出现,特别是白话文的普及,使读者群迅速扩大,近代大众读者因之形成,阅读形式也随之改变。读书完全变成个人的行为,读者对文本的接受形式由音读彻底转变为内向的默读,读者的欣赏方式由抑扬顿挫的

---

① 李长声:《从音读到默读》,载《读书》1992年第2期。

吟味转向对形象的把握,"读者与书籍建立了更自由、更亲密、完全内在的关系,可以不为书籍构成的复杂性或论述与注解、引文与诠释、正文与索引等关涉所拂乱,读得更快"①。

曾国藩在清咸丰八年(1858)写给儿子的信中,把"看"(默读)和"读"(朗读)与不同类型的读物相联系,他说:

> 看者,如尔去年看《史记》《汉书》、韩文、《近思录》,今年看《周易折中》之类是也。读者,如《四书》《诗》《书》《易经》《左传》诸经,《昭明文选》、李杜韩苏之诗、韩欧曾王之文,非高声朗诵则不能得其雄伟之概,非密咏恬吟则不能探其深远之韵。譬之富家居积,看书则在外贸易,获利三倍者也;读书则在家慎守,不轻花费者也。譬之兵家战争,看书则攻城略地,开拓土宇者也;读书则深沟坚垒,得地能守者也。看书如子夏之"日知所亡"相近,读书与"无忘所能"相近,二者不可偏废。②

与朗诵相关,过去学人强调熟读成诵。20世纪20年代,梁启超在给清华学生开列的《国学入门书要目及其读法》中,多处提到"熟读成诵",他在《治国学杂话》一文中称:

> 我在前项书目表中有好几处写"希望熟读成诵"字样,我想诸君或者以为甚难,也许反对说我顽旧,但我有我的意思。我并不是奖劝人勉强记忆,我所希望熟读成诵的有两种类:一种类是最有价值的文学作品,一种类是有益身心的格言。③

从梁氏的语气中,可见当时的读书界不太提倡"熟读成诵"了,故

---

① 李长声:《从音读到默读》,载《读书》1992年第2期。
② 曾国藩:《曾国藩全集·家书(一)》,长沙:岳麓书社,1985年,406页。
③ 梁启超:《国学指导二种》,上海:中华书局,1936年,26页。

而梁氏有"也许反对说我顽旧"的话。

即使在阅读方式已几乎演化为默读的今天,音读的残迹也随处可见。例如,文章要"顺口",孩子初学阅读时要大声朗读等。而今,读物大量生产、大量消费,书籍的流传和接受条件进一步得到改观,默读更发展到"速读"阶段。

2. 从精读到泛读

西方学者认为,从精读到泛读的转折性变化大约出现在18世纪末。以德国书史学家恩格尔辛(Rolf Engelsing)对从中世纪到1750年前后德国北部地区阅读情况的研究,以及大卫·霍尔(David Hall)对1800年前后的新英格兰地区阅读情况的研究为例,18世纪及以前人们"精读"少量书籍,如《圣经》、年鉴或其他一两种有关上帝的著作,常以个人朗读或群体朗读的方式进行阅读。1800年后,人们就开始"泛读",他们阅读各种各样的书籍,尤其是期刊和报纸,他们仅仅是阅读一次,然后就开始关心下一期的内容。当书籍不再稀少,而成为日常消费品时,读者和印刷文字的关系便转变了。阅读变得越来越个人化,泛读取代了家庭阅读和群体阅读。这种在大众间大规模的泛读取代精读的现象正是阅读革命的表现。[1] 罗伯特·达恩顿则认为阅读革命并没有在18世纪晚期发生,虽然那时候公众可以读到内容更为广泛的读物,这是因为在19世纪,伴随着机器造纸、蒸汽机动力的运用,铅字印刷技术以及识字的普及,大众读者的比例发展到一个前所未有的程度。所有这些变化为新的阅读方式产生提供了可能,这种由精读向泛读的过渡,不是通过减少精读来实现的,而是通过所提供内容的多样性来实现的。因此这种转变并不代表着阅读自

---

[1] David Hall. The Uses of Literacy in New England,1600—1850. *Cultures of Prints*:*Essays in the History of the Book*. Amherst: University of Massachusetts Press,1996: 36—78.

身的"革命",而只是标志着欧洲旧政体的终结。①

法国学者巴比耶在《书籍的历史》一书中也有如下论述:

> 18世纪是现代性的时代,德国史学家在哈贝马斯理论的影响下,对"公开性"进行了独到的研究。旧制度的模式将集体生活组织在宫廷和代表职能周围,上升的新兴资产阶级,尚未在政治上显出分量,对他们而言,阅读的实践是核心的共同目标。在他们面前,旧制度的模式趋向消失。这一"有才能的资产阶级"与知识分子的定义一致,分散在整个德国,趋向于构成公众意见("公开性"的核心概念即由此而来),对他们而言,印刷品(图书与期刊)是信息和知识的理想传播媒介。阅读的革命将两场运动联系在一起,一是读者群体大为扩大,二是阅读的实践、目的及社会分配的性质的改变。泛读形式的持久阅读("阅读的狂热")突出了期刊与世俗的内容。轨迹是准确的,即使或许应该使德国的特征相对化,并将一种如此的"阅读的狂热"看作席卷了整个西欧……一个全国范围的图书市场的形成,在英国依赖于经济的腾飞,在法国取决于政治革命,在德国则要靠阅读实践的变化,历史性的阅读有着这样的功绩,即坚持"消费经济"对于西方图书业总体演化的重要性。②

泛读形式的普及同样发生在19世纪末20世纪初的中国现代化进程中。在新式出版业的发展、市民阶层的形成以及现代大众传播方式的出现等条件的推动下,读物的种类和数量较之以前大为丰富。据统计,自宋代雕版印刷术普及后,从宋代到清末,每个历史时期著

---

① 罗伯特·达恩顿:《阅读的历史》,载陈恒等:《新史学》(第四辑),郑州:大象出版社,2005年,109页。
② 弗雷德里克·巴比耶:《书籍的历史》,刘阳等译,桂林:广西师范大学出版社,2005年,278—282页。

作部数如下：宋（960—1279）3611 部，西夏辽金元（906—1368）1292 部，明（1368—1644）5081 部，清（1616—1911）42932 部。而从 1912 年到 1937 年，短短 25 年间，总著作部数就达到了 71680 部。① 就年均著作部数来看，民初的约是清朝的 7 倍，是宋朝的 79 倍。

在这个进程中，图书类别由"经、史、子、集"过渡到包括西学在内的各类图书，这从近代图书分类法的变迁可以看出来。1896 年，梁启超编《西学书目表》，感叹道："西学各书，分类最难。"②这份书目将译书分为学类、政类、杂类三类。此后，由于图书种类剧增，归类困难，故出现了多种图书分类法。据王云五统计的数据，1928—1934 年，图书按学科分类，由多至少依次为总类、社科、文学、史地、语文、自然科学、应用科学、艺术、哲学和宗教各类。③ 这些现象都反映了当时读物类别的多样化。

但出书册数没有一个精确的统计数据，我们只能通过相关资料估算。1927 年前，印刷用纸多靠进口，因而图书出版情况可用印刷纸进口情况加以分析。1903 年进口纸为 2684437 海关两，至 1926 年达到 27668692 海关两，④23 年间猛增近 10 倍。印刷用纸情况间接反映了当时出书数量的情况。1927 年后的出书册数，可参照王云五估算的 1927 年到 1936 年各年度全国新出版物册数，这是以商务印书馆、中华书局、世界书局三家出版单位的新图书的出版数量为基础统计和推算的，将近 10 年间全国共有 42700000 册新出版物，如果算上重印、盗版等，十年间出书应该有上亿册。⑤

此外，随着报刊等现代大众媒体的出现和繁荣，公共领域开始形

---

① 王余光：《中国文献史》（第一卷），武汉：武汉大学出版社，1993 年，49 页。
② 梁启超：《西学书目表序例》，载《饮冰室合集》（第一册），北京：中华书局，1989 年，122 页。
③ 王云五：《十年来的中国出版事业》，载张静庐：《中国现代出版史料·乙编》，北京：中华书局，1957 年，341 页。
④ 陈刚：《中国近代图书市场研究》，载《编辑学刊》1995 年第 2 期。
⑤ 王云五：《十年来的中国出版事业》，载张静庐：《中国现代出版史料·乙编》，北京：中华书局，1957 年，337—339 页。

成。正是在这样一个巨大的可供读物的市场空间里,大众阅读得以迅速发展。并且,随着市民社会的形成,读者群体广泛化。阅读逐渐由传统的对以儒家经典为主的精读阶段,过渡到泛化的大众阅读阶段。畅销书的出现、各类通俗读物的阅读和传播、画报及小报的流行、女性时尚读物的兴起、此起彼伏的阅读风潮等,都是泛读普遍化的表现。

四、时代变迁与读物选择的异同

随着文明的进步,人们的阅读范围不断扩大,读物选择越来越自由,人们阅读经典的次数可能相对少了。然而,古今中外一些传统经典名著,在今天仍有着强大的生命力,仍是人们的重点阅读对象。

中国传统社会尊儒宗经,围绕儒家经典的阅读是社会阅读的主流。19世纪末20世纪初,随着中国社会的剧烈变革,新教育制度的确立和白话文的推行,传统经典的地位相对衰落了,人们,特别是青少年已不把它作为主要读物了,但是受传统教育的影响,当时一些中小学生依然阅读大量的传统经典。例如,1905年出生于福建一个偏僻山村的蔡尚思,七岁起半耕半读,先入私塾,读《三字经》《千字文》"四书""五经"等,上中学后读诸子、群经、《史记》《汉书》《昭明文选》《唐诗三百首》、唐宋八大家的散文、《古文观止》《古文辞类纂》《经史百家杂抄》等书,《韩昌黎全集》中许多篇目读到会背。[1] 张舜徽生于1911年,七岁时学习王氏《文字蒙求》、段注《说文解字》、王氏《句读》《释例》等一系列小学书籍,随后习读"四书""五经"等。[2] 同年出生的史学家胡厚宣,上中学时,学校设有必修国文一课,一年级读《曾文正

---

[1] 蔡尚思:《我和中国思想史研究》,载张世林:《学林春秋:著名学者自序集》,北京:中华书局,1998年,76页。
[2] 王余光:《名著的阅读》,昆明:云南人民出版社,2001年,173页。

公家书》和《论语》,二年级读国学概论,三年级读中国文学史,四年级读《说文》部首和诸子百家之书,还读了《资治通鉴》《文选》和不少子书、经书,学会了作诗填词。①

张舜徽读书图

那时的许多学人都有深厚的国学根底,不仅是人文学者,连一些研究自然科学的学者在中小学时就有大量阅读传统经典的经历,如物理学家杨振宁自小就阅读国学经典,所以就有很好的国学素养。随着时代的推移,在中小学阶段接受阅读传统经典的系统训练的学人相对少了。但是,一些经典名著,即使到了今天,依然被视为重点阅读对象。

20世纪初以来,社会上一直都有著名学者向青少年推荐传统经典,从这些推荐书目的内容的变化中,我们可以看到不同时代读物选

---

① 胡厚宣:《我和甲骨文》,载张世林:《学林春秋》,北京:中华书局,1998年,268页。

择的异同。王余光曾对其中有代表性的 13 种推荐书目①所收传统经典的情况进行了如下统计分析：①"四书""五经"，各目均有收录，其中《诗经》《论语》二书收录次数最多。②"前四史"与《资治通鉴》，除胡目外，各目均有收录，其中《史记》与《资治通鉴》二书收录次数最多。③先秦诸子，除北图书目外，各目均有收录，其中《老子》《庄子》《韩非子》《孙子兵法》诸家收录次数最多。④在其他子部书中，被各目收录较多的书是《论衡》《坛经》《颜氏家训》《明夷待访录》。⑤唐宋诗文，各目均有收录。1949 年前各目多收个人文集，如李白、杜甫、白居易、韩愈、苏轼等人的文集。1949 年后各目多收选本，如三家大学书目均收《古文观止》《唐诗三百首》等，这反映了大众读书的一个基本倾向。⑥其他诗文，以《楚辞》《文选》《陶渊明集》《世说新语》收录次数最多，宋代以后的诗文被推荐得较少。⑦古典小说，1949 年以前，除胡目之外，其他书目均不收录。在中国，小说向来受学者的轻视，从胡适开始小说的研究真正受到重视，从推荐的书目中也可以看到这一情况。1949 年以后，大多数书目都推荐了古典小说。这反映了古典小说的影响力日益增强。⑧其他书籍，以《说文解字》《左传》二书收录次数较多，《说文解字》在 1949 年以前受各目重视，是因为社会受"读书以识字为先"的治学传统影响很深。

　　以上述这些传统经典在 20 世纪下半叶的整理及出版情况为例，据不完全统计，各书的汉文各种版本数量依次为《论语》(135 种)、《老

---

① 这 13 种推荐书目如下：胡适的《一个最低限度的国学书目》、梁启超的《最低限度之必读书目》、顾颉刚的《有志研究中国史的青年可备闲览书》、汪辟疆提出的国学的"最切要"的源头书 10 种、钱穆晚年提出的"中国人所人人必读的书"七部、朱自清的《经典常谈》、张舜徽的《中国史学名著题解》、20 世纪 50 年代北京图书馆推出的《中国古代重要著作选目》、60 年代屈万里在台湾出版的《古籍导读》、80 年代台北时报文化出版事业有限公司出版的《中国历代经典宝库》、蔡尚思在《书林》上发表的《最能代表中国文化的 40 种书》、90 年代武汉大学推出的《大学生文化素质教育百部名著导读》、北京大学的《学生应读选读书目》、清华大学的《学生应读书目》(人文部分)。

子》(123 种)、《孟子》(117 种)、《西游记》(113 种)、《楚辞》(98 种)、《诗经》(97 种)、《三国演义》(87 种)、《红楼梦》(83 种)、《史记》(76 种)、《左传》(75 种)、《韩非子》(75 种)、《孙子兵法》(65 种)、《庄子》(65 种)、《水浒传》(62 种)、《荀子》(32 种)。① 出版界不断推出这些传统经典的原本、注释本、译本、改编本、绘画本等,主要原因就在于大众对这些传统经典有着持续的阅读热情。

不少经典名著直到今天仍有着旺盛的生命力,如《诗经》《论语》《孟子》《史记》《资治通鉴》《老子》《庄子》《荀子》《韩非子》《楚辞》《文选》《左传》等;另外,有一些传统名著的影响力随着时代的变迁而变化,有的传统名著的影响力相对减弱,如《明夷待访录》《说文解字》等,但有的传统名著的影响力逐渐增强,如《古文观止》《唐诗三百首》、古典小说等。总体来说,"20 世纪传统经典的阅读倾向是,从艰深到浅显,从文言到白话,从原本到节本,从专集到选本,体现了传统经典阅读大众化的发展方向"。②

进入 21 世纪,在读书界和出版界以及媒体的推动下,传统经典得到了更多的关注。例如,《百家讲坛》《中国诗词大会》等电视节目的热播促进了通俗历史读物和古典诗词解读等图书的畅销,也显示了传统经典阅读热的回归。新的传统经典阅读热,表明了长期被忽视的普通中国人精神生活中的传统文化需求被重新发现并开始进入出版界和读书界的主流视野。同时,它还反映了传统经典阅读大众化的趋向,虽然经典读物的阅读范围随着时代变迁而有变化,但是传统经典对于人们精神的滋养作用并不会弱化,人们对于传统经典的阅读需求和阅读选择将长久不衰。

---

① 王余光:《名著的阅读》,昆明:云南人民出版社,2001 年,52—61 页。
② 王余光:《名著的阅读》,昆明:云南人民出版社,2001 年,61 页。

第六节　阅读文化的发展趋势

人们正处于信息社会和经济全球化的时代,经济全球化必然带来文化全球化。文化的全球化进程表现在两个方面:一是随着资本由中心地带向边缘地带扩展,一些经济发达地区的主流文化和价值观念渗透到其他国家;二是边缘文化与主流文化抗争和互动,中心向边缘辐射,边缘也向中心渗透。全球化使得各类文化渐渐趋同,原有的民族文化的特征和界限变得相对模糊。

随着中国社会经济、文化、技术的发展以及相关制度的完善,中国阅读文化将会快速发展。中国阅读文化的一些民族性特征会被保留并被发扬光大,但是就总体情况而言,中国阅读文化的呈现形态和发展趋势在一定程度上会受到全球化的影响。

一、后现代阅读方式的兴起

在全球范围内,一种"后现代"的大众阅读方式正在发展之中。这是一种"自我本位的"阅读方式,其基本含义是"我阅读我想阅读的东西"①。后现代阅读方式是后现代文化兴起和网络信息技术高速发展的产物,其主要特点是:传统的纸质阅读不再是获取文化知识的唯一的工具,几个世纪以来由印刷品所承担的大众信息传播和教育的角色,已经部分地转移到其他媒介。从印刷文化到视觉文化,可以看作是以文字及对其阅读为中心的文化,向以图像及凝视为中心的文

---

① Guglielmo Cavallo, Roger Chartier. *A History of Reading in the West*. Translated by Lydia G. Cochrane. Cambridge: Polity Press, 1999: 361.

化的转变。因此,图书和其他印刷品首次面对着一群现实的和潜在的阅读公众,他们用另外的方式收集信息和获取文化知识,并且开始习惯于阅读视觉信息(通过电脑、电视、手机、电子阅读器等工具获取),他们掌握或利用信息的方法与以前完全不同。这种越来越普遍的阅读方式完全不同于传统意义上的线性的、渐进的阅读方式,而具有横向的、散漫的、不连贯的特点。

周蔚华在《后现代阅读方式的兴起与出版转型》一文中把人类阅读方式的发展总结为三种类型:传统阅读、现代阅读和后现代阅读。其各自特征见下表。①

人类阅读方式发展的三种类型

阅读方式	特点
传统阅读	(1)以作者为中心或者作者导向型的。(2)小众化的,包括阅读对象的小众化、阅读内容的小众化和读书者人数的小众化。(3)阅读成为安身立命之本、治国兴邦之道。强调"万般皆下品,唯有读书高"。(4)他律的、被迫的,阅读的内容是事先安排好的。(5)具有功利指向和社会责任的二重性。(6)记忆导向型的
现代阅读	现代阅读方式是现代化、产业化的伴生物。(1)生产导向型的。(2)现代阅读产品的提供方式是批量生产和大规模定制。(3)理性的或者标准化的。(4)基于内在需求的,以寻求知识和提高竞争能力为导向。(5)提供的是理性化、系统化的知识,因此它强调纵向深入,也强调横向拓展。(6)具有较强的功利色彩。(7)存储式的,强调文献的归类、整理
后现代阅读	(1)以读者为中心,体现消费者主权的、个性化的、具有充分主体性的阅读方式。(2)感性的、享受的,注重精神享受,但更看重物质的享受。(3)非线性的、跳跃式的、破碎的。(4)海量的、浏览式的浅阅读。(5)调侃、消解(解构)的和颠覆传统的。(6)多元的、时尚的,充满着不确定性。(7)我行我素、率性而为的。(8)慵懒的、具有惰性的。(9)趣味指向型的。(10)交互的、互动的和对话式的

---

① 周蔚华:《后现代阅读方式的兴起与出版转型》,载《中国人民大学学报》2007年第2期。

从发展趋势上看，传统阅读方式的影响力正日趋式微，现代阅读方式通过不断完善，在一段时间内仍会处于主导和支配地位，但后现代阅读方式对人们的影响越来越大，甚至已经影响了人们的生活方式和思维方式。

二、传统阅读秩序的弱化

传统的阅读秩序不仅包括阅读文本的统一化、文本保存的制度化，如开本大小的规定、图书馆的建立等，而且包括关于读者行为和图书利用的特殊规则，如特殊的阅读环境、阅读设施和阅读工具等。

在悠久的以文字为主导的阅读史中，严格的、专业的、有序的阅读实践总是占据主导地位。传统的阅读秩序规定了读者如何以文明的方式阅读，并用学校教育制度来强化和执行这种阅读规范。例如，人们阅读时应该坐姿端正，注意力集中，不能打扰他人；必须从前往后、循序渐进地阅读文本；不能污损或毁坏图书。读者在公共图书馆以及其他为公众而建立的阅读场所都要遵守上述规范。最终，这种在研究、学习或工作中形成的阅读行为规范得到了社会的认同和强化，个体也逐步养成习惯，即便在完全自由和独处的环境中，也会较好地遵守这些阅读秩序。于是，阅读成了一项严肃、专注而要求较高的活动。

但对于在新媒体影响下成长起来的新一代读者，他们逐渐摆脱了传统的阅读行为规范的束缚，只凭自己的意愿和喜好来阅读。在以往作为严肃阅读的典型场所而存在的公共图书馆，也逐渐根据读者需要而改变了过去严肃刻板的布局，内部设施更具生活色彩和娱乐色彩。整齐排列的桌椅变成了沙发或圆桌，这种环境对读者有很大吸引力。提供休闲阅读场所的个性化书店也受到越来越多的读者的青睐。阅读秩序的弱化改变了图书的社会角色，人们的文本尊重情结也逐渐减弱，图书成了一种可被读者任意使用和处置的普通消费品。

　　传统的阅读秩序弱化，可归因于以下几方面：首先，纸质图书与视听媒介、网络媒体的共存局面，使纸质图书相对边缘化；其次，在图书生产体系中，一些出版社或出版商的运作机制非理性化，他们力求在最短时间内获取最大的经济利益，然而对出版的文化意义和图书市场的长远发展缺乏思考；再次，个性化、多样化的新阅读实践兴起；最后，一些娱乐性、消费性作品的作者群体活跃在图书市场，在一定程度上加剧了阅读的无序化。

　　阅读的新变化在世界各地有不同程度的表现。而在少数有强大文化传统的国家和地区，这些变化并不突出。①

　　中国的阅读文化在阅读传统的影响下，在某些方面会保持着自己的民族特色，但是总体发展与时俱进。一方面，阅读逐渐转变为一种无规则的、碎片化的和多样化的活动，表现为后现代阅读方式的兴起和传统阅读秩序的弱化；另一方面，文字的力量是永恒的，传统经典并不会消失，特别是凝结着民族智慧的经典著作，将强势回归，并会保持旺盛、永恒的生命力。

---

① Guglielmo Cavallo, Roger Chartier. *A History of Reading in the West*. Translated by Lydia G. Cochrane. Cambridge: Polity Press, 1999: 366.

第二章　文本变迁与阅读

　　人类社会的一个本质特征，就是人类可以凭借他们的符号系统，将其在生产和生活中摸索到的经验和知识传递给后代。这些经验和知识代代相传、逐渐积累的过程，就是文化形成的过程。在文字产生之前，人类凭借口耳相传来传递知识和信息，并通过大脑的记忆来进行储存。

　　文字的出现拓宽了知识存储和传播的渠道。文字的形成经历了一个漫长的历史阶段：从结绳到契刻，再到图画，最后到文字。有了文字记录之后，产生了文本，于是有了真正意义上的阅读。人们将各种认识成果汇集成文本，最初的阅读是为了对文本进行辨认、习记。从这个意义上说，文本是阅读产生的物质基础。随着文本的发展，阅读的内涵和外延也在不断拓展。

第一节 文本的多种视角与多重意义

从本质上说,阅读是读者对文本进行认知的过程。对文本概念的梳理和正确认识有助于我们对阅读的研究。文本(text),原是西方古典阐释学的一个重要术语,在西方语境中又是一个与文献概念密切相关的词语。20世纪下半叶以来,它已被西方现代阐释学、精神现象学、符号学、传播学、广义信息学、认知学、文献学等领域广泛借用而呈现普泛化趋势,具有多重视角和多重意义。

一、阐释学视角的"文本"概念

西方的"文本"一词源自拉丁文"texere",本义是"联结、交织、编织"。"文本"最初是西方古典阐释学的一个重要术语。随着社会的发展和人们认识的加深,阐释学的基本理论和观点也在不断发展,由此带来了作为阐释对象的"文本"含义的变化。在对西方阐释学发展历程进行梳理的过程中,我们可以发现"文本"含义变化的轨迹。

阐释学的名称源于希腊文的"解释"(hermeneuein),它是由希腊神话中神的使者赫尔墨斯(Hermes)的名字演化而来的,因此阐释学的本义是传达神旨,同时有解释、宣告、翻译等多重意义。由此引申,古希腊人解释《荷马史诗》、中世纪的人们解释《圣经》的学问也被称为阐释学。

文艺复兴时期,阐释学的阐释对象扩展到希腊古典文献,注重对文献文本的词汇、语法的理解,成为古典文献学的渊源。宗教改革后，阐释学发展为神学释义学，它是帮助基督教教徒通过直接阅读《圣经》的本民族语言译本而实现与上帝沟通的学问，注重对《圣经》文本神圣、玄秘意义的揭示。这一时期的阐释学实际上是一种对文本原文进行释义的学问，它以作者为中心，读者通过对文本的阅读发现作者的意图、原义，如果出现难解或歧义问题，就以作者本人的释义为准。中国传统学术中对古籍所做的"传""说""诂""训""记""注""解""笺"等工作，就大致属于西方的古典阐释学的范畴。

18—19世纪，德国学者施莱尔马赫和狄尔泰将阐释学发展为方法论的阐释学。施莱尔马赫使阐释学突破了具体诠释对象的局限，将其转变为一种适用于一切文本解释的普遍方法论。他把对文本的"理解"与"解释"确立为阐释学的基本范畴，提出"哪里有误解，哪里就有诠释学"。他认为对文本的阐释应包括语法解释和心理解释两部分。语法解释侧重对文本的语言学、语义学进行分析，然而由于语言本身的流动性和多义性以及语言运用中的个体差异性，有可能导致误读现象的出现；心理解释则要求读者在心理上进入作者创作文本时所处的社会历史情境，重建文本与它所赖以形成的社会历史情境之间的联系。他首次将"文本"作为阐释活动的普遍认识对象，并明确肯定了读者的主观性在理解过程中的积极意义，为后来的诠释学从"作者中心论"转向"读者中心论"做了必要的铺垫。狄尔泰则认为，作为人类精神世界和历史世界的人文世界，根本不同于机械运作的自然世界。对于自然世界，人们可以解说其因果关系，而对于人文世界，人们只能解释其意义。作为解释对象的文本，不仅指代严格意义上书写的文本，而且指代具体的历史世界和作为整体的人文世界的实在。

进入20世纪之后，阐释学由方法论方向转变为本体论方向，代表人物是海德格尔和伽达默尔。作为存在主义的创始人，海德格尔的核心观点是，理解是存在的基本方式。他强调理解已有的传统思想文化范畴,即理解的前结构,并将其规定为前有、前见、前把握三个部分。海德格尔的学生伽达默尔在他的理论基础上,系统地建立起存在本体论的哲学阐释学。伽达默尔认为阐释学就是哲学,是以理解问题为核心的哲学。他认为由传统和权威产生的前理解的成见是理解的出发点,是"理解的视界"。理解一开始,理解者的视界就进入它要理解的那个视界。理解者的视界是在同过去的视界的不断接触中形成的,理解者的视界与传统世界的不断融合就是伽达默尔所称的"视界融合"。

德国法兰克福学派的学者在同伽达默尔的学术论争中又建立起了"批判的阐释学",代表人物是哈贝马斯。他力图把阐释学同马克思主义、分析哲学、精神分析学、实用主义等学说融合起来,作为进行意识形态批判的一种思想武器。

法国学者利科尔力图将方法论阐释学、本体论阐释学和批判阐释学加以调和。利科尔把文本(本文)定义为"由书写所固定下来的任何话语",并进一步规定"只有在本文不被限制在抄录先前的谈话,而是直接以书写字母的形式铭记话语的意义时,本文才真正是本文"[①]。这里文本可直接引申为一种"符号体系"。于是,对文本的解释将使用结构主义符号学的方法,从而使作为方法论的阐释学将符号学的有关理论和方法包容于自身之内。利科尔把文本看作是"被叙述的言语",把一切文化产品都通约成叙述的统一形态。他把叙述分为言语叙述和非言语叙述两种类型。非言语叙述涵括了电影、绘画、雕塑等艺术样式。而言语叙述又可划分为历史叙述和虚构叙述两类。利科尔的这些观点,实际上是一种文化的阐释,"极大地扩展了阐释学的适用领域,并使阐释学在实际运用中与史学、新闻学、美学、文学批评、艺术批评等发生了相互渗透的关系;通过这些渗透关

---

① 保罗·利科尔:《解释学与人文科学》,陶远华等译,石家庄:河北人民出版社,1987年,148、149页。

系,阐释学方法成为一种具有普遍意义的文化研究方法"①。

由上可见,阐释学的发展呈现泛化趋势,不同的理论学派的研究范围、研究方法、学术观念各有不同。作为阐释学的基本范畴、阐释行为的客体和对象,"文本"概念也被赋予了认识价值和人文价值,不同的理论流派从各自的研究视角出发,对"文本"的概念和含义做出了不同的限定。

二、文献学视角的"文本"概念

阅读不仅是对文本的意义进行理解和阐释的个体活动,而且是一种社会文化活动。"文本"的概念与文献密切相关。而文献的社会化生产、流传和利用,则是文献学的重要研究内容。我们可以从文献学的视角来考察"文本"的概念和内涵。

法国文献学家雅各布在《从书籍到文本——文献学比较史刍议》一文中对"文本"概念做了一个详细的描述性解说:"文献学出现于文本被承认为有别于书籍的独立形态之时。一个文本不仅可以从一个载体复制到另一个载体,而且可以被认为是独立于传播它的载体的,作为由字母、词语、句子及其展开——它们表达意义,而且受逻辑的一致性、语法的正确性、文体的优美性准则支配——组成的一个客体而存在。文本作为知识对象的出现,看来是由于同一作品的不同版本竞争而作为物质对象的书籍权威性相对化的产物。"②在这个描述中,文本是文献学的重要研究内容,它与作为独立形态的书籍相比,更强调其内在的知识内容和人文价值,它可以被复制、用来表达一定

---

① 屠忠俊:《关于介绍传播学研究中解释学方法几个问题的说明(二)》,载《当代传播》2000 年第 4 期。
② 克里斯蒂昂·雅各布:《从书籍到文本——文献学比较史刍议》,陆象淦译,载《第欧根尼》2003 年第 1 期。

的意义、用语言符号系统来记录等。

　　我国学者张欣毅认为,在20世纪上半叶以前的西语环境中,"文本"一词的使用主要体现在三个方面:一是作为日常用语,通常指原文、正文、课文、版本、教材和(《圣经》)经文、经句;二是使用于古典文献学与古典阐释学,分别指称经典文献与作为阐释对象的文献内容;三是使用于古典文艺批评理论,指称大于句子的语言组合体或语言组合体中不同层次的结构组织。这表明,"文本"一词从一开始就是一个与文献、文献形态、文献内容、文献内在结构甚至文献价值观密切相关的多义词。西方文献学意义上的"文本"概念与中国的"文献"含义相似。不同的是,中国的"文献"已经日益泛化为以符号记录信息的载体,而西方近现代的文献学在分别用document和literature表征广义文献、狭义文献的同时,仍然坚持用text表现文献的内在价值,以至于流为日常用语时,不但多义地表达文献类型,而且总是与文献内涵的意义与价值有关,无论指原文、正文、课文,还是指版本、教材。①

　　在国内文献学者的研究成果中,以下几种关于"文本"概念的界定比较有代表性。

　　"文本是文献传播的内容和受众阐释的对象,是以标准化的编码形式表达整体意义的符号系统,是经过人类加工处理,付诸一定载体形式的社会文献信息。"②这个定义是从传播学、阐释学和文献学相结合的视角出发的,其中的"文本"概念所含的要素与雅各布的定义大致相似。

　　"文本是对客观化精神(文化信息、知识、情报)这一'存在'的本

---

① 张欣毅:《回眸一个科学本体论的进化史——基于公共信息资源及其认知机制的本体论观照》,载《图书馆》2005年第1期。
② 周庆山:《文献传播学》,北京:书目文献出版社,1997年,85页。

体论表征,是标志文献之内在与本质的一个范畴。"①这个定义是从认识论的视角出发的。

还有学者在对所论及的"文本"概念加以界定和注释时,认为文本应该包括"语义意义上的文本"和"符号学意义上的文本"。他们认为,"语义意义上的文本"即"社会所建构的意义结构,且不管它们是书面形式还是口头形式传播的"。对"符号学意义上的文本",他们尽管几乎未对其做进一步的阐释,但明确指出这是当代图书情报学领域最感兴趣的论域之一,与之相关的背景是当代符号学的研究(尤其在技术领域)已颇为成熟,符号学的技术应用面临着广阔的前景。②

综上所述,文献学视野中的"文本"概念,从一定意义上说,可以视为传统文献概念的一种人文重构。

三、阅读史研究视角的"文本"与"阅读"

阐释学理论大致经历了以下发展阶段:古典阐释学、方法论阐释学、本体论阐释学、批判阐释学与符号阐释学(或综合的阐释学)等。如果从中国的传统学术中寻找阐释学的对照物,大体来说,古典阐释学相当于训诂学,本体论阐释学则相当于心性义理之学。而方法论阐释学和符号阐释学则给当代的文化研究提供了基础理论方面的支持,这两个层次上的阐释学实际上是关于解释符号文本以获得意义的一种学问,也就是以文本的语言符号意义的解释为基础,进而对文本历史观念进行解释。从这个意义上说,阅读文化研究可以从这两个层次上的阐释学中汲取理论养分。

---

① 张欣毅:《回眸一个科学本体论的进化史——基于公共信息资源及其认知机制的本体论观照》,载《图书馆》2005年第1期。
② 孟广均、徐引篪:《国外图书馆学情报学研究进展》,北京:北京图书馆出版社,1999年,22、39页。

早期的阅读活动就是文本的释义过程。古典文献学与早期阐释学就是文本释义的学问,其特点是以作者为中心,后又发展到以文本为中心,注重对作者原意和意图的探询,忽视读者对文本的选择、接受、反馈、再识。直到人文主义成为人们普遍接受的世界观和方法论之后,读者的重要性在阐释学的研究中才渐渐凸显。特别是20世纪60年代以后在文艺阐释学领域兴起的接受美学和读者反应理论,倡导以读者为中心的阅读理论,产生了广泛的影响。其代表人物是德国学者汉斯·姚斯、沃尔夫冈·伊瑟尔和美国学者斯坦利·费什。接受反应理论认为是读者和阅读过程赋予文本以意义,读者以隐含的方式参与文本生产,阅读行为是读者阐释策略的体现和应用,同时阅读的历史环境和文化环境是影响阅读行为的重要因素。

不同于接受反应理论,美国学者麦肯锡的文本社会学理论强调承载文本内容的物质形态对于构建意义的重要性,并引入了历史学和社会学研究方法,拓展了文献学和目录学的研究领域。麦肯锡认为,文本是一种社会产品和媒介产品,文本社会学是研究文本的物质形态、流传,以及生产和接受的一种方法。他强调,目录学研究一定要考虑文本意义以外的因素,因为文本意义不是与生俱来的,而是由连续的阐释行为构建的,作者、设计者、出版者、消费者和读者都会参与文本意义构建的过程。他提倡注重对物质对象及其生产和接受过程进行分析,而不仅仅注重文本的知识内容。只有具备物质形态,才有了文本意义得以生成的基础。书籍的物质形态承载文本,并影响读者的阅读期待。在阅读行为中,读者接触的不是抽象的文本,不是与物质形态割裂的文本,而是实实在在的物体。文本的阐释取决于物质因素,其意义总是在历史情境中产生的,并依赖于赋予其意义的许多不同的阅读行为。

阐释学理论和文献目录学理论的发展,为阅读史研究提供了理论基础。阅读史研究对于"文本"概念的界定,可以将接受反应理论作为基础,结合文本社会学的研究成果,并引入社会文化史的视角。文本概念不宜过窄或过于泛化,过窄会难以把握其准确内涵,过于泛化将使它无所不包,这会模糊自身的固有界限,既不利于获得对文本的本质认识,也不利于研究的深入。就本文的论题而言,作为阅读对象的"文本",就是被读者所理解和阐释的客观对象,是诉诸一定符号和载体形式的知识或信息。阅读过程是文本意义得以产生的过程。"阅读"既是一种个体的行为、实践与精神活动,又是普遍存在的社会和文化现象。阅读活动中文本与读者的互动作用可以从微观层面和宏观层面来进行阐述。

1. 微观层面的阅读

从微观层面看,阅读首先是一种个体行为,而这种个体行为又是任何意义上的文本阐释的现实起点。阅读本质上就是寻求文本意义的行为,具有鲜明的个体心理反应机制。文本作为一个有意识的精神存在,被读者所感知和认识,并且成为个体阅读内容中的一部分。读者在阅读中的作用不可忽视。文本最终是为读者创作的,读者是阅读的真正主体。只有通过读者的阅读,文本的意义才能实现。

姚斯肯定读者的作用,并提出了"期待视野"理论。[①] 他认为,读者在阅读之前和阅读过程中对作品持有一种定向性期待,这种期待是一个相对确定的界域,称为"期待视野"。读者以往的阅读经验(如读者在文本的类型、形式、主题、表现风格、语言等方面已有的经验)与审美和生活经验相互交融,共同构成每个读者的具体的阅读期待。阅读就是读者在文本中寻找与期待视野相吻合的事物并生成更多、更新的经验的过程。文本的意义存在于文本之中,但读者需要经验的介入才能更全面地理解文本的意义。

伊瑟尔提出了"文本的召唤结构"理论。他认为,文本意义的产

[①] 姚斯:《文学史作为向文学理论的挑战》,载 H. R. 姚斯、R. C. 霍拉勃:《接受美学与接受理论》,周宁、金元浦译,沈阳:辽宁人民出版社,1987年。

生离不开读者的参与,但读者的参与只是其中一部分。"由于叙述者不断调整与他所讲述的故事的距离,读者只能获得不充分的信息,从而始终处于被引导的地位。"①这里的叙述者不同于作者,是指在文本意义产生过程中传达意义的人。处于主体地位的是文本的叙述者而非读者。读者接受叙述者意图的引导,调动自己的阅读期待,来解读文本的意义。文本有一个"召唤结构",这个结构是多层次的,暗含着许多空白和未定点,构成了文本的多重悬念,吸引读者去填补和充实,从而引发读者的阅读欲望。"召唤结构"是读者解读文本意义的推动力,常常蕴含着不符合常规的文本内容和表述形式,从而使文本和读者之间产生张力,增强阅读的强度和深度。伊瑟尔把文本的召唤性与读者的再创造这样一种互动关系称为"隐含的读者"。他认为:"作为一个概念的隐在读者,他牢牢地根植于文本的结构之中;他是一个思维的产物,绝不与任何一个实际读者相等同。"②所有文本在创作完成时就确立了隐含的读者,可以说隐含的读者就是一种召唤真实读者的、深植于文本内部的结构,是文本意义赖以产生的特别机制,是进行有效阅读的关键环节。

费什提出了"读者中心论"的观念,他将读者确定为文本意义的唯一来源,认为文本的意义并非由读者被动感知,而是在读者的积极参与下构建出来的。读者是制造文体意义的主体,而主体的不同又会导致文体意义的不同,为了避免读者主体作用的绝对化造成文本的意义不确定、不可靠等情况,费什提出读者应为"有知识的读者",并对此做了如下定义:"他们须符合以下要求:(1)能够熟练地说、写成作品本文的那种语言;(2)充分地掌握'一个成熟的……听者在其理解过程中所必需的语义知识',包括词汇搭配的可能性、成语、专业

---

① 沃尔夫冈·伊瑟尔:《作为现实主义小说结构成分之一的读者》,载王逢振等:《最新西方文论选》,桂林:漓江出版社,1991年,42页。
② 沃尔夫冈·伊瑟尔:《阅读行为》,金惠敏等译,长沙:湖南文艺出版社,1991年,44页。

以及其他方言行话之类的知识(亦即作为适用语言的人和作为语言的理解者所具有的经验);(3)文学能力。"①这种有知识的读者实际上是一种理想读者,在现实中是不可能真实存在的,但这个概念的提出有助于现实中的读者学习思考并提升阅读能力,加深对文本的理解。

因此,从文本和读者互动机制的微观层面来看,"文本"的概念蕴含着更多的来自读者评价的价值观色彩,任何文本都具有面向读者主体的"召唤结构",召唤读者经验和阅读期待的交流性介入,文本由此成为一种潜在的引导力量,文本蕴含的价值观念通过阅读被读者所理解和阐释,并生成新的经验和生命感悟。可以说,"阅读"是读者与作者主观世界的交流,是读者对文本意义进行对话式的不断求索与印证的过程,同时是人类生命体验的一种重要形态。

2.宏观层面的阅读

接受反应理论探讨了文本、读者及其互动关系。阅读是读者理解和阐释文本意义的过程,而语言能力和文本阐释策略是阅读行为发生的基础,这就将个体读者和社会规范联系起来,也就是说阅读既是个人行为,也是社会行为。接受反应理论从宏观层面对读者和文本的互动机制进行了补充和拓展研究,将视野从个体延伸到社会,从个人能力扩展到制度体系。以姚斯和费什为例,前者的理论立足于文学史研究的宏观范畴,较为全面系统,而后者的理论则将研究由个体读者拓展到读者社群,提出了阐释共同体的概念和理论。

姚斯的接受理论强调将读者因素引入文学史范畴而形成文学接受史。他认为文本本身是客观的,一经完成便固定下来,不再变化,但文本的意义却是变动的,它在世界、作家、文本、读者的多极关系中产生。阅读不仅是共时性的,也是历时性的。同一时期不同读者的阅读行为存在差异,正如西谚所说:"有一百个读者,就有一百个哈姆莱特。"读者

---

① 斯坦利·费什:《读者反应批评:理论与实践》,文楚安译,北京:中国社会科学出版社,1998年,165页。

又是处于历史变化中的读者,不同时代和环境下读者经验的差异使其阅读行为也存在差异。文本意义从接受的角度看被不断赋予新的特质,并在历史的发展中或传承,或改变,因而从封闭走向了开放。文学史实际上就是文本与读者接受不断互动和影响的历史。姚斯认为,在研究读者及其阅读效果时,除了考察文本给读者提供的意义和读者自己的解读以外,还应充分重视与文本相关的阅读史。

费什提出了"阐释共同体"和"阐释策略"的概念,以解决读者个体的多样性和复杂性导致的文本意义的不确定问题。他认为,"阐释共同体"是由拥有相同阐释策略的读者组成的,每个读者即是一个阐释共同体的一部分,读者借助于后天习得的阐释策略获得文本的意义。读者的阅读经验根源于某种历史文化情境,文本意义产生与控制的深层机制是某种内在于读者的社会思维模式,也就是通俗意义上的文化。共同的历史文化参考框架形成了相同的阐释策略,即有迹可循的一套知识系统、标准、步骤等,从而对同一文本才能做出相似的判断,避免毫无章法地随意解释。但该理论仍是不完善的,它仅仅提出了有关概念,并未对阐释共同体之间以及每个共同体拥有的阐释策略进行具体划分和对运行机制进行精确把握。

因此,从文本和读者互动机制的宏观层面来看,阅读是一种社会文化活动。同一阐释共同体内的读者有着共同的阐释策略,一定的历史时期会有主流的、被普遍认同的期待视域,一部作品如何迎合或背离社会公共的期待视域,决定了它在读者中的命运。文本在不同时期的接受情况和同一时期不同读者对文本的理解和阐释情况都存在差异,这与文本产生的时代和社会文化背景密切相关。

3. 阅读史研究视角的"文本"与"阅读"

在阅读史学者看来,以下两个重要观点可以作为阅读史研究的理论前提:"一是阅读并不已然记录于文本之中,(作者、编辑、评论或者传统)所指定的意义,与读者对文本的使用和阐释之间,并非不存在着想象中的鸿沟；二是文本之所以存在，只是因为读者赋予了它意义。"①

首先，文本的物质形态和文本生产的制度体系对于文本意义的构建具有重要作用。

和文本的知识内容一样，文本的物质形态也具有表达功能，对于文本意义的构建具有重要作用。文本社会学中"物质形态产生意义"这个假说已经成为阅读史研究的一个基本原理。阅读史研究者应该仔细考察文本的物质形态特征。"为了探寻阅读的历史，我们必须注意'文本世界'与'读者世界'是如何相遇的。如果我们从历史的维度重构这个过程，我们便不得不开始思考文本的意义是如何依赖于形式与环境，并由此被读者与听者所接受与占有的。"②阅读就是"读者世界"与"文本世界"互动交流产生意义的过程。这里的"读者世界"相当于费什所说的阐释社群，而"文本世界"则是由文本的知识内容、物质形态以及影响和制约文本生产的社会规范构成的，文本意义的产生要受到社会结构、规范和制度的制约。

接受反应理论忽视文本的物质形态，而阅读史研究必须密切关注写作和阅读行为赖以实现的技术和物质条件，有了这些条件，文字和图像符号才能转变成书籍。③ 文本的创作、生产、流通和阅读过程，正是文本意义产生的前提条件。物质形态是文本的物理表现形式，与文本的知识内容等其他因素一起构成文本的"召唤结构"，决定读者的阅读期待视野，招徕新的阅读公众，催生新的阅读方式。读者最先接触的是文本的物质形态载体，然后才看到并理解文本的知识内容。因此，阅读史研究应该把文本的物质形态视为影响阅读的首要

---

① Guglielmo Cavallo, Roger Chartier. *A History of Reading in the West*. Translated by Lydia G. Cochrane. Cambridge：Polity Press，1999：2.
② Guglielmo Cavallo, Roger Chartier. *A History of Reading in the West*. Translated by Lydia G. Cochrane. Cambridge：Polity Press，1999：2.
③ Roger Chartier. *The Order of Books：Readers, Authors, and Libraries in Europe Between the Fourteenth and Eighteenth Centuries*. Cambridge：Polity Press，1994：8,9.

因素。

其次,阅读史研究历史上的真实读者及其阅读行为,并关注阅读的社会、文化和历史背景。

物质形态对构建文本意义很重要,并不意味着它是催生文本意义的唯一要素。只基于文本内容来考察阅读,会陷入对文本语言符号和写作策略的繁琐考据之中;只依赖书籍的物质形态,又容易走进技术决定论的死胡同。这两种研究路径,都忽视了真实读者主动参与构建文本意义的过程这一事实。文本因为有了蕴含的内容而有了意义产生的基础,因为有了物质形态才能产生意义,文本总是被形形色色的读者不断再造,而他们的阅读机制又是随着阅读环境变化的。"文本不能脱离其阅读(或听读)工具,或者独立于阅读(或听读)的环境而存在。……作者书写文本,文本成为书写物体(手稿、碑铭、印刷品或是用于今天计算机文档的材料),所有这些书写物体都以不同的方式被处理,被不同时间、不同地点与环境背景下的读者来阅读。"① 因此,阅读史研究需要考察文本的语义符号、物质形态及其背后的制度体系,考察历史上的读者及其阅读行为,以及文本产生的社会历史环境。

阅读史研究历史上真实存在过的读者,不是文学批评家基于文本设想的隐含读者或理想读者。接受反应理论探讨了读者理解和阐释文本意义的过程。"历史读者"这个概念可以将阅读史研究与接受反应理论区分开来。为了认识历史上的读者及其阅读行为的总体特征,阅读史研究可借用费什的阐释社群理论或利科尔的读者世界的概念,这样可以超越个体的阅读经验,淡化阅读的个人特征,凸显读者共有的阅读规范和传统。"阅读作为一种实践,总是在特定的行为、处所与习惯中实现的。……必须确定社会群体中读者不同的特

---

① Guglielmo Cavallo, Roger Chartier. *A History of Reading in the West*. Translated by Lydia G. Cochrane. Cambridge: Polity Press, 1999:5.

征,以及他们的阅读传统与阅读方式。"①留存下来的阅读史资料所涉之人绝大多数是历史上的精英阅读,关于普通读者阅读活动的资料极为罕见。因读写能力、性别、年龄、阶层、种族等各种因素的差异,历史上的读者及其阅读行为千差万别。阅读史研究的焦点,应该是历史上存在的读者及其阅读行为,表现为以读者为中心,分析其阅读行为产生的社会、文化和历史背景,这样可以揭示文本在作者、出版者和读者之间织成的社会网络,以及文本环境中各个社会群体之间复杂的文化关系。历史上制约读者阅读行为的关键因素,可以说是阅读实践与阅读规范之间的内在张力,具体体现在以下两方面:一方面,阅读个体和阅读社群不断提升阅读能力,更新阅读方式;另一方面,读者的阅读实践又受到社会、经济、技术、文化、传统等因素的影响、规范和制约。阅读史研究还应该关注阅读方式(比如朗读和默读之类)的变化,特别是那些当下已经销声匿迹的阅读方式。②

因此,阅读史实际上是社会文化史,其研究重点是描述读者如何使用、理解和阐释文本这一过程的历史特征。阅读史研究应关注读者社群的阅读行为和阅读模式的多样性,阅读行为赖以产生的具体环境,以及制约阅读行为的种种规则与传统。阅读史研究的主要任务是:"确定一个较长的历史跨度之中阅读行为的主要差异;描述同一社会中不同社群读者阅读实践的差别;关注文本形式与规则的变迁如何影响文本体裁与阅读它们的公众的状况。"③

总之,阅读史研究融合了接受反应理论、文献目录学和新文化史的研究方法,阅读史研究需要运用一些共用的理论假设,如阐释社群、阐

---

① Guglielmo Cavallo, Roger Chartier. *A History of Reading in the West*. Translated by Lydia G. Cochrane. Cambridge: Polity Press, 1999:2.
② Roger Chartier. *The Order of Books: Readers, Authors, and Libraries in Europe Between the Fourteenth and Eighteenth Centuries*. Cambridge: Polity Press, 1994:11—18.
③ Guglielmo Cavallo, Roger Chartier. *A History of Reading in the West*. Ttranslated by Lydia G. Cochrane. Cambridge: Polity Press, 1999:3.

释策略和读者期待视野等。文本的意义是由文本的语义、符号、物质形态及阐释群体共同构建的，并受到社会、文化和历史环境的影响和制约。研究历史上真实读者的阅读行为，必须将其置于历史脉络和社会文化背景中来具体分析。文本的知识内容、物质形态和读者因素都应该仔细考察，不可偏废，这样才有可能真正认识历史上的阅读行为。

第二节 文本的时代变迁

一、文本的多样性

文本是阅读的客体，是被读者理解和认知的对象。文本是知识内容和物质形态的统一体，文本的意义是由文本的语义、符号、物质载体、呈现形态以及文本的阐释群体共同构建的，并受到社会、文化和历史环境的影响和制约。

语义和符号是构成文本的基本要素。语义是指蕴含在文本中，并被读者所感知和认识的知识信息，是文本价值的核心，是文本的精神属性的体现。符号包括语义的记录符号（如文字、图像、声像、数字符号等）和记录方式（如刀刻、手写、铅印、石印、影印、磁盘复制、光盘刻录等）。文本必然有着一定的物质载体和呈现形态。语义、符号必须借助于一定的物质载体，才能构成文本，才能存在和流传。呈现形态表现为文本的内容组织形式（如体裁、体例）、排版形式、印刷装帧形式、装订形式等多方面的内容。记录符号、记录方式、物质载体和呈现形态是文本的物质属性的体现。

我们认为，文本是以文字为主体符号的、固化在物质载体内的、能被读者认识把握并对其阅读行为产生影响的精神产品。文本的构成要素有知识内容、记录符号、记录方式、物质载体和呈现形态等，文本的任何一个构成要素的变化都会引起文本的变化，从而使文本呈现出多样性。

二、文本的时代变迁

文本的变迁是社会发展的产物，考察文本的变迁要结合各个历史阶段的政治、经济、文化背景。从全球范围看，文本大致经历了三次重大演进阶段，我们将其归纳为手抄本时代、印刷文本时代、电子文本时代。

第一阶段是手抄本时代，以文字的发明及应用为开端，这一阶段载体材料的变化最为突出，西方经历了莎草纸、小木板、陶器、陶土板、羊皮纸、纸等载体的演进过程，中国经历了龟甲兽骨、青铜器、石质载体、竹简丝帛以及纸张等载体的替代和并行时期。寻求一种适合人类需要的文字载体材料是这一阶段的主要任务，纸的广泛应用是这一阶段的主要表现。

第二阶段是印刷文本时代，以印刷术的发明为开端，它标志着人类知识的生产与传播进入了崭新的阶段。这一阶段的主要任务是找到一种高效的文本复制技术以满足人们的阅读需求，这一阶段经历了雕版印刷、活字印刷、石印、铅印、影印等过程。

第三阶段是电子文本时代，这一阶段以电子计算机、网络的普遍应用为主要标志，印刷型纸质文本逐渐转变为以机读数据库、网络数据、电子书刊等为代表的电子文本。

文本变迁各阶段的特征见下表。

文本变迁各阶段的特征

项目	手抄本时代	印刷文本时代	电子文本时代
知识内容	范围非常有限	通俗化、多样化	海量信息
记录符号	文字符号、图像	文字符号为主	声像符号、数字符号
记录方式	刀刻、书写（手抄）	印刷为主，手抄形式并存	电子记录方式为主，印刷形式并存
物质载体	在西方古代早期，书籍的物质载体主要是莎草纸（还有小木板、陶器、蜡板、陶土板等）；公元前2世纪出现羊皮纸；14世纪纸得到广泛应用。在中国古代早期，书籍的物质载体主要是竹简、木牍、缣帛（还有陶、甲骨、青铜、石头、玉器等）；4世纪以后，纸才完全取代了竹、木	纸	纸、磁带、磁盘、光盘、网络、手机等
呈现形态	在西方古代早期，标准的书籍形式主要是卷轴制①，逐渐过渡到册页制。在中国古代早期，书籍形式主要是简牍制，逐渐过渡到卷轴制。装帧形式大致有简策、帛书卷子装、纸书卷轴装、经折装、旋风装、梵夹装等	在西方，书籍形式主要是册页制。在中国，书籍形式由卷轴制逐渐发展为册页制。装帧形式大致有蝴蝶装、包背装、线装、现代书籍装帧形式等	多元化

---

① "论到广义的文字记录，希腊、罗马还同时有多种文字载体，比如古希腊的陶片、古罗马的木牍以及勒于金石的铭文，但对于复杂智力活动产物的'典籍'（指诗文、学术类文本）而言，也就是有别于书信、契约、簿记这些日常文书，够得上'书于竹帛'的那些著作，卷子是公认的、享有绝对文化权威的书籍形式。"（引自高峰枫：《中译本导言》，载 C. H. 罗伯茨、T. C. 斯基特：《册子本起源考》，北京：北京大学出版社，2015年）

第三节 手抄本时代的阅读

一、手抄本时代的文本变迁

文本形态滥觞于文字的产生，人类的书写史和阅读史始于文字的出现。文字是文本记录的主要符号，它是从原始社会的刻画记号与图画符号演化而来的。在西方，早期文字大致可分为三种基本形式：图画文字、表意文字、音节文字。到公元前10世纪末期，希腊字母逐渐形成。[①] 文本的载体形式最初主要是莎草纸，有时也在小木板、陶器、陶土板、黑蜡板上刻写文字，后来过渡到羊皮纸。8世纪时，中国的造纸术经阿拉伯人传入西亚，并在14世纪得到广泛应用，但羊皮纸仍继续使用在尊贵的版本中。

在中国，现存最早的文字是殷商时期的甲骨文。以此为起点，中国的阅读活动至少有3000年的历史。中国汉字是一种表意文字，但它融合了语音特性。几千年来汉字构造的原则并没有变更，但其笔画的繁简、构造的形状及部位的更动，却使得字体不时在变化。汉字的字体，按使用材料可分为甲骨文、金文、陶文、印文等，按功用可分为篆书、隶书、行书、楷书、草书等。大约在4世纪的晋代以前，各种字体的形式已渐趋固定，而楷书则于此时开始采用，成为最通行的一种标准字体，直至今日。一般来说，汉字的变化是形式上由繁到简，由随意到固定，书写上是由缓慢到快速，这些变化有助于对文本意义的

[①] 弗雷德里克·巴比耶：《书籍的历史》，刘阳等译，桂林：广西师范大学出版社，2005年，11—14页。

阅读和理解。

中国古代的文本载体主要有陶、甲骨、青铜、石头、玉器、竹简、木牍、缣帛、纸等多种形式。从严格意义上说,古代文字之刻于甲骨、金石及印于陶泥者,都不能称为"书"。书籍的起源,应追溯至竹简和木牍。中国古代书写材料的采用,主要是由使用的目的和材料的供应决定的,其演变即新旧交替,是一个缓慢的过程,而且它们在很长时间内是并存的。据学者研究,中国各种书写材料之使用,大致可分为以下三个时期:(1)竹简、木牍,自上古至3世纪或4世纪;(2)缣帛,自公元前6世纪或前5世纪至5世纪或6世纪;(3)纸,自公元前后直至现代。书史学家钱存训认为,这种分期,年代大致不差。但也有史料可以证明,简牍使用的时间较上述的时间更长,而缣帛的使用则为时更早。因此竹、帛掺杂使用的时期有1000余年;帛、纸共存约500年,而简牍与纸并行约300年。竹简的使用应先于木牍,木牍可能是竹简的代用品,为汉代在公元前后通行的书写材料。为了取代昂贵的缣帛和笨重的竹木,轻便而价廉的纸张逐渐被采用并得到改良。105年,东汉的蔡伦采用了新原料造纸,改进了造纸技术。之后纸逐渐成为最普遍的书写材料。纸的风行是在3世纪至4世纪的晋代,纸取代了竹简和部分缣帛的用途,书籍因此得以大量地抄写广传。①

在印刷术发明之前,中国书籍的文字、文本载体、书写材料以及特有的形式已逐渐形成、发展,并趋于相对稳定。正如钱存训所说:

> 上至公元前14世纪,今日所见最早的中国文字起始,迄公元700年左右,即印刷术发轫之期。这二千多年是中国书史的滥觞时代,所用的各种材料、内容、记载方法、编排,以及若干中国书

---

① 钱存训:《印刷发明前的中国书和文字记录》,郑如斯增订,北京:印刷工业出版社,1988年,60、95页。

籍所特有的形式，皆于此时渐渐形成。印刷术发明以后，此等特色乃被继承，成为中国书籍和文化传统的一部分。印刷术的发明，乃书籍发展史上的一个里程碑，但它只是改变了生产的方法和增加了书籍的产量，至于书籍的实质和形式，在印刷发明以前和以后，皆没有重大的分别。①

汉代造纸工艺流程图

二、手抄本时代的阅读特征

1. 图像阅读长期普及

人类有长期的阅读图像的历史。图像表达意义的直观性，使它在普通民众读写能力低下的古代社会早期，具有比图书更好的传播效果。西方在中世纪，图像书曾十分盛行。最初，教士们让不识字的信徒通过欣赏教堂和书本上的绘画来阅读宗教教义。在中国，自古

---

① 钱存训：《印刷发明前的中国书和文字记录·前言》，郑如斯增订，北京：印刷工业出版社，1988年。

就有读图的传统。《易经》中就有"河出图,洛出书"的记载,"图书"的词源也可以追溯到这个典故上来。① 在我国的古籍中,插图是非常多的。我国最早的插图本可追溯到两千多年前。《汉书·艺文志》中有《孔子徒人图法》二卷,是孔子七十二弟子的画像集。汉代出现了毛延寿、刘白等著名画家,民间也出现了不少以绘画为业的工匠。魏晋南北朝时,随着纸的普及和应用,插图本大量出现。王俭《七志》为图谱设立专类《图谱志》,阮孝绪《七录》虽然没有为图谱设立专类,但也著录插图书籍八百多卷。《隋书·经籍志》著录的插图本也有百种以上。②

图像具有直观性特征,即使是不识字者也能猜测其表达的意义。与阅读文字相比,阅读图像对知识储备和阅读能力的要求不高,文化程度不高的人也能阅读图像,因此图像使得文本实现了更大范围的传播,并有助于达成某种程度上的政治民主,因为"对目不识丁者来说,由于无法阅读文字的东西,看见圣籍呈现在一本以他们可以辨认或'阅读'的图像书上,一定能够诱发出一种归属感,一种与智者、掌权者分享上帝的话具体呈现的感觉"③。

但是,与文字相比,图像有其缺陷,它不利于读者深入理解文本的意义。因为文字文本"具有多样的意义,读者可以根据作者的随文注解或读者自己的知识来摸索,以逐步获得更深入的领会"④。而且,从阅读方式来看,对于文字文本,"读者可以用任意方式来阅读,读个一小时或一年,中断或延迟,跳过一些段落或囫囵吞枣。但是,阅读《穷人圣经》书中的插图页几乎是一种瞬间性的动作,因为'文本'是以图像的方式整体呈现的,没有语意上的逐渐变化,而且图案中的叙

---

① 肖东发:《中国图书出版印刷史论》,北京:北京大学出版社,2001年,11页。
② 曹之:《中国古籍编撰史》,武汉:武汉大学出版社,1999年,598页。
③ 阿尔维托·曼古埃尔:《阅读史》,吴昌杰译,北京:商务印书馆,2002年,131页。
④ 阿尔维托·曼古埃尔:《阅读史》,吴昌杰译,北京:商务印书馆,2002年,128页。

事时间必然与读者自己的阅读时间一致"①。

2.聆听朗读和集体阅读是主要的阅读方式

加拿大学者阿尔维托·曼古埃尔指出,聆听朗读和图像阅读是印刷术发明前人们获得信息的重要手段。文字产生于口传文明和书写文明之间的时期,所以最早的文字带有口传文明的特征。他说:"从苏美尔人最初的刻写板开始,书写文字的目的就是用来大声念出……《圣经》的原始语言——阿拉姆语和希伯来文——并未将阅读活动与言说活动加以区分;两者都用同一个名称来表示。"②听读作为主要的阅读方式,原因还在于:"古时写在卷轴上的文章,既未将各个文字予以分开,也没有区分大、小写,更未使用标点符号。这颇适合习惯于大声朗读者之用,因为他的耳朵会将那些对眼睛而言似乎只是一连串符号的东西解出条理。"③

中国古代社会的阅读与此相似。在古代社会早期,许多典籍主要靠口授背诵流传,如《公羊传》《谷梁传》,都是汉代才著于竹帛的。此外,文言文本首先要句读,因此也需要音读的方式。在漫长的中国古代社会,朗读、诵读一直是中国阅读传统的重要组成部分。

也许因为文字惯性地带有口传文明的特性,而口传在多数情况下是一种具有高度交互性的集体仪式,所以在西方直到中世纪以及印刷文明出现前期,大声朗读仍然是一种重要的公共阅读方式。"传播首先是通过口头阅读,特别是作者或书本所有者在朗诵沙龙(礼堂)里站在朋友和熟人前进行朗诵。"④

集体阅读还表现为一种家庭读经聚会,它少了说教的意味,更多

---

① 阿尔维托·曼古埃尔:《阅读史》,吴昌杰译,北京:商务印书馆,2002年,128页。
② 阿尔维托·曼古埃尔:《阅读史》,吴昌杰译,北京:商务印书馆,2002年,55、56页。
③ 阿尔维托·曼古埃尔:《阅读史》,吴昌杰译,北京:商务印书馆,2002年,58页。
④ 弗雷德里克·巴比耶:《书籍的历史》,刘阳等译,桂林:广西师范大学出版社,2005年,23页。

的是温馨的家庭氛围。勒蒂夫·德·拉布雷东在《吾父生平》中描述了家庭读经会的情景：

"我无法不动容地回忆起，我们是如此地专注来聆听这段阅读，阅读传递给这个大家庭一种纯真和友爱的态度（在这个家庭中包含了仆人）。我的父亲经常以这些话开始：'我的孩子们，让我们沉思吧！这是圣灵将开始说话。'"①

与西方类似，在中国古代早期，祭祀、礼乐中的用乐，以及采诗、献诗、陈诗与观乐就是一种将文本内容当众口头传达的形式。春秋战国时期，学术下移，私学兴盛，文本却不易得，因此许多人是通过聆听公开讲学来读书的。古代中下层民众读书识字的机会很少，大部分时间只能通过诸如听说书、看戏剧等集体阅读方式来获取知识。

印刷术发明之前，阅读书本是少数读者的特权，普通民众聆听公众朗读的机会，要远远大于拥有一本书细细品味的机会。于是通过大声的朗读、公众的聆听，文本的意义得以传达给更多的读者，这些读者也许不具备读写能力，也许有读写能力却无法拥有书籍，也许有读写能力也拥有书籍却不愿独自阅读。总之，听读的方式使文本的社会价值得以实现和扩大。正如曼古埃尔所言：

朗读仪式无疑地剥夺了听众的阅读活动里所固有的一些自由——选择一种语调、强调一处重点、回到一处最爱的段落——但它同时也给予这多变的文本一个值得尊敬的身份、一种时间上的一致感和一种空间上的存在感，而这在孤独的读者那善变的双手中是鲜少出现的。②

---

① 罗伯特·达恩顿：《阅读的历史》，载陈恒等：《新史学》（第四辑），郑州：大象出版社，2005年，110页。
② 阿尔维托·曼古埃尔：《阅读史》，吴昌杰译，北京：商务印书馆，2002年，149、150页。

也有学者认为集体阅读存在着不足之处,因为它需要的是读者的高度参与而不是深度参与,"深度参与属于独自默读文字的那些孤独的读者,而这种读者只是在印刷术发明之后的大众阅读时代才得到了培育的土壤从而大量地生成"①。"当众吟诵众人皆已知晓的文本,没有开展新观念的无限可能,当时的阅读很可能陷于一个封闭回路之中,而这正好符合教会意欲维持的。"②

3.抄读是一种普遍的阅读方式

在古希腊和古罗马时代,作家通常并不亲自执笔书写,而是由秘书代写。秘书在蜡板、莎草纸或羊皮纸上抄写,并进行修订。到5世纪早期,册页制书籍逐渐取代了卷轴制书籍,人们对读物更广泛的需求和基督教会传播教义的需要推动了册页制抄本的普及。③ 抄本内容以《圣经》、福音书、祈祷书、文典、历书为多,也涉及历史、文学等。在中世纪早期,抄写员多为教士,后期出现女性抄写员。抄写本身甚至被视为一种阅读教义和祈祷的方式,带有浓厚的宗教色彩。夏蒂埃等主编的《西方阅读史》中有如下记载:

> Melania是一位女圣徒,她每天都要花几个小时阅读《圣经》或训诫集;在这些近乎遁世文学的叙事结构文本中,她找到上帝的神迹。Melania不仅仅是一个书籍爱好者;她尽可能地获取书籍,或购买或借阅,然后每天都会花时间来抄写它们。④

---

① 印我青:《阅读和我们身处的这个时代——兼论阿尔维托·曼古埃尔〈阅读史〉》,载《山花》2004年第6期。
② 罗伯特·达恩顿:《阅读的历史》,载陈恒等:《新史学》(第四辑),郑州:大象出版社,2005年,115页。
③ Guglielmo Cavallo, Roger Chartier. *A History of Reading in the West*. Translated by Lydia G. Cochrane. Cambridge: Polity Press, 1999: 15.
④ Guglielmo Cavallo, Roger Chartier. *A History of Reading in the West*. Translated by Lydia G. Cochrane. Cambridge: Polity Press, 1999: 86.

在中国历史上，抄写更多的是出于文本保存和阅读的需要。抄写早在先秦时期就出现了，在纸张广泛应用后开始盛行。不但民间盛行抄书，官府也很重视书籍的抄写和复制。早在 3 世纪的晋朝，秘书监就有了专职的抄书手，用楷书在纸帛上抄写书籍。北朝的秘书省设立了抄书的专职官员"弟子"和"正字"。汉代还出现了专门抄书的职业"佣书业"，以抄书为生的佣书者多为贫穷而有文化的人，他们受雇于政府、私人、书商、寺庙，为其抄书，以获取报酬。佣书业兴盛于六朝，汉魏时期的史书对抄书多有记载，例如："班超……与母随至洛阳。家贫，常为官佣书以供养。"① 阚泽"家世农夫，至泽好学，居贫无资，常为人佣书，以供纸笔，所写既毕，诵读亦遍"②。至唐代，随着雕版印刷术的发明，抄书逐渐式微。但中国古代社会印刷术应用有限，直至清末，仍然有大量的手抄书问世。

4. 阅读是少数人的特权

印刷术发明以前，文本的生产和复制困难，数量有限，传播范围很小。文字和书籍都掌握在贵族集团和统治阶层手中，阅读是少数人的特权。社会整体读写能力低下，绝大多数人被排除在文字社会之外。

在西方，从书写材料的不断变革到 15 世纪中期谷登堡成功地用他所发明的铅字印刷术制作出世界上第一本铅字书籍《圣经》，"阅读是少数受过教育又有钱可以买书的人的私人体验"③。几乎在整个中世纪，受过教育的、具有读写能力的人绝大部分是贵族子弟或神职人士，普通民众有阅读能力的不多，阅读机会也少，大部分图书都收藏在教会图书馆中。即使是在历史学家认为是"加洛林王朝的复兴"的

---

① 范晔：《后汉书》卷四十七《班超传》，北京：中华书局，1965 年，1571 页。
② 陈寿：《三国志·吴书》卷五十三《阚泽传》，北京：中华书局，1965 年，1249 页。
③ 罗伯特·达恩顿：《阅读的历史》，载《新史学》(第四辑)，郑州：大象出版社，2005 年，111 页。

8世纪末至9世纪,这种状况也没有得到多大改观。法国文化学者雅克·勒戈夫说:

> 这一时期的精美手抄本是奢侈品。……这个时期对书籍的需求微不足道,内容几乎不管不问;人们为宫廷或某些世俗的或宗教界的大人物把书籍装饰得富丽堂皇。这些都表明,书籍的流传非常缓慢。不仅如此,这些书籍根本不是为了供人阅读。它们只是有助于教堂财库的丰富和个别富人收益的增加,它们与其说是思想上的宝物,不如说是经济上的财富。有些作者抄录古人或教父的名言,以此夸耀他们自己文字具有较高的思想内容……这一切只是提高物质上的价值……书籍受到同昂贵的瓷器完全一致的对待。①

中国在夏商周时期就进入了文明时代,文字和文字记载产生了。但当时文化为贵族和神职人员(宗、祝、卜、史)所垄断,即"学在王官"。民间没有主流文化,王室和官府任用为数不多的知识分子来记录当时的事件。这些记载和当时的大事记一起,往往以档案的形式保存于王官之中,《尚书》中的多篇诰、誓、命正是这种档案。春秋后期,"天子失官,学在四夷",图书和学术下移,私学兴起。秦始皇焚书坑儒是对阅读发展的重大打击。两汉文化有所恢复和发展,特别是纸的使用使得文本生产和复制都较以前方便,所以社会上读书、写书、藏书的风气开始盛行,图书的流传范围也开始扩展,西汉时已有以卖书为业的书肆出现,私人藏书也发展起来。魏晋南北朝的门阀制度使得读书的特权集中于豪门世族,隋唐科举制的实行在一定程度上促使读书人通过读书进入仕途。但是,直到雕版印刷术发明之前,图书的生产和流通数量仍然很少,阅读仍然为贵族等统治阶层所

---

① 雅克·勒戈夫:《中世纪的知识分子》,张弘译,北京:商务印书馆,1996年,6、7页。

垄断。正如钱存训所言："由于古代的知识阶级大多是贵族,他们有的是财富和闲暇,所以能够有机会去从事读书和写作。"①

5. 载体形态的改进对阅读的影响

东汉蔡伦改进造纸技术后,至魏晋时期,纸张逐渐取代简帛,成为主要的书写材料。载体形态的变革,对阅读产生了重要的影响。

首先,书籍数量激增,种类多样化,扩充了阅读材料,扩展了阅读范围。在简帛时代,由于制作工艺和造价的限制,书籍只能为少数人所拥有,且种类稀少,流通不便。纸张出现后,价廉而易得,社会上流通的书籍数量因此激增。《隋书·经籍志·总序》中记载了汉末以来官府藏书的聚散情况,从刘向父子校书时的33090卷,魏晋时期受战乱影响,四部藏书减至29945卷,南朝宋谢灵运整理的《四部目录》,载书64582卷,至《隋书·经籍志》作时为14466部,89666卷。② 可见,从东汉末年至魏晋南北朝时期,虽然社会多经战乱,官府藏书迭遭兵燹,但数量仍增长较快。书籍数量增多,种类多样化,从部类的变化上也可以看出来。《隋书·经籍志》首次采用"经、史、子、集"的四部分类法,以其中新出现的"集部"为例,《隋书·经籍志》总集"叙"述其源流:"总集者,以建安之后,辞赋转繁,众家之集,日以滋广,晋代挚虞,苦览者之劳倦,于是采摘孔翠,芟剪繁芜,自诗赋下,各为条贯,合而编之,谓为《流别》。是后文集总钞,作者继轨。属辞之士,以为覃奥,而取则焉。"③集部书的大量出现是在东汉建安以后,与纸张普及的时间吻合。究其原因,应是纸张价廉易得,书籍写成后可以通过抄写副本广为传播并流传后世,从而刺激了学者文人创作的积极性。至魏晋时期,私人著述,特别是文学作品的写作,更为普遍。一种新

---

① 钱存训:《印刷发明前的中国书和文字记录》,郑如斯增订,北京:印刷工业出版社,1988年,131页。
② 魏征等:《隋书》卷三十二,北京:中华书局,1973年,903—909页。
③ 魏征等:《隋书》卷三十五,北京:中华书局,1973年,1089、1090页。

的书籍编排形式——类书也随之出现,中国最早的一部类书是三国时期魏文帝敕编的《皇览》。类书对日益增多的原始著述进行分门别类,以备人们检索阅览和参考写作之用,有利于文人的创作,同时也促进了读物的增加。

其次,书籍传抄和流通发展较快,促进了社会阅读。书肆的大量出现,为普通士子获得阅读材料提供了便利,一些贫寒的青年学子通过抄书也能得到阅读的机会。同时,书肆降低成本,追求利润,更倾向于采用廉价的纸张材料来抄写并贩卖书籍,这为优秀作品和书籍在社会上迅速传布创造了条件。如晋代文学家左思的名篇《三都赋》就有"洛阳纸贵"的美谈流传后世。魏晋南北朝时期,还兴起了书信体文学和赠答诗等文学体裁,当时的文人也有将用纸抄的书籍赠送友人的风气。这些都说明作品和书籍的流传在文人士子之间变得更加频繁、便捷,人们能够读到更多的当代人的作品,这也反映了社会阅读的发展反过来又促进了人们的创作热情。

再次,阅读人群扩展,自学作为一种新的阅读方式兴起。随着纸张的普及,书籍变得易读易得,"口授师传"的学习方式被突破,普通士子可以通过自学来读书和掌握知识。正如清人皮锡瑞在《经学历史》中说:"汉人无无师之学,训诂句读皆由口授;非若后世之书,音训备具,可视简而诵也。书皆竹简,得之甚难,若不从师,无从写录。非若后世之书,购买极易,可兼两而载也。负笈云集,职此之由。"[1]汉末以来,许多家境贫寒的士子通过抄写或购买纸书,自学成才。阅读人群进一步扩展,至魏晋南北朝时期,"士大夫子弟,数岁以上,莫不被教,多者或至《礼》《传》,少者不失《诗》《论》"[2],社会上甚至形成了"若

---

[1] 皮锡瑞:《经学历史》,周予同注,北京:中华书局,1959年,131页。
[2] 颜之推:《颜氏家训集解》,王利器集解,上海:上海古籍出版社,1980年,141页。

能常保数百卷书,千载终不为小人也"①的阅读观念。

最后,通俗阅读逐渐兴起。与传统的简帛文本相比,纸张在使用之初,地位较低,因此更多的是作为私人作品和通俗作品的文本载体,通俗文本借抄书之便得以广为传布,并得到了中下层读书人的喜爱,反过来又促进了纸张的普及。当纸代简帛,成为主要的书写材料后,人们的观念亦发生变化,不再以纸为陋,这在一定程度上又提升了主要以纸本形式流传的通俗文本的地位和影响力,从而促进了通俗阅读的兴起。魏晋时期,有不少小说类文本在社会上流传,如曹植《与杨德祖书》认为:"今往仆少小所著辞赋一通相与。夫街谈巷说,必有可采;击辕之歌,有应风雅,匹夫之思未易轻弃也。"②魏晋小说今多已不传,但存留的目录尚有邯郸淳《笑林》三卷、《艺经》,曹丕《列异传》三卷、佚名《李陵别传》《赵飞燕传》《汉武帝内传》等,亦可见当时小说的创作情况。此外,今天仍存留了众多无名氏作品,如著名的《孔雀东南飞》《古诗十九首》等五言诗,也能反映出当时通俗文本的社会影响。

总之,随着纸张的普及,书籍制作的成本降低,书籍数量激增,种类多样化,丰富了阅读材料,扩展了阅读范围;书肆大量出现,书籍传抄和流通发展较快,私人著述发展,促进了社会阅读;阅读人群扩展,普通士人有更多的机会阅读,便于读书人检索阅览的类书随之出现。这些都促进了自学的阅读方式产生,小说、乐府、书信体、五言诗等通俗文本的阅读逐渐兴起。这些都反映了纸张作为一种新型的文本载体形式,其使用和普及对阅读文化的发展所产生的深刻影响。

---

① 颜之推:《颜氏家训集解》,王利器集解,上海:上海古籍出版社,1980年,145页。
② 曹植:《曹植集校注》,赵幼文校注,北京:人民文学出版社,1984年,154页。

第四节　印刷文本时代的阅读

一、雕版印刷术的发明和普及

2世纪时,东汉蔡伦改进了造纸技术。纸张用作书写材料,并迅速普及,促进了文本的生产和传播,但纸本的抄写需耗费大量人力,故不利于书籍的大规模传布。随着社会经济、技术和文化的发展,以及日益迫切的社会文献需求,一种效率更高的文本复制技术——雕版印刷术应运而生。印刷术的发明在人类历史上具有划时代的意义。根据现存文献和实物资料,至迟到唐初,中国已用雕版印刷术印刷图书,并且其镂板和墨印技术已臻成熟。① 到宋代时,雕版印刷术开始普及。11世纪,北宋毕昇发明了泥活字印刷术。15世纪,德国谷登堡发明铅活字印刷术。在欧洲,铅活字印刷术的发明和普及,使文本的生产和流通得到了空前的发展,催生了阅读的革命,促进了文艺复兴和宗教改革,推动了民主与科学的思想启蒙和知识普及。

在中国,唐初雕版印刷术的发明改变了文本的生产方式,使得书籍得以大量生产和流通。沈括在《梦溪笔谈》中指出:"板印书籍,唐

---

① 关于雕版印刷术发明的时间,学界至今仍有争议。较为稳妥的观点是雕版印刷自唐代始,但在具体的时间上未达成共识。参见张秀民:《中国印刷术的发明及其影响》,北京:人民出版社,1958年;宿白:《唐宋时期的雕版印刷》,北京:文物出版社,1999年;清水茂:《印刷术的普及与宋代的学问》,北京:中华书局,2003年。需要指出的是,一项技术发明并得到广泛应用,是一个渐进的过程,其在产生之初一般难以引起人们的重视并被记录于文献中。现存雕版印刷实物和文献记载,无论是否有争议,只能证明雕版印刷产生的时间下限,而很难确指其时间上限。

人尚未盛为之。"①总的来说,唐代的书籍还是以手抄本为主,当时印刷技术尚未成熟,雕版印刷物大多为佛像、佛经和日历、小学和占卜用书等。唐太和九年(835)十二月丁丑日,东川节度使冯宿奏请禁断印历日版:"剑南、两川及淮南道皆以版印日历鬻于市,每岁司天台未奏颁下新历,其印历已满天下。有乖敬授之道,故命禁之。"②可见,当时民间已普遍采用雕版方式私印日历贩卖,因此冯宿奏请皇帝下令不准民间私自雕印历书。又如唐代柳玭在《柳氏家训·序》中记载:"中和三年癸卯(883)夏,銮舆在蜀之三年也。余为中书舍人,旬休,阅书于重城之东南,其书多阴阳杂记、占梦相宅、九宫五纬之流,又有字书小学,率雕版,印纸浸染,不可尽晓。"③这说明当时成都书肆中所卖的小学及占卜之书等大多为雕版印刷物。到唐末时,刻印者主要是来自民间的佛教寺院、道观和书坊,所印内容主要是佛教和道教经咒、百姓日常生活和生产所用的历书、占卜等杂书,以及小学字书和时人诗文集等,而儒家所谓的"正经正史"尚未开雕。

五代时,印刷技术大为改进,刻书的数量大大增加了,出现了官府刻书和学者私家刻书,特别是儒家经典的刊印,对一般读书人来说,雕版印刷这时才真正有了意义。其中的标志性事件是唐《开成石经》的雕版刻印。唐文宗开成年间(836—840),敕命雕刻石经,将十二种儒家经典刻石,置于长安国子监前,史称《开成石经》。后唐长兴三年(932)二月,宰相冯道等人上奏,请求依石经文字雕刻《九经》印版。同年四月,皇帝敕令儒官马缟、田敏等考校经注,由国子监召集人依《开成石经》的文字,端楷写出,雇佣雕版匠刻版。历经后唐、后晋、后汉、后周四朝,冯道始终主持其事,国子监组织具体事宜,到后

---

① 沈括:《梦溪笔谈译注》卷十八《技艺·活板印刷》,王洛印译注,上海:上海三联书店,2014年,207页。
② 王钦若等:《册府元龟》卷一六〇《帝王部·革弊二》,北京:中华书局,1960年,1932页。
③ 薛居正等:《旧五代史》卷四三注引,北京:中华书局,1976年,589页。

周广顺三年(953)六月,完成《九经》(即《易》《书》《诗》《仪礼》《周礼》《礼记》《春秋左传》《公羊传》《谷梁传》)的雕版印刷,即监本九经。后又加刻《孝经》《论语》《尔雅》,实为十二经。《开成石经》的刊刻,是中国大规模官刻书籍的开端,不仅开创了采用印刷术传播儒家经典的先河,使儒家经典有了国子监本,成为以后历代传刻的祖本,而且推动了学术发展、文化教育普及和图书文献的保存与流传,促进了雕版印刷业的发展,进而对社会的变革起到了积极的推动作用。它标志着中国书籍流通和文字传播方式将由印刷代替手写,书籍形式的主流开始由手抄本时代进入印本时代。

五代时期,中国古代雕版印书业发展较快,但因存续时间短,雕版印书对社会文化、教育等方面的影响还未完全体现,至北宋时期,雕版刻书业愈发兴盛。可以说,宋代是书籍形式由手抄本向印本全面转化的时期。

宋代统治者重视文教,提倡儒术,社会经济和文化进一步恢复和发展,形成了官刻、私刻、坊刻互为补充的图书出版体系,宋代的刻书事业在我国历史上达到了第一个高峰,印书之多、雕版之广、规模之大、印制之精、流通之广,都是前所未有的。当时的河南、四川、福建、浙江等地成为印刷业最为发达的地区,而汴梁、建阳、临安、苏州等地成为刻书中心。刻书内容涉及经书、史书、子书、医书、算术、文集等各个领域。书业中心向四面辐射开来,促进了书籍在全国各地的流传。

二、印刷文本时代的阅读特征

1. 社会阅读的相对繁荣

雕版印刷术的普及和应用,大大提高了书籍生产、复制和传播的效率,使大规模的书籍生产和复制成为可能,为社会阅读的繁荣提供了基本的物质条件。

首先,书籍产量激增,种类多样化,为社会提供了丰富多样的读物。北宋初年书籍仍不多,从北宋中期开始,书籍产量大增,各种书籍开始在社会上广为流传。景德二年(1005),国子祭酒邢昺对宋真宗提到这个变化:"国初不及四千,今十余万,经、传、正义皆具。臣少从师业儒时,经具有疏者百无一二,盖力不能传写。今板本大备,士庶家皆有之,斯乃儒者逢辰之幸也。"①短短数十年间(邢昺生于932年),书籍数量就大大增长,成为读书人家的必备之物。苏轼曾说:"近岁,市人转相摹刻诸子百家之书,日传万纸。"②宋嘉祐年间苏州刻本《杜工部集》也"印万本"③出售,动辄上万的印量在当时应是不小的规模。正如元代理学家吴澄所言:"宋三百年间,锓版成市,版本布满乎天下。而中秘所储,莫不家藏而人有。不惟是也,凡世所未尝有与所不必有,亦且日新月益,书弥多而弥易,学者生于今之时,何其幸也!无汉以前耳受之艰,无唐以前手抄之勤。读书者事半而功倍宜也。"④另据当今学者对中国历代著作生产数量的统计,从平均每百年著作部数来看,宋代大大超过以前各代(西汉及西汉以前138部,东汉564部,魏晋南北朝2679部,唐五代3160部,宋代3611部)。从出书总部数上看,宋代总著作部数11519部,接近以前历代出书总量的一半。⑤

宋代书籍内容多样、种类丰富,正如《四库全书总目·子部杂家类杂品属按语》中说:"宋以后则一切赏心悦目之具,无不勒有成编,图籍于是始众焉。"这一点在藏书家的藏书目录中也有体现。例如南

---

① 脱脱等:《宋史》卷四三一《儒林传一·邢昺传》,北京:中华书局,1977年,12798页。
② 苏轼:《苏轼文集》卷十一《李氏山房藏书记》,北京:中华书局,1986年,359页。
③ 范成大:《吴郡志》卷六《官宇》,南京:江苏古籍出版社,1986年,50页。
④ 李修生:《全元文》(第14册)卷四八一《吴澄九·赠鬻书人杨良甫序》,南京:江苏古籍出版社,1999年,246页。
⑤ 王余光:《中国文献史》(第一卷),武汉:武汉大学出版社,1993年,49页。

宋尤袤《遂初堂书目》一卷，所著录图书合计 3150 余种。该书目分四部 44 类，分经为 9 门——经总类、周易类、尚书类、诗类、礼类、乐类、春秋类、论语类、小学类；分史为 18 门——正史、编年、杂史、故事、杂传、伪史、国史、本朝杂史、本朝故事、本朝杂传、实录、职官、仪注、刑法、姓氏、史学、目录、地理；分子为 12 门——儒家、杂家、道家、释家、农家、兵书、数术家、小说、杂艺、谱录、类书、医书；分集为 5 门——别集、章奏、总集、文史、乐曲。四部分类在当时是通用的图书分类办法，如此多的分类，类目下对应的是各色图书。可见其内容之多样，种类之繁富。

其次，书籍制作的成本大为降低，书价普遍下降，为普通读书人获得图书提供了条件。明代学者胡应麟说："凡书市之中，无刻本则抄本价十倍。刻本一出，则抄本咸废不售矣。"[1]宋代的史料证实了胡应麟的说法，当时刻本书籍的价格只是抄本书籍的 10%。《续资治通鉴长编》中记载有仁宗时王子融的说法："旧制，岁募书写费三百千，今模印，止三十千。"[2]值得注意的是，在宋代书籍市场上，政府有时也会根据需要对价格进行调控。如北宋后期监本价格大体和工本费相当，书价如此便宜就是政府干预的结果。宋哲宗元祐初年，由于图书市场价格波动，监本书价已有所提高，陈师道上书云："伏见国子监所卖书，向用越纸而价小，今用襄纸而价高，纸既不追而价增于旧，甚非圣朝章明古训以教后学之意。臣愚欲乞计工纸之费以为之价，务广其传，不以求利，亦圣教之一助。"[3]陈师道这个建议很快得到哲宗皇帝的采纳，朝廷采取了一些降低书价的措施。元祐三年(1088)，官方下令刊刻《新编金匮要略方论》三卷、《伤寒论》十卷，据王国维所引用当时公文云："敕中书省勘会：下项医书册数重大，纸墨价高，民间难

---

[1] 胡应麟：《少室山房笔丛》甲部卷四《经籍会通四》，北京：中华书局，1958 年，59 页。
[2] 李焘：《续资治通鉴长编》卷一〇一，北京：中华书局，1985 年，2368 页。
[3] 陈师道：《论国子卖书状》，载曾枣庄、刘琳：《全宋文》第 123 册，上海：上海辞书出版社，2006 年，278 页。

以买置。圣旨令国子监别作小字雕印,内有浙路小字本者,今所属官司校对,别无差错,即摹印雕板,并候了日,广行印造,只收官纸工墨本价,许民间请买,仍送诸路出卖。"①以上记载说明了监本书意在传播文化典籍,不以谋利为目的,所以官方制定了只收工本费的书价制度,并允许民间售卖。

再次,宋代的文化教育迅速发展,阅读相对普及,主要表现为从先进地区推广到落后地区。陈寅恪曾说:"华夏民族之文化,历数千载之演进,造极于赵宋之世。"②这是由当时的社会整体环境因素决定的,但印刷术的广泛应用无疑是其中的重要推动力量。在当时文化较先进地区,"今吴、越、闽、蜀,家能著书,人知挟册"③,"师儒之说始于邦,达于乡,至于室,莫不有学"④。贾志扬在《宋代科举》一书中对各地兴办的学校做了统计,在两浙、两江及福建等地,各类官私学校的数量以及设立学校的州县在本地区所占比例都较高,三省州学普及率均达100%,县学普及率则超过80%。⑤ 两广地区也相继建立了学校,朱熹所作的《静江府学记》《琼州学记》《韶州州学濂溪先生祠记》等文即是其证。其他一些落后地区的文化水平也有所提高。各地出现了"学校之设遍天下,而海内文治彬彬矣"⑥的现象。

最后,私人著述迅速增多,丰富了阅读内容。宋代文化教育的发展,使得作为知识载体的书籍的需求量增大,刻书业进一步发展,各种印本书籍应运而生。从中央到地方再到私人,藏书也得以更大地

---

① 王国维:《五代两宋监本考》卷中,载《王国维遗书》(第11册),上海:上海古籍书店,1983年,299、300页。
② 陈寅恪:《邓广铭〈宋史职官志考证〉序》,载《金明馆丛稿二编》,上海:上海古籍出版社,1980年,245页。
③ 叶适:《汉阳军新修学记》,载《叶适集·水心文集》,北京:中华书局,1961年,140页。
④ 吕祖谦:《皇朝文鉴》卷七十九《吴郡州学六经阁记(张伯玉)》,四部丛刊本。
⑤ 贾志扬:《宋代科举》,台北:台湾东大图书股份有限公司,1995年,6页。
⑥ 脱脱等:《宋史》卷一五五《选举志一·科目上》,北京:中华书局,1977年,3604页。

丰富,扩大了当时文人学者的眼界和知识面,也提高了整个社会的文化知识水平。在此条件下,宋代文人学者所掌握的历史、文化、科技等知识比前代学者更丰富,更有利于他们著书立说,因此私人著述远超前代,且有不少是几十卷、上百卷的大部头著作。著名的"唐宋八大家"中就有欧阳修、王安石、曾巩、苏洵、苏轼、苏辙六位出自北宋。

2. 读书阶层的相对扩大

随着文化的相对普及、书籍产量增加和价格下降,书籍和读者的范围扩大了。读者能够获得和阅读更多的书籍,书籍不再为世家大族所独有。宋代的读书阶层由"士"扩展到"农工商"各个阶层,读书人中也有农民、商人、女性、蒙童、武将等。

从私家藏书来看,宋代的藏书家与前代相比成倍增加。据《中国私家藏书史》的统计,宋代约三百年中,有明确文献记载的藏书家700余人,是周至唐五代千年左右藏书家总和的近三倍,其中藏书万卷以上者200多人,约占宋代藏书家总数的三分之一。[①] 其中官僚士大夫仍然是这一时期藏书家的主体,25位拥有3万卷以上藏书的藏书家中除了四位宗室、一位武将外,全是士大夫。不过,宋代藏书家的身份呈现多样化特征。除了士大夫外,武将、宗室、布衣、僧道隐逸中也有不少藏书者,武将与宗室藏书尤为突出。[②]

北宋时,许骧、冯京等读书人,都是商人家庭出身。清朝人沈垚认为,从宋代开始,"天下之士多出于商",他说:"古者四民分,后世四民不分。古者士之子恒为士,后世商之子方能为士。此宋、元、明以来变迁之大较也。"[③]这种说法不一定准确,但反映了宋以后士、商之间的界限渐趋模糊的事实。

---

① 范凤书:《中国私家藏书史》,郑州:大象出版社,2001年,60、82页。
② 祁琛云:《宋代私家藏书述略》,载《历史教学》(高校版)2007年第7期。
③ 沈垚:《落帆楼文集》卷二十四《费席山先生七十双寿序》,转引自傅衣凌:《明清时代的商人及商业资本》,北京:人民出版社,1956年,42页。

宋代农家子弟的读书事迹，史不绝书，如北宋时，王禹偁"世为农家，九岁能文"①，蔡襄"年十八，以农家子举进士"②等。宋代有些贫民也勤奋读书，如北宋时期曾任宰相的杜衍少年时"贫甚，佣书以自资"③。曾经沿街乞讨的张雍，居然对《毛诗》颇有研究，并在宋太祖时中进士。可见当时读书人阶层分布之广。

宋代多出神童，这在一定程度上反映了宋代阅读活动相对普及。在宋代，诸如丘浚十岁、孔文仲七岁、蒋堂六岁、黄庭坚七岁会写诗、能作文一类的记载，比比皆是。元丰年间创设中央官办小学，崇宁元年（1102）朝廷又命州县普遍建立小学，负责教育8岁到12岁的儿童。与官办小学相比，民办小学数量多，兴办早，并深入到乡村。

小儿读书图

---

① 脱脱等：《宋史》卷二九三《王禹偁传》，北京：中华书局，1977年，9793页。
② 欧阳修：《欧阳文忠公文集·居士集》卷三十五《端明殿学士蔡公墓志铭》，四部丛刊本，119页。
③ 江少虞：《宋朝事实类苑》卷十《名臣事迹·杜祁公》，上海：上海古籍出版社，1981年，119页。

宋代多才女,著名的有李清照、朱淑真等。在清人厉鹗《宋诗纪事》入选的诗的作者中,妇女多达 106 人,其出身也相当广泛。① 北宋人魏泰《临汉隐居诗话》称:"近世妇女多能诗,往往有臻古人者。王荆公家最众。"② 王安石《王文公文集》③ 卷九十八至卷一百,集中地著录了 22 位妇女的墓志铭,其中写明"好读书,能文章"的便有 8 位。

宋代武将也好读书。狄青"博览书史,通究古今"④;郭逵青年时代就以好学闻名,他"日怀二饼,读《汉书》于京师州西酒楼上。饥即食其饼,沽酒一升饮,再读书。抵暮归,率以为常"⑤。宋真宗时官至步军都指挥使的冯守信"虽在军旅,数以《孝经》《论语》为人进说,人尚以儒者目之",王安石称赞他说:"自公在野,手不去经,率其所学,以抚戎兵。"⑥

3. 阅读的实用主义倾向

宋代实行崇文抑武的文化政策,重用文人,提高了文人的政治地位和社会地位,并且发展和完善了隋唐以来的科举制度,大规模开科取士,这些都吸引了众多士子发奋读书,并积极为官从政。教育重心下移,读书人群扩大;雕版印刷术普及,出版业空前繁荣,书籍更易获得。因此,在许多地方,人们视读书为要务,形成了勤学苦读的社会风尚。

在"学而优则仕"的社会风气的影响下,出现了"人人尊孔孟,家家诵诗书"⑦的盛况,即使在农村也是"释耒耜而执笔砚者"(苏轼《谢

---

① 厉鹗:《宋诗纪事》,上海:上海古籍出版社,1983 年。
② 魏泰:《临汉隐居诗话校注》卷四,陈应鸾校注,成都:巴蜀书社,2001 年,186 页。
③ 王安石:《王文公文集》,上海:上海人民出版社,1974 年。
④ 王辟之:《渑水燕谈录》卷二《名臣》,北京:中华书局,1981 年,16 页。
⑤ 邵伯温:《邵氏闻见录》卷八,北京:中华书局,1983 年,83 页。
⑥ 王安石:《王文公文集》卷八十四《冯鲁公神道碑》,上海:上海人民出版社,1974 年,899、901 页。
⑦ 陈傅良:《止斋集》卷三《送王南强赴绍兴签幕四首》,四部丛刊本。

范舍人启》)、"孤村到晓犹灯火,知有人家夜读书"(晁冲之《夜行》)。事实上,确有成千上万的学子通过勤奋读书得以登科及第、步入仕途。有学者统计,《宋史》有传的 1953 名士大夫中,出身于非官僚家庭者占 55.12%;若从严考究,至少占 32.53%。在宋宰相中,有许多是穷书生因考中进士而骤得富贵。① 这种示范效应更激励了越来越多的人走上科举考试这条道路,"重学求教"的社会风气逐渐形成。正如洪迈在《容斋随笔》中记载:"为父兄者,以其子与弟不文为咎;为母妻者,以其子与夫不学为辱。"②《吴郡志》卷四《学校》中也记载道:"父笃其子,兄勉其弟,有不被儒服而行者,莫不耻焉。"③甚至还有因效仿神童入仕而早教培养的例子。如叶梦得说:"饶州自元丰末,朱天锡以神童得官,俚俗争慕之。小儿不问如何,粗能念书,自五六岁即以次教之五经,以竹篮坐之木杪,绝其视听。"④

这种实用主义倾向的功利性阅读,在客观上促进了勤学重教的社会风气的形成,促进了社会文化水平的提高。读书蔚然成风,学人相互影响,往往导致某一地区名士集中涌现。如今的江西在宋代人才辈出,涌现了诸如晏殊、晏几道、曾巩、王安石、欧阳修、文天祥、杨万里、黄庭坚等名儒大家。北宋学者政治家迭出,也是功利性阅读在社会生活中的体现。

功利性阅读的风气还催生了文本形式的一些变化。如"互注本"的出现和类书的大量编撰刊印。叶德辉在《书林清话》中记载了这类图书,认为"宋刻经、子,有'纂图互注重言重意'标题者。大都出于坊

---

① 张邦炜:《宋代婚姻家族史论》,北京:人民出版社,2003 年,347、348 页。
② 洪迈:《容斋随笔》,上海:上海古籍出版社,1978 年,666 页。
③ 范成大:《吴郡志》卷四《学校》引梁肃《昆山县学记》,南京:江苏古籍出版社,1986 年,38 页。
④ 叶梦得:《石林燕语 避暑录话》,上海:上海古籍出版社,2013 年,128 页。

刻,以供士人帖括之用"①。"互注本"是将相同或相似的语句汇集在一起的注释书,类书是大型资料性书籍,辑录各种书中的材料,按门类、字韵等编排以便查检。这些书籍适应了士人们科举备考的市场需求,阅读时只需记诵与考试相关的内容,可以不一一查核原文。这一方面提高了阅读效率,另一方面却导致阅读的碎片化,反过来又推动了阅读的实用主义倾向。

4. 通俗阅读的发展

宋代书籍得到了空前发展,书肆遍布全国,书籍贸易相当活跃。学术上从汉学到宋学,文学从雅到俗,小说、戏曲等通俗文学在宋代方兴未艾,平易、流畅的风格已经成为宋代文学的主流风格。苏轼和欧阳修堪称宋代文学的代表,按朱熹所言:"欧公文章及三苏文好处,只是平易说道理。"②苏轼文章在当时流传极广,有"苏文熟,吃羊肉。苏文生,吃菜羹"之说。

雕版印书的市场化和文化形态的通俗化促进了读物的通俗化。书籍内容不再限于以前的正统说教内容,娱乐性的书籍数量大大增加。当时书坊除刻印经史百家、唐宋名家诗文外,还大量刊刻通俗平话小说、南戏之类的通俗文艺作品、科场所需的参考书籍和市民所需的医书、小百科全书等,颇受市民阶层欢迎。例如,词在宋代发展至高峰,与词集的大量刻印和普及有关。宋代刊刻的词集品种繁多,词集的刻印总是作为唱本、歌本面世的,不少都按照词调编排,著名的有《花间词》《家宴集》等。这些词集很受社会欢迎,以致有些书坊为了谋利,不顾质量随意收录。陈振孙在《直斋书录解题》中著录有嘉定年间长沙刘氏书坊刊行的《百家词》共128卷,在其注中记载道:"自

---

① 叶德辉:《书林清话》卷六《宋刻纂图互注经子》,载《书林清话 书林余话》,长沙:岳麓书社,1999年,125页。
② 朱熹:《朱子语类》卷一百三十九《论文上》,黎靖德编,北京:中华书局,1986年,3309页。

《南唐二主词》而下,皆长沙书坊所刻,号《百家词》。其前数十家皆名公之作,其末亦多有滥吹者。市人射利,欲富其部帙,不暇择也。"①

宋代的话本小说十分盛行,与市民阶层的勃兴有关。话本小说取材于市民生活,宣扬市民思想,深受市民欢迎。鲁迅对之有高度评价:"然在市井间,则别有艺文兴起。即以俚语著书,叙述故事,谓之'平话',即今所谓'白话小说'者是也。"② 当时的话本很多,仅据罗烨《新编醉翁谈录》中的记载,就有近 120 种。③ 现存的宋代笔记小说中也有很大一部分是异闻琐事、神怪传奇、各地风情习俗等,例如苏轼的《东坡志林》、司马光的《涑水纪闻》、江少虞的《宋朝事实类苑》、庄绰的《鸡肋编》等。这些笔记小说一定程度上反映了当时市民的审美趣味。

此外,诸如《三字经》《百家姓》《千字文》等蒙学读物,以及应举类的书籍,也大受欢迎,非常普及。如宋人岳珂在《愧郯录》中言:"自国家取士场屋,世以决科之学为先,故凡编类条目撮载纲要之书,稍可以便检阅者,今充栋汗牛矣。建阳书肆,方日辑月刊,时异而岁不同,以冀速售。"④

5. 书籍形式的变迁对阅读的影响

西方早期的文本形态主要是卷轴制,之后逐渐过渡到册页制,这主要是由文本的载体形式决定的。莎草纸易于制成卷轴,而不易制成册子。羊皮纸成为文本载体之后,册子本开始出现并逐渐盛行。中国古代书籍制度大体经历了从简策制到卷轴制,再到册页制的过程。简策制度决定了中国文字的直行书写和自右至左的排列顺序,在纸张和印刷术发明以后,书籍的单位、术语,以及版面上的所谓"行

---

① 陈振孙:《直斋书录解题》卷二十一《歌词类》,上海:上海古籍出版社,1987 年,629 页。
② 鲁迅:《中国小说史略》第十二篇《宋之话本》,上海:上海古籍出版社,2006 年,66 页。
③ 罗烨:《新编醉翁谈录》甲集卷一《小说开辟》,沈阳:辽宁教育出版社,1998 年,3、4 页。
④ 岳珂:《愧郯录》卷九《场屋编类之书》,载《笔记小说大观》(第八册),扬州:江苏广陵古籍刻印社,1983 年,378 页。

格"形式,也都源于简策制度。东晋时废简用纸,卷轴制完全取代了简策制。唐初雕版印刷术发明前书籍是卷轴制,一个卷子可以长达几丈,人们读的时候将卷子展开、卷起都很费事,尤其要查找其中某段文字时更不方便。唐代后期开始出现"旋风装"(或称"经折装""梵夹装"),即将长卷折叠成长方形的折子,前后加上书皮。但是这种形式的书籍,"时间久了折的地方容易破裂,破裂散开不好收拾,再则用一块块木板来刻书,刻好后再接成长卷,折成'旋风叶',也太费事。因此不如把木板刻成单叶,一版印一叶,再装成册子。这个变化大约发生在北宋。从此我国的书籍从形式上来讲就进入了册叶制度的时代"①。

卷轴制到册页制的演进改变了文本的形式,并为阅读领域的深刻变化提供了可能。卷轴制书籍,必须连续阅读,无法同时阅读几个卷轴或卷轴反面,不便于做注释或查询;文本中的分栏起到了方便读者浏览的作用。册页制书籍则具有以下特点。

(1)册子本与书卷相比,呈现不同的版式和尺寸,而书籍形式的不同影响着阅读方式。一般来说,册子本与书卷相比有更为灵活的阅读方式,读者能够更自由地移动它,因为只需要用一只手来支撑书本。册子本将人的一只手从拿书的任务中解放出来,便于读者一边阅读,一边在文本的页边做注释。

(2)各个页面尺寸相同,可以编上页码以方便查询。从即时利用的角度来看,这便于读者边查询边做记录,有助于读者舍弃口头阅读,优先考虑默读。

(3)文本的内容被页面所分隔,因此读者难以连续地浏览,这种排版形式便于分页阅读。而且各页的文本通常是分段的,采用一些特殊的设计从视觉上对其进行区分。文本细分的需要还促进了特殊

---

① 黄永年:《册叶制度》,载《陕西师范大学学报》(哲学社会科学版)1980年第2期。

书写风格的出现,如装饰形式、排版格式等,这就推动了一个用来帮助阅读和查阅的参考系统的发展,如分段和段落标识、章节名、注释、索引等。这些都有助于读者更好地理解文本的内容。

因此,卷轴制到册页制的转变,极大地便利了人们的阅读。更重要的是,册子本的出现促进了精读和默读方式的发展,有助于人们思维能力的提高。人们在阅读时可以进行查询、记录和思考,从而加深对文本的理解,因为当页面采用一系列复杂的设计时,读者的注意力就可以集中在这个特定的部分。正如《西方阅读史》中所说的:"册子本的发明对于书写文明的前景而言绝对是决定性的事件,因为它为脑力劳动的未来发展开启了书面文献的新道路。……其意义体现在文献的大众化和参考资料体系的完善,而随着印刷术问世以及书籍数量的剧增,册子本也得了进一步发展。册子本是近两千年西方书面文化的首选载体。"册子本的普及,使人们"从一种自由的、娱乐性的阅读过渡到一种目标性、标准化的阅读;'文本的愉悦'让步于一种缓慢的诠释和思考。……尤其是《圣经》、法律以及便于背诵和记忆的格言,就是被阅读、重读、以引用的形式在重复。在古代晚期的世界中,所有的权威都建立在那些本子上,也就是建立在书籍和阅读上"。[1]

随着技术的进步,册页制的印本书籍从外表形制看,经历了从蝴蝶装、包背装、线装到现代普通印本、精装本、袖珍本等多种装帧形式的过程;从编排形式看,有封面、扉页、书脊、版面、版心、内容提要、目次序言、后记、附录、索引、插图、版权页等。印刷文本的知识含量越来越丰富,呈现的形态和形制结构也越来越完善,这些都给阅读带来了越来越多的便利。

---

[1] Guglielmo Cavallo, Roger Chartier. *A History of Reading in the West*. Translated by Lydia G. Cochrane. Cambridge: Polity Press, 1999:89.

6. 阅读实践中的问题逐渐凸显

随着印刷文本的普及和时代的发展,阅读实践中的一些问题也渐渐凸显。

(1)版本选择的问题

手抄本时代到印刷文本时代,是阅读史上的一次重要转型。相对于芜杂随意的手抄本来说,印刷文本基本上与其他同一版本的书籍一致,这样能够给予文本内容所承载的思想和知识以牢固、经久的形式,并且通过大量发行相同拷贝,使其跨越时空进行更为有效的传播。并且这种文本的固定性赋予作者和文本以信任感和权威性,而这种权威性在手抄本时代是圣贤和极少数精英才拥有的。例如,五代时《开成石经》的雕版刻印,就使得十二部儒家经典的国子监印本,成为后世历代传刻和士人学习的权威版本,大大促进了儒家经典学说的传布。印刷的这种固化作用,还推动了早期版权观念的萌芽和发展。许多作者和出版机构为保护自身权益,在印本上刻上牌记。宋代程舍人在其刻印的《东都事略》目录后有长方牌记云:"眉山程舍人宅刊行。已申上司,不许复版。"[1]这是关于版权保护的较早文字记载,另外这也反映了当时已出现了盗版现象。宋代段昌武的《丛桂毛诗集解》三十卷在国子监登记有"禁止翻版公据",并提出了"禁止翻印理由":一是"平生精力,毕于此书";二是"一话一言,苟足发明,率以录焉";三是"校雠最为精密";四是若其他出版商嗜利盗版"则必窜易首尾,增损音义",这也是最重要的理由。[2] 可见不良出版商的盗版行为带来的文本篡改和错漏的问题会给人们的阅读带来困扰。因此选择合适的版本对于读者治学尤为重要。

---

[1] 叶德辉:《书林清话 书林余话》,长沙:岳麓书社,1999年,31页。
[2] 叶德辉:《书林清话》卷二《翻板有例禁始于宋人》,载《书林清话 书林余话》,长沙:岳麓书社,1999年,32页。

此外,印刷技术普及,雕版印刷业迅速发展,也带来版本选择的问题。中国古代刻书有官刻、私刻和坊刻三大系统,宫廷、藩府、书院、书坊、私人都有印刷出版活动,于是出现了多种印刷版本。有些版本校勘仔细,刻印精良,如一些流传后世的宋版书;有些版本错漏百出,粗制滥造,如明代的某些坊刻本。书籍版本的质量良莠不齐,这就给阅读带来了困难,读者须面临选择何种版本的问题。选择好的版本是人们治学读书的基础。例如,宋版书因其刻印精良和流传稀少,有很高的保存价值和阅读价值,故世人多以宋版书为贵,或为治学,或为显富;或珍视有加,或顶礼膜拜,佞宋之风历代不衰。再如晚明时期著名私人刻书家毛晋,在四十余年里刻书六百多种,有十万多块书版。其所刻图书校勘认真,技术精良,故后人对"毛刻本"一直颇为推崇。

(2)精读和泛读的问题

精读是对极少数文本长期反复的阅读,泛读则相反,是对更多文本的阅读,是查阅式或浏览式的阅读。在手抄本时代,文本的种类和数量很少,精读为人们主要的阅读方式。在印刷文本大量出现以后,人们开始泛读,浏览各类书籍,对于少量书籍的精读和大量书籍的泛读,成为人们主要的阅读方式。

印刷术发明后书籍大量增加,有的学者认为书易得以致人们读书不认真,如苏轼在《李氏山房藏书记》中就感叹学子"束书不观,游谈无根"。他说:

> 自秦汉以来,作者益众,纸与字画,日趋于简便,而书益多,世莫不有,然学者益以苟简,何哉?余犹及见老儒先生,自言其少时,欲求《史记》《汉书》而不可得;幸而得之,皆手自书,日夜诵读,惟恐不及。近岁市人,转相摹刻诸子百家之书,日传万纸。学者之于书,多且易致如此,其文词学术,当倍蓰于昔人;而后生

科举之士,皆束书不观,游谈无根,此又何也?①

朱熹也说:

> 今人所以读书苟简者,缘书皆有印本多了……盖古人无本,除非首尾熟背得方得。至于讲诵者,也是都背得,然后从师受学。如东坡作《李氏山房藏书记》,那时书犹自难得。晁以道尝欲得《公》《谷》传,遍求无之,后得一本,方传写得。今人连写也自厌烦了,所以读书苟简。②

这些言论反映了印刷文本的大量增加所带来的阅读习惯的变化,以及当时一些学者对这种变化所持的态度。

综上所述,印刷文本的出现和普及促进了社会阅读的转型。印刷术的发明是人类文明发展史上的一个转折点,因为它打破了中古时期极少数人对阅读和文化的垄断,造就了知识和文化向社会下层转移的契机,使较大范围的社会阅读成为可能。其具体表现是社会阅读的相对繁荣、读者阶层的相对下落、阅读的功利化和通俗化。中国古代阅读文化从宋代以后进入繁荣期。不过,这种阅读实践的发展仍然只是相对的,就阅读范围来说,儒家经典仍然占据重要地位,书籍类别仍未突破《隋书·经籍志》中所定四部类书(经、史、子、集,附佛经、道经)的藩篱,依南宋郑樵《通志·艺文略》中所列类目来看,自然科技类书所占比例非常小。就阅读群体来说,虽然公卿贵族、宗室达官的绝对垄断地位被打破,扩大到了其他阶层,但是仍然以官僚士大夫阶层为主。读书人口总数也不多,据统计,崇宁三年(1104),

---

① 苏轼:《苏轼文集》卷十一《李氏山房藏书记》,北京,中华书局,1986年,359页。
② 朱熹:《朱子语类》卷十《学四·读书法上》,黎靖德编,北京:中华书局,1986年,171页。

整个宋朝辖区的总人口约1亿,学生总人数才21万多①,占总人口的约0.2%,入学率依旧很低。就阅读实践来说,以大众化、通俗化、多元化为特征的大众阅读并未兴起。

需要说明的是,技术的革新和文本的变迁只是促成阅读革命发生的重要因素,而不是决定因素,阅读革命的产生是在社会历史文化环境中各种因素综合作用的结果。"阅读的革命将两场运动联系在一起,一是读者群体大为扩大,二是阅读的实践、目的及社会分配的性质的改变。"②在西方,直到18世纪末,在资产阶级工业革命、政治革命、宗教改革的推动下,公共领域出现,大众阅读才在欧洲各国先后兴起。而在中国,直到19世纪末20世纪初,西方机器印刷术的传入和普遍应用、西学东渐的影响,促进了中国现代社会的变革和发展,图书出版更加快捷,报纸杂志等大众读物不断涌现,给传统阅读带来了巨大冲击,真正意义上的大众阅读才开始兴起。

在19世纪末20世纪初的阅读转型中,值得关注的课题是文本文字符号的变迁对阅读的影响。阅读的过程其实是对文字符号的意义进行阐释的过程,文字符号的变化影响着人们的阅读观念、阅读习惯和阅读方式。随着印刷文本的普及以及社会的发展,文本文字符号和口语符号之间的差距,及其对阅读发展的阻碍,越来越被人们所认识。19世纪末20世纪初许多有识之士积极开展和推动白话文运动,编制、推行白话文教科书,并在课堂教学中逐步用白话文取代传统的文言文,使教育走向平民化,普通民众有了受教育的机会。同时白话文教材与儿童口语接近,更利于儿童阅读和接受。白话文运动逐渐扩展到社会文化领域,大量图书报刊采用白话文,实现了书面语言与

---

① 黄以周等:《续资治通鉴长编拾补》卷二十四《崇宁三年十一月丙申》条引罗靖《杂记》,北京:中华书局,2004年,828页。
② 弗雷德里克·巴比耶:《书籍的历史》,刘阳等译,桂林:广西师范大学出版社,2005年,278页。

日常生活口头语言的基本统一，从而使知识走向平民，走向大众，大大拓展了人们的阅读视野。

从手抄本到雕版印刷文本，再到机器印刷文本，是文本变迁过程中的两次重大转变。有了印刷文本，人类的知识才得以更方便、更高效地保存和传播，人类才得以更快、更好地获取知识、积累知识和创造知识。这两次文本演进的意义是极其深远的，至今印刷文本仍然在人们的阅读活动中占主导地位。

第五节　电子文本时代的阅读

一、文本形态的多元化

随着电子信息技术的飞速发展，20世纪下半叶以来文本形态发生了巨大变化。电子计算机和网络的普遍应用，促进了文本形态走向电子化和网络化，催生了新的阅读革命。一方面，图像文本和超文本形态飞速发展；另一方面，人们利用现代多媒体技术和数字技术不断将原有的印刷文本转换为图像文本和电子网络文本。在图像文本和电子网络文本的巨大冲击下，人类的阅读逐渐进入了读图时代和网络阅读时代。

二、电子文本时代的阅读特征

1. 读图时代

图像在文本中的地位日益凸显，图书市场上图文本风行。目前市场上流行的图文书可粗略分为三大类：一是以绘图或图片为主要表现方式,以文字作为补充的印刷型出版物,其代表形式是漫画、卡通读物;二是图片、文字互相辉映,互相阐释,所占版面基本持平的图文出版物;三是基本上属于文字类的图书,只配以少量象征性图片,与传统的插图书相似。图文书的风行引导了"读图时代"的到来。读图在一夜之间成为社会时尚:图书中插图、照片所占比例越来越大;绘画、摄影、电影、电视、卡通、漫画、商业广告影像铺天盖地;古典艺术、精英文化也不断地以图形、图片的形式展现在人们面前。印刷文字似乎逐渐成为图像符号的附庸和注释。

读图时代的到来,是由图像文本的符号特征和消费社会的性质所决定的。首先,由于传统印刷文本诉诸抽象的文字符号,对它的接受必然伴随着对一定词语的理解、组织和选择,也必然更多地需要理性和思考,从而难以从中获得直接的阅读快感。而图像文本则直接诉诸人的视觉系统,以直观的图画取代繁多的文字,形象生动,浅显易懂,为读者节省了大量时间。其次,随着消费社会的到来,阅读更多地承担了休闲娱乐的功能,人们越来越追求感官愉悦,追求新奇时尚,图像文本将相对沉重的阅读变成了轻松的视觉享受,适应了人们的阅读需求。

图像文本的飞速发展,深刻地影响了人们的阅读方式,甚至生活方式。有学者认为,随着电脑多媒体技术及网络通信技术的迅速发展,阅读对象发生了重大的变化,视觉文本占据了文化的主导地位,从而使传统的阅读动机、阅读心理机制、阅读性质、阅读效应、阅读价值等受到了严重的消解。[①]

2.网络阅读

在信息时代,文本有限存贮空间与文本信息无限增长的矛盾日益尖锐,特别是纸质文本载体的时空局限性严重妨碍了文本信息的

---

① 赵维森:《视觉文化时代人类阅读行为之嬗变》,载《学术论坛》2003年第3期。

快速传递和资源共享。因此，为满足人们对文本信息的高效率需求的新兴文本载体也就应运而生了。20世纪中期以来，相继出现了缩微胶卷、缩微平片、磁带、磁盘、光盘、U盘、移动硬盘等新型文本载体。

文本的电子化和网络化，是现代信息技术高速发展的产物。它主要运用了"超文本"技术。"超文本"概念出现于20世纪60年代。80年代中期，随着光记录技术的进步，超文本日益广泛地应用于单行电子出版物。从90年代初开始，由于超文本标识语言（HTML）的问世、万维网（WWW）的建立，超文本成为在线电子出版物最为流行的形式。在一定意义上，超文本是作为线性文本的对立物出现的。基于印刷术发展起来的传统文本，以线性文本为主体。多数出版物通过章节设置、页码标注等方式规定了阅读顺序，读者必须逐页、逐段、逐行甚至逐字阅读，才能实现对内容的理解。超文本则是一个非线性的网状结构，以结点为单位组织信息，以链接方式构成表达特定内容的信息网。读者在阅读时可以根据实际的需要，利用超文本机制提供的联想式查询能力，迅速找到自己感兴趣的内容和有关信息。

电子图书（E-book）是"超文本"技术的一种表现形式。电子图书具有许多不同于传统纸质图书的特点。例如，容量大；功能齐全，界面友好，有封面、插图、版式，可整页显示，也可翻页、加批注、加书签、画线和折页等；使用方便，利于查找和检索；多媒体格式；自带辞典等工具书；工作文档通过随机赠送的软件转换成电子书格式，即可随时随地查阅。另外，它还具有便于携带、节约纸张、利于环保的优点。尽管如此，但电子图书发展还不成熟，目前仍受到消费成本、传统阅读习惯、知识产权、数字化标准等因素的制约。作为一种新的文本形态，在很长一段时期内，电子图书不会完全取代传统图书，但是文本的电子化、网络化趋势则是信息时代的一个显著特征。

文本的电子化、网络化带来了一种新型阅读方式——网络阅读。

网络阅读有实时在线阅读和下载离线阅读两种方式,后者根据载体的不同又可分为两种方式,即以 PC 或终端为载体和以手持阅读器为载体的阅读方式。在电子文本部分地取代纸质文本之后,阅读的含义就不仅是文字的阅读,而且包括对图像和声音的接受,这种阅读以立体传播方式和互动性为主要特点。

与传统阅读相比,网络阅读具有如下一些优点:阅读方便快捷、互动性增强;阅读内容更广泛;可以利用多媒体、超文本来全面调动读者的阅读感官,这在一定程度上有利于增强阅读效果。但是网络阅读也有其负面效应,如必须借助于一定的电子设备、视觉易疲劳、易迷失于网络之中、阅读选择困难等,此外它还受到计算机技术水平和网络普及程度、读者阅读习惯、读者文化水平和经济条件等因素的制约。对不同类型的文本,读者的阅读习惯和阅读效果也有差异。

美国学者斯文·伯克茨在《读书的挽歌——从纸质书到电子书》一书中对电子时代的阅读现象进行了深刻揭示和反省。他说:"原来认真阅读严肃图书的行为已经变成了挽歌式的举动。"他又分析了技术的进步如何带来了阅读的变化:

> 一种处理信息的方式会让位于另一种方式。把这些全部集合起来即是一个巨大的关于这个世界的态度、观念及理解力的矩阵。我们可借助于增益与损失的概念来考虑这个问题。以电子为特征的后现代时期可以说对每个人产生了如下的增益:(A)"大画面"的意识增强了,即承认极其错综复杂的交互关系这样一种全球观念;(B)神经感觉能力增强了,即可同时接受多种刺激的能力;(C)以相对的观念理解各种情形,这有助于消除固有的偏见,且常常表现为一种容忍态度;(D)实事求是且不受羁绊的欣然状态,以及尝试新形势和新方法的意愿。同时在损失的一栏里则包括:(A)支离破碎的时间观念,所谓持久经验的消失,

我们将其与幻想相联系的那种深度的消失;(B)注意力集中的时间下降,对长时间的探询普遍不耐烦;(C)对制度及解释性小说信念的动摇,而过去使我们产生了主观经验的正是这些制度和解释性叙述;(D)与过去截然分离,不再视历史为一种累积性的或有机的过程;(E)与地理位置及社会疏远;(F)缺乏对个人或集体前途的强烈关注。①

他对技术发展导致的深度阅读缺失的现象深表遗憾,但他仍然坚信:

> 真正的进化奇迹不是技术而是语言。我仍不放弃这种观念,即文学经验能够提供其他领域无法提供的智慧;不管作家得提供何种更为深奥的东西,接触文字都能产生深奥的思想;由于许多理由,装订成册的书籍就是书面文字的理想载体。②

3. 传统的图书阅读受到冲击

信息时代的一个重要景观就是视觉文化的出现,视觉文化主要指"以影视图像符号作为基本表意系统,以凭借光电信道的影视及电脑多媒体作为传播介质,与传统印刷文化相对应的新型的文化艺术形态"。③ 其基本特征就是阅读文本的多元化,体现为传统印刷文本和视觉文本共存、视觉文本形态飞速发展。视觉文本以影视图像为主要载体,组织了声音、语言、文字等一切可以利用的符号形式与介质,形成了大一统的多媒体世界,包括摄影、图片、电影、电视、卡通、

---

① 斯文·伯克茨:《读书的挽歌——从纸质书到电子书》,吕世生、杨翠英、高红岭译,北京:中国对外翻译出版公司,2001年,29、30页。
② 斯文·伯克茨:《读书的挽歌——从纸质书到电子书》,吕世生、杨翠英、高红岭译,北京:中国对外翻译出版公司,2001年,6页。
③ 赵维森:《视觉文化时代人类阅读行为之嬗变》,载《学术论坛》2003年第3期。

动画、多媒体、数码成像等多种形式,超文本与多媒体的融合还产生了超媒体。文本的多元化发展,使得人们对文本的选择倾向更趋于分散和多元化,图书报刊等传统媒体受到电视和网络媒体的挑战,传统的图书阅读也受到了前所未有的冲击。

综上所述,文本是阅读文化的物质基础。阅读依赖于文本而存在,同时又以读者为中心,读者对文本的认知过程,是读者与文本相互影响的过程。可以说,文本是经过人类加工处理、付诸一定载体形式的,并在阅读过程中通过与读者的交流、互动实现其意义的知识信息。其构成要素有知识内容、记录符号、记录方式、物质载体和呈现形态,其中任何一个要素的变化都会带来文本的变化,从而使文本具有多样性。文本的变迁是社会发展的产物,从全球范围看,文本的变迁大致经历了三个重大演进阶段。文本的变迁带来了阅读的变迁。文本经历了从手抄本时代到印刷文本时代,再到电子文本时代的过程,每一次变迁必然带来阅读方式、规模和功能的变化。然而,同一发展阶段也存在多种文本形态并存的现象,某一时期文本形态的选择,受当时文献发展的客观需要、社会生产技术、读者个人的阅读兴趣等多种因素的制约。

第三章　社会环境与教育对阅读的影响

阅读文化的社会环境是指阅读文化赖以形成和发展的社会基础与条件,具体指社会经济条件、出版业、图书馆、家庭、社区等。任何一种文化的建设都离不开社会基础的支撑,社会经济、出版业、图书馆事业、教育事业的发展状况决定着阅读文化的特征与差异。通过对社会经济水平、出版物种数和数量、各类读物的销售和借阅状况、社会教育水平和识字率等因素的分析,可以比较不同时期和不同地区阅读文化的发展状况。出版社、书店、图书馆、学校、社区等都是开展社会阅读活动的重要主体,阅读文化的建设,需要各种社会力量共同参与,从改善社会阅读的基础环境入手,营造良好的社会阅读风气。

第一节　经济条件对阅读的影响

无论作为个体活动的阅读,还是作为社会活动的阅读,都受到经济条件的影响和制约。

对个人阅读来说,阅读活动必须以一定的经济条件为前提。美国心理学家马斯洛认为,人的基本需要有生理的需要、安全的需要、社交的需要、尊重的需要、求知的需要、求美的需要和自我实现的需要七个层次,只有当低级需要得到适当的满足后,后一较高级层次的需要才会出现。根据这个观点,阅读是人类为了满足求知的需要而产生的行为,它必须在人们较低层次的需求得到满足之后才能实施,而这些需求的满足要以一定的经济条件为前提。人们只有在衣食丰足之后,才会去读书、藏书,才能享受阅读的快乐。

阅读作为一种社会文化活动,其社会性特征主要表现在社会整体的阅读能力、阅读方式、阅读水平和阅读结构等方面。社会阅读能力,是在一定的社会发展阶段读者获取文本并进行阅读消费以满足精神需要的程度和能力。社会阅读方式,是指社会中普遍存在的或占主体地位的读者和文本相结合的方式。社会阅读水平,是指社会阅读活动发展水平的实际状况,它反映了一定时期内人们阅读需要的实现程度,包括社会总体阅读量、人均阅读量和阅读时间等。社会阅读结构,是指不同文本在社会总体阅读种类和数量中所占的比重。社会阅读结构根据不同的标准可分为不同的类别,从满足需要的层次来看,可分为消遣阅读、学习阅读和研究阅读等形式;从文本类别来看,可分为图书阅读、报刊阅读、网络阅读等形式。

一、经济基础是阅读产生和发展的前提条件

根据历史唯物主义的观点,经济基础决定上层建筑。阅读作为一种社会文化活动,它的产生和发展必须以一定的经济基础为前提,要受到一定的社会物质生产方式的制约。

首先,阅读活动的产生是社会经济发展到一定阶段的必然结果。经济作为社会环境要素,主要是指特定阶段的物质生产水平和能力。

阅读活动随着文字和文本的产生而产生，而文字和文本是人类社会发展到一定阶段的产物。一方面，以生产劳动为中心的社会实践的实际需要，是文字和原始文本产生的直接动因；另一方面，人类早期社会生活决定了人类原始阅读文本的内容和形式。因此，经济基础对阅读文化的产生具有关键性和决定性的作用。

其次，社会经济基础的更替嬗变，是推动阅读变革的最深刻的社会根源。人类的阅读需求、阅读对象、阅读方式的发展以及阅读热点的转移，都和经济基础的影响相关。从阅读需求来看，当社会经济发展到一定程度时，人们对读物的要求变得更挑剔和苛刻，不仅要求内容实用，而且要求在阅读中获得更多审美的、精神的、情感的满足。从阅读对象来看，社会物质生产方式对图书的出版、流传和收藏都有着决定性的影响。随着社会经济的不断发展，文本的数量和种类剧增，知识内容日益广泛和丰富，文本的流通和传播也日益广泛和方便。文本形式的变迁经历了从甲骨、金石到简策、帛书、纸本，再到现在的电子载体的过程。文本复制方式的变迁经历了从抄写到雕版印刷、活字印刷、铅字印刷，再到现在的电子出版、网络出版的过程。阅读方式的变迁经历了从音读到默读，从精读到泛读、速读，从早期的精英阅读到大众阅读兴起的过程。人类阅读史上的重大变革，都是经济基础嬗变的结果。

二、社会经济发展水平决定着阅读社会化的普及程度

阅读社会化的普及程度，是社会阅读发展程度的重要指标，主要表现为社会阅读能力的大小、社会阅读水平的高低、社会阅读方式是否先进、社会阅读结构是否合理。它的衡量指标主要如下：一个社会阅读人口的数量、识字率、各层次受教育人口的比重、阅读活动的社

会参与程度及影响大小等。阅读社会化的普及程度受到社会经济发展水平的制约和影响。

第一，国家的经济实力是影响社会阅读普及程度的重要因素。阅读在某种意义上表现为图书的消费过程，图书的消费包括有偿消费和无偿消费两种类型。图书的消费支出是由社会和个人共同承担的。就社会承担的方面来说，表现为政府部门和社会创办的各级各类图书馆。图书馆投资比例是影响社会阅读普及程度的一个重要因素，而国家在这方面的投资要受到国家总的经济能力的制约。

第二，家庭经济收入水平影响家庭阅读状况。家庭是社会的基本单位，家庭阅读是社会阅读的组成部分。家庭经济收入水平制约着家庭图书消费能力，一般来说，家庭阅读状况与家庭收入水平的高低成正比。中国古代大藏书家一般出身于高门豪富，即是例证。家庭经济条件越好，越有可能买书、藏书，更有条件阅读。不过，有学者研究发现，家庭用于图书消费的开支达到一定的值后，其比重随生活费支出的增加呈下降趋势，原因可能是人们的图书需求量有一个稳定的峰值，或者是图书消费的弹性较大。"经济支付能力对人们的文献消费有较大的制约作用，文献消费是一项弹性很大的消费。在收入水平不高的情况下，它特别容易受到其他必需消费项目的挤压，对消费品价格的反应也十分灵敏。"[①]

第三，社会经济发展水平往往决定一定社会的基本阅读群体。社会经济发展水平的高低直接决定了读者购买图书和收藏图书的能力。历史上，早期的阅读都是精英阅读，读书是少数人的特权，即使在大众阅读兴起后，读书也是经济相对宽裕的人所从事的活动。

第四，不同地区的经济实力决定着该地区的阅读发展程度。经济的发达会刺激图书的收藏和阅读，图书的收藏又总是与图书的著

---

① 卿家康：《文献社会学》，武汉：武汉大学出版社，1994年，230页。

述、印刷、流通有直接关系；人们阅读兴趣的大小和读写能力的高低取决于社会文化教育水平，而社会文化教育是建立在一定的经济基础上，并受其影响和制约的。中国自南宋以来，东南地区作为文化中心，读书风气浓厚，诗书世家和文化人才辈出，这与南宋以来中国经济中心由中原和西北地区转移到东南地区紧密相关，江浙发达的经济是这一地区阅读活动繁荣的重要物质基础。因此，经济发达的地区往往出版业发达，藏书机构和藏书家众多，教育和文化水平较高，从而阅读文化发达。

第五，社会经济因素通过图书价格这一杠杆作用于社会阅读。识字率和阅读成本，是直接制约社会阅读的深度和广度的两个必要条件。识字率取决于教育发展水平，与社会经济条件息息相关。图书价格作为阅读成本的核心表征，对社会阅读起着杠杆作用。图书价格往往是决定读者是否有能力买书或是否有意愿买书的重要因素。只有当图书价格接近日用品价格时，才能使社会上出现大规模的阅读活动成为可能。有研究者认为，经济因素往往比识字程度更能制约大众对于图书的购买和阅读。[①] 在中国古代社会，图书价格通常有以下四个方面的制约因素：一是物质工本的条件，如雕刻、抄写的质量，用纸的好坏；二是形式上的条件，如精粗之别，美恶之感，工拙之高下；三是内容上的要素，如正伪、时代的远近等；四是发行上的因素，如刻印地的远近，是否畅销，是否罕见，是否急用等。[②] 通常来说，图书成本直接制约着图书价格，体现了阅读成本的高低。手抄本书比刻本书成本要高，生产效率也低，所以价格高。在现代图书生产中，影响书籍成本的最重要的因素，一是生产技术的革新，二是市场

[①] 佩瑞·林克：《论一二十年代传统样式的都市通俗小说》，载贾植芳：《中国现代文学的主潮》，上海：复旦大学出版社，1990年，124页。
[②] 肖东发：《中国编辑出版史》，沈阳：辽宁教育出版社，1996年，252页。

需求。只有当书籍在大量社会需求的刺激下,大规模的书籍生产和销售才成为可能,书籍成本才可能普遍降低,降低到大众能够购买的水平。而社会需求和技术革新,都是社会经济发展的结果。

第六,社会经济水平影响着教育发展规模。以中国古代经济发展和教育兴衰的关系为例,据姜国钧的研究①,中国古代史上经济波动与人口波动的情况基本一致,大体上看,经济和人口增长与教育同步波动(见下图)。从公元前6世纪至18世纪末,中国教育先后经历了三个发展周期:第一个周期是从春秋末年至东汉末年,第二个周期是从魏晋至五代,第三个周期是从北宋至18世纪末。经济的衰落往往造成教育的衰落,如在魏晋南北朝、唐末五代时期。而在经济繁荣、人民富庶的时期,教育也随之兴旺发达,如在两汉、唐朝、北宋以后。

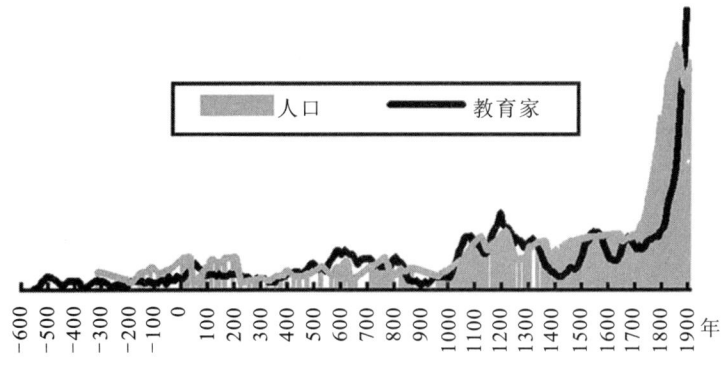

中国古代人口和教育发展态势图

总之,经济的发展往往带来图书生产、收藏和消费的繁荣,以及教育规模的扩大和教育水平的提高;经济的衰退往往造成图书生产、收藏和消费量减少,教育规模萎缩,教育水平下降。而图书生产、收藏和消费的品种与数量大体可反映社会阅读的范围和数量,教育发

---

① 姜国钧:《中国古代经济发展与教育盛衰》,载《教育与经济》2005年第2期。

展规模和水平大体可反映社会上阅读人口的多少和阅读能力的高低。一般来说,社会阅读的发展状况与经济发展水平成正相关的关系。因此,阅读文化建设的基础和前提是大力发展国民经济,只有提高社会经济发展水平和人民物质生活水平,才能为社会阅读的发展提供基本的保障。

第二节　出版业与社会阅读

一、出版与阅读的互动关系

图书是知识的宝库,对人类文明的传承和发展起着极其重要的作用。从历史上看,阅读是伴随着文字符号的产生而出现的。而文本的生产和复制是出版的前提条件,因此阅读的历史比出版的历史更为悠久。

如果将出版和阅读置于社会化再生产过程中来看,出版是出版物的生产过程,而阅读可以说是出版物的最终消费过程。出版与阅读都是出版物再生产过程中的重要阶段,两者是互为条件、相互制约、相互依存的关系。

1. 出版对于阅读的作用

出版是阅读得以实现的必要条件,决定着阅读的内容、质量和方式。出版为阅读提供必要的对象,使阅读得以实现。出版者为读者提供的不是抽象的产品,而是具体的出版物。不同内容和形式的出版物决定着阅读的不同方式,例如出版物载体的不同就决定了看、听、视听综合的不同阅读方式。出版物的不同类别有时也会影响阅读方式,如读厚重严肃的经典著作、学习教材时人们常正襟危坐,读休闲雅趣的散文小说、随笔小品时人们可随意慵懒。清人张潮《幽梦影》云:"读经宜冬,其神专也;读史宜夏,其时久也;读诸子宜秋,其致别也;读诸集宜春,其机畅也。""经传宜独坐,史鉴宜与友共读。"①

出版业的发展状况和服务水平影响着读者阅读需求的满足程度。发达的出版业不仅能向市场提供丰富多样的出版物,满足读者的阅读需求,而且能营造良好的文化氛围,诱发读者的潜在阅读需求,刺激社会阅读需求的增长。另外,高质量的服务水平会促使读者购书和阅读等行为的实现,并且还会通过留给读者的良好印象而影响读者长远的阅读需求和阅读行为。

优秀的出版物能培养和提高读者的阅读品位及阅读能力。人类任何能力的获得都是实践的产物,人的阅读能力也是阅读实践活动的产物。读者要提高阅读能力和阅读品位,必须经历一个受教育的过程,这需要师长、批评家等中介者的引导,但更重要的是需要自己进行阅读实践。读者的阅读对象是由出版者提供的,提供的阅读对象层次不同,对读者起到的教育作用就不一样。人们多读好书,才能提高阅读水平和审美趣味。只有为读者提供高质量的作品,出版者才能更好地履行其社会职责。

2.阅读对于出版的作用

阅读是实现出版物价值的途径。首先,出版物再生产过程,与其他商品一样,是由生产、分配、交换、消费等环节构成的,消费是其中的重要环节。出版物价值的实现要靠读者对图书的购买和消费,而读者的阅读需求是购书行为的主要动因,从这个意义上说,阅读是实现出版物价值的途径。其次,出版物是一定的物质属性(具体形态)和一定的知识内容(抽象形态)的统一体。知识内容是构成出版物的

---

① 转引自王三山:《文人书趣》,武汉:武汉大学出版社,1994年,365页。

必要因素,是出版物的本质属性,也是出版物的价值所在,而这种价值的实现,也必须通过阅读的途径。

阅读为出版提供智力资源。阅读对民众思想道德和科学文化素养的养成与提升起着关键性作用。阅读的这种文化特性和功能,使它塑造并培养了具有一定的创作能力、阅读能力、理解能力、分析能力、思考能力的有文化的人。从这个意义上说,阅读为出版业提供了其赖以生存和发展的智力资源。

阅读是出版的前提和目的。出版的动机来自人类的阅读需求,出版的发展是阅读推动的结果,阅读的这种内在动力作用,主要表现在两个方面。其一,阅读是出版活动的最终目的。没有阅读目标的出版活动无法开展,更无法延续。其二,阅读能创造新的市场需求。出版者生产什么图书,生产多少,都是根据读者需求而决定的,而需求必须通过阅读实践才能得到满足。这种需求是一个数量由少到多、内容层次由低到高的渐进过程,它是通过图书阅读的层次性变化实现的。阅读不断发展,使需求不断实现;需求实现了,又产生新的需求,从而促进出版物生产与流通的不断发展。从这一意义上说,不断创新,满足读者不断增长的阅读需求是出版业实现发展的内在动力,是出版工作的任务和使命。

读者的阅读期待影响着出版业的发展方向和结构。首先,读者的阅读期待对作者的创作产生直接影响。接受反应理论认为,文本价值的真正实现不是靠作者,而是靠读者。读者的阅读不是被动的接受行为,而是能动的创造行为。作品中的形象是作者和读者共同创造的,且最终由读者来完成塑造。因此,作者任何时候都必须要考虑到读者的阅读期待,否则就不可能创造出真正让读者喜欢的作品。在大众媒体发达的情况下,读者的阅读期待能够迅速而广泛地反馈给作者。所有反馈性的信息都将对作者产生一定的影响,左右其某一创作倾向的发展或改变。从这一意义上说,读者不仅是作品的接受者和理解者,而且是创作的推动者。好的读者群将推动优秀作品作者群的产生,庸俗的读者群将推动庸俗作品作者群的产生。创作作为出版的源头,直接影响图书市场的性质和结构,影响出版业的发展方向。

读者的阅读期待通过市场作用于出版业。出版是作品创作和阅读消费这二者之间的中介,出版行为的主要依据来自作者和读者。巴金曾经说道:"我过去搞出版、编丛书,就依靠两种人:作者和读者。得罪了作家,我拿不到稿子;读者不买我编的书,我就无法编下去了。"[1]出版者必须找到一条调适作者和读者之间关系的途径,但由于大众读者的选择将最终决定图书的命运,因此,出版者会根据大众读者的喜好对作者施加一些影响,这种影响体现在出版者的选题策划和内容设计中。

读者的阅读水平影响着出版业的发展方向。阅读期待,意味着读者对阅读对象是有选择的,这种自觉或不自觉的选择,都隐含着读者对于创新和发展的追求,这种选择客观上刺激了出版业处于不断创新和发展之中。然而,读者的选择受到阅读水平的限制,阅读水平越高,对读物的要求也越高。反之亦然。这就形成了良性循环或恶性循环:出版者生产出来的图书产品质量越高,就越有利于读者阅读欣赏水平的提高,读者对出版业的推动作用就越大;出版者生产出来的图书产品质量越低,越能造成读者的阅读欣赏能力降低,对出版业的消极影响就越大。从这一意义上说,阅读实践的效果决定了读者阅读水平,从而影响出版业的发展方向。

3. 出版与阅读的关系的变迁

随着社会的快速发展,出版和阅读的关系也在发生深刻的变化,

---

[1] 巴金:《上海文艺出版社三十年》(代序),载李济生:《巴金与文化生活出版社》,上海:上海文艺出版社,2003年。

社会阅读在图书再生产中的地位越来越重要,对社会文化生活的影响也越来越大。图书的创作、出版越来越受到阅读市场的支配。图书出版一般可分为教育出版、专业出版和大众出版三大板块,在大众出版物市场上,出版物受阅读市场的支配的倾向尤其明显。大众阅读的趣味和选择对出版物市场的结构起着决定性的作用。作者的写作活动、编辑的选题策划和出版社的出版活动越来越市场化。

出版社日益注重图书的营销宣传,关心读者的阅读需求,从而促进了社会阅读的发展和图书市场的繁荣。但出版结构和大众阅读也呈现出一些异化现象。一方面,随着电子媒介的迅速发展、生活节奏的加快、竞争压力的加剧,国民阅读率相对走低,大众阅读呈现功利化、通俗化、快餐化趋势,这种趋势显然对人们个性的养成、思维的训练不利,乃至对社会和国家的进步都有消极影响。而有的出版社盲目迎合市场,导致奇幻、武侠、言情等通俗娱乐图书和动漫、图文、名著快读等快餐读物充斥市场。另一方面,有的出版社仍存在观念误区和短视行为,组织和参与社会阅读活动的主动性还不够,认为借此难以迅速获得显著的经济效益。出版和阅读的这种异化现象,对出版界积极思考对策、参与建设阅读社会提出了迫切要求。

二、出版业在建设阅读社会中的责任与举措

1. 引导社会阅读

作为精神文化的生产部门,出版业必须坚守自身的根本使命,传承与提升人类文化和智慧,而不能屈从于市场短期利益,一味媚俗甚至追求恶俗、低级趣味,跟风出书,否则,毁掉的不仅是大众阅读的品位,更是出版自身。出版人应该担负起多出好书,提升大众阅读品位的职责。这就要求出版人需进一步提升策划水平,提高出版物质量。

每个出版社都应了解自己的目标读者群及其阅读需求。编辑在进行选题策划时要有针对性,根据社会形势与政策走向、受众群体和阅读预期、行业前沿和走势来策划选题,进行相应的图书内容、开本、用纸、版式的设计,打造精品图书。为了避免跟风和重复出版,出版人还必须深入了解并引领读者的阅读取向,使读者的阅读取向既与自己最初的理解有承继关系,同时又有一定程度的发展。这是对读者阅读取向的重新调整和培养以及出版策划思路的创新,只有这样,出版人才能使出版的图书免于低俗平庸,才能多出好书,从而培养和优化自己的阅读群体。

2. 开拓阅读市场

(1)重视市场调查和读者调查

出版社应重视市场调查和读者调查,可以参考、利用其他研究机构和咨询公司提供的国民阅读调查数据和图书市场监测数据等,有条件的可成立专门的市场调查部门。一般来说,出版社进行市场和读者调查的内容包括选题调查(读者需求调查、竞争者产品的调查、销售渠道的调查等)和效果调查,卖场访谈、举行座谈会、发放问卷、参加书展等都是调查的方法。通过对市场信息和读者信息的收集和处理,出版社能够更好地把握自己的市场定位,从而提高选题和市场销售的成功概率,降低盲目出书和重复出版的风险。

(2)重视营销宣传

高水平的营销宣传可以提高发行效率,使图书的流通更为顺畅。对于优秀图书,出版社应当在营销活动中,积极引导读者购买与阅读。目前常见的营销宣传方式有新书发布会、签名售书、主题活动、出版研讨会、读者调查、知识竞赛、销售商大会、读者见面会、为专书设立网站等。

随着新媒体的快速发展,出版社首先要在选题策划和内容设计中注入新的营销理念,如通过图书产品形态的创新,实现图书的"立体化"开发,满足读者的需要。其次,出版社要加强与媒体之间的联系,尤其是加强与强势媒体的互动。电视和网络作为强势媒体,虽然挤占了一些阅读空间,但是同时也会给图书出版带来一些机遇,电视和网络热播节目不仅为图书开发带来灵感,也会带动相关图书的热销。最后,出版社要重视开展微博、微信等新媒体宣传,使宣传形式多样化。

(3)增强服务意识,提升服务质量

在和作者、图书经销商、图书馆、读者的沟通过程中,出版社要做好服务工作,协调各种关系,提高服务效率,特别是要加强信息服务,拓宽信息发布渠道,将图书信息及时、准确地传递给销售商和读者。图书馆是一个重要的阅读市场,很多出版社非常重视馆配市场的开发,并安排营销人员定期访问图书馆、发送新书目录、在出版社网站上开辟图书馆专区和论坛、提供书目数据下载,借助于新媒体手段向广大图书馆用户提供最新出版信息。

3.积极组织和参与社会读书活动

联合国教科文组织早在1982年就提出了"建设阅读社会"的目标,并于1995年第28届大会上将4月23日定为"世界读书日",从此世界范围内的读书活动迅速发展,并保持了长期性和稳定性。

致力于全社会阅读风气的提升,这是整个出版行业共同的目标。因此,出版界应积极组织各类社会读书活动,引导读者多读书、读好书。此外,出版业还应该加强与其他各界人士的联合和交流,积极参与社会读书活动,因为社会阅读风气的培养需要各级政府机构、各类媒体、学会协会、书店、图书馆、学校等文化机构的共同参与。近些年来,我国读书活动蓬勃发展,许多书展和图书订货会向普通读者开放,参展的出版社除了给读者提供购书优惠外,还组织一系列面向读者的读书会、展示、评选、新书发布、现场演示、作者签售等活动。北京、上海、深圳、东莞等城市每年都举办读书节或读书月、读书周活动,对营造城市阅读风气发挥了积极作用。

第三节　图书馆与社会阅读

图书的收藏为阅读提供了条件,藏书种类、数量的多少影响并制约着读物获取的难易程度和阅读效果,藏书的开放程度影响着社会阅读的发展。中国古代的私人藏书机构作为一种个体的阅读空间,通常通过学术研究和文化教育为其提供延绵发展的内在动力。有藏书传统的家庭或地域,藏书之风与读书之风往往相得益彰,从而带动一族或一地阅读风气的提升,促进族群素质的提高和文教事业的发达。但是,古代私家藏书的私密性不利于社会阅读的发展。大众阅读的兴起和发展,则是在古代藏书楼向现代图书馆转型的过程中实现的。

一、从古代藏书楼到现代图书馆

现代图书馆的源头在西方,而中国近代图书馆脱胎于古代藏书楼。中国古代藏书楼不同于近代兴起的图书馆,古代藏书楼藏书的主要目的是保存、积累文化,而不是为了实现知识信息共享,其主要特征是封闭性很强。中国古代藏书大致可分为官府藏书、私人藏书、宗教藏书和书院藏书四大系统。官府藏书、宗教藏书和书院藏书主要是为了保存典籍,能被阅读的对象十分有限。私人藏书是一种以个体或家庭、家族为单位收集书籍的文化活动,也是在中国传统社会中个体进行阅读的主要方式。这些私人藏书的来源主要有抄录、购买、先辈遗赠、亲友交换互赠等。私人藏书和阅读虽有两千多年的历史，但是长期以来一直被限于少数阶层内，与之相对应的知识交流活动主要限于官僚士大夫阶层，正如历史学家吴晗所总结的："中国历来内府藏书虽富，而为帝王及蠹鱼所专有，公家藏书则复寥落无闻，唯士大夫藏书风气则千数年来，愈接愈盛。智识之源虽被独持于士大夫阶层……其有功于社会文化者亦甚巨。"①

然而，藏书楼客观上对社会阅读还是起到了一定的促进作用。古代藏书四大系统各有其服务的读者，在一定范围内满足了一定的阅读需要。古代藏书兼有收罗、编辑、整理、抄印、利用图书的职能，在文化、学术、教育等方面都发挥了积极作用。

官府藏书为其服务对象提供了阅读条件。官方藏书机构主要是历代秘书省，在秘书省工作的人员有便利机会阅读藏书。据统计，在历代秘书省工作的人员，大多是图书编撰家。② 他们作为著作者，必定是在大量阅读的基础上才能进行撰述。历代官藏都向高级官员开放。"北宋时，一些高级官员如因工作需要，还可经过一定手续将官藏借出。清代很重视官藏的利用，纂修《四库全书》时，曾将《永乐大典》作为资料；全祖望力倡从《永乐大典》中采辑佚书；徐松利用官藏《永乐大典》，辑集出《宋会要辑稿》，经过一批学者的努力，一些原本散佚的古籍，又重新流传。《四库全书》修成后，不仅宫中文渊阁可有条件地供人查阅，还在南北要地分建'六阁'，以便各地士人就近抄借阅，嘉惠士林，保存、普及文化，功不可没。"③同样，宗教藏书和书院藏书都为各自的服务对象提供了阅读的条件。正如图书馆学家谢灼华所指出的："无论何种形式的藏书，都有保存文献、提供阅读的功能。

---

① 吴晗：《江苏藏书家小史》，载《图书馆学季刊》第8卷第1期，1934年3月。
② 曹之：《中国古籍编撰史》，武汉：武汉大学出版社，1999年，489页。
③ 来新夏：《中国的藏书文化与人文主义精神》，载《书与人》1997年第4期。

漫言之,古代藏书的作用表现为:一是作为政事之参政、资政之手段,这可以官府藏书为例来证明;二是表现出学术研究之资粮、文化教育之根本,这可以私人藏书为例来证明;三是表现出保护文献与提供读本之特征,这可以宗教藏书为例来证明。当然,这是就其主要特点而言的,不同的藏书有不同的特点和社会作用,这是显而易见的。"①对于社会阅读所起到的作用,私人藏书在古代四大藏书系统中无疑是最大的。

《四库全书》保存点之一·北京故宫文渊阁

《四库全书》保存点之二·北京圆明园文源阁遗址

---

① 谢灼华:《论古代藏书的文化特征》,载《图书情报知识》1996年第3期。

历代私人藏书家中有些同时也是图书编撰家,他们藏书大多是为用而藏,藏书的目的主要是方便自己阅读和著述。他们中的一些人除了自己阅读藏书之外,还尽可能让藏书发挥作用,或出借私藏,或定期让读者阅览,甚至刊刻行世。

《四库全书》保存点之三·杭州文澜阁

《四库全书》保存点之四·沈阳文溯阁

现在能见到的较早关于借书的记载以两晋、南北朝时期居多。晋范蔚藏书7000余卷,"远近来读者恒有百余人",他还为借阅者"办衣食"①。南朝崔慰祖"好学,聚书至万卷,邻里年少好事者来从假借,

---

① 房玄龄等:《晋书》卷九一《儒林传·范平传》,北京:中华书局,1974年,2347页。

日数十帙,慰祖亲自取与,未常为辞"①。宋代的宋敏求,家有藏书3万余卷,其以豁达肯借著称于世。同时代的朱弁在《曲洧旧闻》中记载,其居都城春明坊时,士大夫喜读书者多居其侧旁,为的是便于借书。当时春明坊房屋的价格因此高出他处一倍。明代刻书业发达,普通版本的书很容易得到,但善本书和孤本书为个人所有者,往往被视为奇货,秘不示人。皕宋楼楼主陆心源,另建守先阁藏普通刻本及抄本,对外人开放。明末藏书家李如一,认为"天下好书,当与天下读书人共之",他"每得一遗书秘册,必贻书相闻;有所求假,则朝发而夕至"②。清长州人顾陛升认为其藏书若能为他人借,则得其用,非徒藏书虚名,故其家门庭若市,借书者几乎无日不有。清代学者黄宗羲曾到世学楼钮氏、澹生堂祁氏、千顷堂黄氏、绛云楼钱氏、天一阁范氏等处抄书,作为丰富知识、读书治学的手段,并名其藏书处为"续钞堂"。

　　这类乐于将私藏借人的藏书家还有五代石昂,宋代胡仲尧、郑文英,清代余姚五桂楼黄澄量、仁和广仁义塾黄树谷、扬州六一堂张效江、阳湖孙氏祠堂孙星衍,晚清铁琴铜剑楼瞿绍基等。还有慷慨赠书的。东汉末年,蔡邕藏书近万卷,当他发现王粲是一位文采斐然的好学之士时,便将数千卷藏书赠予王粲。③ 宋代晁公武得到了四川转运使井度的五十箧赠书,去其重复后私藏有24500余卷,乃录诸书要旨而成《郡斋读书志》。这些都是古代私藏公用的典型例子。

　　许多私人藏书家从各种渠道收聚图书后,一般都要进行校勘、编纂和汇辑,然后刊刻出来,这既保存了典籍,又使之在社会上广泛流传,提高了典籍的文化价值。古代的官刻、私刻、坊刻,都是和私家藏书之富联系在一起的。明代的大出版家毛晋刻书数百种,世有"毛氏

---

① 萧子显:《南齐书》卷五二《文学传·崔慰祖传》,北京:中华书局,1972年,901页。
② 钱谦益:《牧斋杂著·牧斋集再补·跋草莽私乘一卷》,载《钱牧斋全集》(捌),上海:上海古籍出版社,2003年,925页。
③ 李昉等:《太平御览》卷六一九《借书》,北京:中华书局,1960年,2779页。

之书走天下"之称,他能私刻"五经""十七史"等书均因其丰富的家藏。

明清以来,私人藏书现象尤为普遍,"几乎是学者无不藏书,藏者无不治学,其区别只是在于数量之多寡"①。一些藏书家意识到传统藏书楼自我封闭的弊端,提出了藏书开放的思想,其中最有代表性的是清代的周永年,他提出了"天下万世共读之"的主张,并建立了"藉书园",对外开放。清末以来,随着民族危机的加深,教育救国的观念深入人心,社会阅读需求日益增加,因此社会对改革旧式藏书楼的愿望越来越迫切,外加西洋教会图书馆的传入,促进了旧式藏书楼的变革。一批开明人士(如林则徐、王韬、马建忠)开始宣传西方图书馆的办馆思想,力主设立公共藏书楼。戊戌变法时期以康有为、梁启超为代表的维新派更是热衷于设立公共藏书楼的活动,如梁启超于1896年从日本引进"图书馆"一词。在此背景下,19世纪末20世纪初各地新式藏书楼纷纷建立,如古越藏书楼、京师大学堂藏书楼等。

原燕京大学图书馆,现北京大学档案馆

西方现代图书馆思想也传入中国,1840年后,传教士在各地纷纷设立新式图书馆,如徐家汇天主堂藏书楼、工部局公众图书馆、亚洲文会北中国支会图书馆、燕京大学图书馆、格致书院藏书楼、文华公

---

① 来新夏:《中国的藏书文化与人文主义精神》,载《书与人》1997年第4期。

书林,它们为中国改革旧式藏书楼提供了新的模式,促进了中国现代图书馆的出现和发展。

二、图书馆推动社会阅读

现代图书馆形成于19世纪后半叶,当时在工业革命中强大起来的西方国家面临着一系列的社会发展需要,如普及教育、提高工人知识水平、营建社会公共领域、建设城市社区等,在这一背景下,现代图书馆一开始就自觉地将发展大众教育确定为自己的使命。西方的理想主义图书馆学家坚信图书具有内在的教化功能,图书馆的教育使命就是主动向社会成员提供最好的图书及相关的服务,提高他们的知识水平和道德。如美国图书馆学家杜威认为,图书馆是"人民的大学",他坚信知识当战胜愚昧,图书馆应该是造就新一代文明领袖和文明国民的有力工具。同时他认为,图书馆并不能通过收藏文献并提供服务自动地达到社会教育的目的,图书馆从业人员需要更多地介入读者教育。谢拉在一次为公共图书馆而发表的演说中提到:"在五年,十年,二十年,五十年,一百年内,会有多少愚昧被消除,多少恶习被戒除,多少沉睡的才智被唤醒,多少唤醒的才智被辅佐、被赋予成效;会在多大程度上使人们更睿智、更明白、更有用、更令人尊重,使整个社会的面貌和风气得到改善。"[①]

在中国,19世纪末20世纪初,现代图书馆的产生与社会教育需求和活动有着更为密切的关系,从维新派人士到刘国均、杜定友等图书馆学家,一直都将服务民众和启迪民智作为图书馆的重要职能和使命。李大钊曾说:"现在的图书馆已经不是藏书的地方,而为教育的机构。"刘国钧指出,图书馆是"教育的利器,社会的动力","图书馆

[①] 于良芝:《图书馆学导论》,北京:科学出版社,2003年,191页。

在教育上的价值,有时竟过于学校"①。沈祖荣称图书馆为"人民的大学"②。

在国家救亡图存的实践中,图书馆被最大限度地融入社会教育活动中,不少图书馆设在各地的劝学所、教育公所、教育局或通俗教育馆内,被纳入民众教育和通俗教育的体系,承担着开化民智、培养新风的教育职责。图书馆服务的全民性、全程性、自由性使其成为学校教育的补充和公民教育不可替代的重要基地。

在当今的信息社会,人们对知识的需求更为迫切,图书馆的教育职能更为凸显。1996年,联合国教科文组织下属的国际21世纪教育委员会提交的报告《教育——财富蕴藏其中》指出,21世纪的教育应把终身教育置于社会的中心位置,该报告围绕终身教育的理念,阐明了学会认知、学会做事、学会共同生活、学会生存四个支柱性概念。

在信息社会,图书馆的社会教育的作用越来越明显。图书馆不仅通过各种出版物直接传授知识,而且成为开展各种读书活动的重要场所。各种类型学校的图书馆也成为学校教育的一个组成部分。中国政府正大力建设社区公共图书馆,将其作为居民享用社会教育的重要设施。

1957年,芬兰社会学家兰德赫尔在其《图书馆的社会功能》一书中提到,图书馆作为与阅读活动紧密相连的社会结构,不仅将起到传播知识的作用,而且将担负着"开发人类个性的任务"。美国图书馆学家巴特勒提出图书馆学应研究读者问题,其目的正是促进阅读。国内学者刘国钧在《近代图书馆之性质及功用》一文中提出了近代图书馆的三个性质:①自动的,认为近代图书馆的最大职责在于使人读书,要利用各种方法引起读者的阅读兴趣,使人人都来读图书馆的藏

---

① 刘国钧:《近代图书馆之性质与功用》,载《刘国钧先生图书馆学论文集》,北京:书目文献出版社,1983年。
② 程焕文:《跨越时空的图书馆精神:"三位一体"与"三维一体"的韦棣华女士、沈祖荣先生和裘开明先生》,载《中国图书馆学报》2002年第5期。

书;②社会化,应将注重对象由书籍变为所服务之人,使图书馆成为社会之中心;③平民化,强调"近代图书馆为多数人设立,而非少数人者","其目的在使凡有阅读能力者……皆得其适当之读物"。① 他还认为,相较于传统图书馆,现代图书馆的显著特征是使人和书发生有机的关系,要使社会上无不读书的人,馆内无不被人读的书。

促进阅读是图书馆的重要任务,这在现代社会得到了越来越多的关注。"促进阅读和学习"的使命要求公共图书馆发挥传统优势,培养全民阅读兴趣和求知热情。

巡回送书是图书馆一种常见的社区服务方式。可以通过流动书车将书送到距离图书馆较远的居民区,也可以配备专人为读者送书上门。早在民国时期,中国各地就建立了很多流通图书馆,著名的有浙江流通图书馆,其服务方式在全国产生了很大影响。其主要工作内容有:一劝人读书,二到馆借书,三通信借书,四陈列图书,五巡回图书,六车送图书,七代理图书,八设立各县露天阅报牌,九发行中国出版月报。②

为农民读者服务也是图书馆的重要使命之一。民国时期,许多图书馆学家就很重视图书馆为农民服务的问题。李钟履说:"城市中之图书馆,犹如锦上添花;而乡村间之图书馆,实似雪中送炭。锦上无花,仍不失其绮丽,而雪中无炭,则冻馁随之矣。"③为农民读者服务的方式,应该切合农民的阅读需求,并让农民觉得可亲。如组织图书下乡活动,让当地文化水平较高的农民来管理书库;设立巡回图书馆;在农村设立分馆;政府应鼓励引导新设图书馆往农村发展;等等。实际上,凡是能将书送至农民手中的机构,都可借用,如代办所、读书

---

① 黄宗忠:《20世纪100年图书馆学基础理论的研究与进展及其评介(上)》,载《晋图学刊》1998年第2期。
② 陈独醒:《图书为什么要流通》,私立浙江流通图书馆,1932年,11页。
③ 李钟履:《乡村图书馆经营法之研究》,载《文华图书科季刊》第3卷第2期,1931年。

会、农村服务团或识字补习班等。①

杜定友早在《民众图书馆问题》中就提出,图书馆要走亲近民众的路线,民众图书馆是民众生活的一部分。他提出了图书馆要"三化",即生活化、消遣化、家庭化。② 图书馆要实现促进社会阅读的职能,首先就要端正态度,亲近民众,要有服务意识,在各项工作中为读者着想,给读者营造一个轻松、舒适的阅读环境。

第四节 教育与阅读

教育是有目的地影响人的身心发展的社会实践活动。它伴随着人类社会的产生而产生,随着社会的发展而发展。教育是人类文化的组成部分,文化与教育互为基础和前提。两者几乎同时产生,文化的萌芽出现后,只有经由传播(教育)的过程为社会群体掌握,才能构成文化。阅读是文化的产物,一方面,人类实践经验的日益丰富和自然记忆的有限性,产生了对文字记载的需求;另一方面,文字体系的完善、载体获得技术和书写工具的发展为满足这种需求提供了可能。需要而且可能,催生了读物和阅读。教育与阅读有着天然的联系。

一、教育与阅读的互动关系

1. 教育是个人提高阅读能力的前提和保障

阅读作为人类的一种认知过程,其前提是具有认知能力。阅读

---

① 余训培:《民国时期的图书馆与社会阅读》,北京:清华大学出版社,2013年,134页。
② 杜定友:《民众图书馆问题》,载《中华图书馆协会会报》第5卷第4期,1930年。

能力也就是读者对文本的认知能力,个人的阅读能力不是天生的,必须通过教育来获得和提高。受教育程度的高低决定个人阅读能力的高低,进而影响到个人获取知识的能力和发展自己的能力。传播学中的"知沟"理论认为,社会大众社会经济地位的不同造成获取信息的不均等,从而产生知识鸿沟;个人受教育的程度、收入水平和职业声望,是衡量一个人的社会经济地位的重要指标,受教育程度是其中的决定因素。受教育程度不仅决定了读者接受信息的多寡、优劣,也决定了读者是否有接受新型文本的技术能力。受教育程度越高,知识储存越多,对新事物、新知识的认知能力越高,接受越快。

2.阅读有助于教育目标的实现和教育事业的发展

阅读本身是一种教育行为,阅读不同内容的图书有助于实现不同的教育功能。阅读使读者获得了新知识,改善了自身素质结构,这是个体进行自我教育的成果。另外,阅读能力的提高与阅读习惯的养成促进了个人其他基本素质的形成,从而推动教育目标的实现。学者哈罗德·泰勒认为,教育的目标"是启发学生的求知欲望和培养他们的学习能力",要让学习"摆脱为应卯而读书的束缚,发展自己的思想和信仰。首先要培养他们的自学能力,学会全神贯注地阅读和孜孜不倦地努力"[①]。通过阅读,人们从书籍中获取知识,汲取思想观念,学习基本技能,感受美的体验,在潜移默化中培养情操。阅读开启了成长的大门,正如培根所说:"天生的植物需要人工修剪,人类的本性也需要学问诱导,而学问本身又必须以经验来规范。"[②]

阅读推动了教育事业的发展。例如,春秋至秦的教育是以教师讲说为主的,至汉以后以阅读为主体的教育逐渐发展起来,原因之一

---

① 哈罗德·泰勒:《教育与阅读》,载毛姆等:《阅读的艺术》,陈安澜等译,上海:上海翻译出版公司,1988年,29、30页。
② 培根:《谈读书》,载培根等:《读书的情趣和艺术》,北京:中国友谊出版公司,1988年,1页。

就是前期的书籍或教材不易得到。书籍的增多及广泛利用是教育走向规模化、普及化的物质前提。阅读成为教育和教育理论的重要组成部分,不仅丰富了教育的内涵,而且拓展了教育所涉及的范围。

3. 教育变迁推动社会阅读的发展

中国古代教育分官学和私学两大系统。春秋以前,"学在官府",传授知识的使命也一直由王官之学垄断。春秋后期,学术下移,私学兴起,诸子大量著书立说,读物大为丰富,阅读主体的范围也开始扩大到民间。秦代曾经禁止私学,但禁而未绝。汉代经师讲学又兴盛起来,学者自立"精舍""精庐"。魏晋南北朝时期,社会动荡,官学兴废无常,私学又有了发展;世卿世禄制、察举制、九品中正制的实行,使教育面进一步扩大。隋唐科举制的实行,为庶族地主直至平民百姓都提供了读书入仕的机会,官学、私学兴盛。唐代末年又出现了书院,读书人的范围扩大了,教育的发展促进了讲学和著述活动的发展,读物更加丰富,从而推动了阅读的发展。在整个中国传统社会,虽然阅读在一个稳定的系统内缓慢发展,但是教育远未普及,识字能力作为读书人的一项基本技能,却不为广大中下层平民所掌握。读书人凭借其阅读能力成为"士农工商"四民之首,而文言分离的教育制度在某种程度上成为中下层平民进入阅读系统的障碍。因此中国古代的阅读史,是一部以士人阶层为主体的阅读史。

20世纪初,由于科举制的废除和新学制的实施,出现了兴办新式学堂的热潮。涵盖初等教育、中等教育、高等教育、职业教育,以及包括民众学校、民众补习班、民众教育馆和图书馆在内的较完善的现代教育体系逐渐形成,大众识字率大为提高,为大众阅读的兴盛奠定了基础。旧的阅读体系解体,一个以大众阅读为主体的新的阅读体系开始形成。

二、教育体制对社会阅读的影响

1. 教育目标和人才选拔制度决定阅读价值观和阅读内容

教育的目标是什么,培养什么样的人才,通过怎样的方式来选拔人才,这些都深刻影响着阅读价值观和阅读选择。中国古代教育的目标是培养官员,"学而优则仕",教育与选拔人才相结合,具体表现在科举制度上,即以科举考试成绩作为测度一个人的知识和才能的标准。因此,以"四书""五经"为主的儒家经典就成为历代读书人的阅读对象,通过科举入仕成为他们心目中最主要的阅读目标,这使得传统的阅读体系笼罩上了强烈的实用主义色彩。科举考试科目的设置也促使人们对儒学经学、史学和文学的关注,因此,人们对这三种学术形态的创作、阅读、解释也是最为积极的。例如,唐代设有进士科,考试内容以诗赋为主,故诗赋的创作和阅读在唐代达至鼎盛,形成了前无古人、后无来者的诗歌盛世。此外,在人才选拔上,政府往往偏重于道德修养、书本知识,忽视能力和见识,因此,历代无数读书人皓首穷经,从书本中谋取功名,却很少关注现实问题,并且,这种现象还造成了中国古代科技类图书创作和阅读的冷清。

在现代社会,教育目标同样有可能成为阅读的"指挥棒"。不同的教育目标,就会引导不同的阅读价值观,从而形成不同的阅读热点。如与应试教育相适应的功利阅读观,导致中小学教辅图书、英语四六级考试用书、考研用书,以及英语、电脑类图书等持续成为热门读物。而在素质教育的目标下,教育强调以培养人的综合素质为中心,注重人的全面、可持续性的发展,注重培养人们的自我发展、自我完善、自主学习的能力。阅读是培养和提高人的素质的重要途径,因此人们更愿意通过阅读经典名著类、哲学艺术类、心理励志类图书来提高自己的精神素质和文学修养。

2.教育学规规范阅读内容和阅读方式

教育学规包括读书日程、课程设置、导读书目、推荐书目、教材选择等内容,这些都对学生的阅读内容和阅读方式进行了规范。不同教育体制下的学规不同,相应的阅读内容和阅读方式也有差异。例如,古代的书院都有一套可供遵循的课程系统,也可视为阅读系统。其中,影响较大的有曾担任江东书院山长的程端礼所作的《程氏家塾读书分年日程》,它不仅对阅读内容和阅读年龄做了详细的界分,而且对阅读方法有所阐述:8岁前,读《性理字训》、记说《童蒙须知》;8岁到15岁,读"小学书"《大学经传》《论语》《孟子》正文、《书》《周礼》《春秋》并《三传》正文;15岁到22岁,读《大学章句或问》《论语集注》《孟子集注》《中庸章句或问》《论语或问》《孟子或问》,抄读《周易》《尚书》《诗》《礼记》《春秋》等;22岁到25岁,读经义文字、古赋文字、制诏表章、策等。① 该书可以说是我国古代最完整的一部教育学规,不仅为当时和后世许多义塾、书院所采用,而且它所阐述的读书方法和原则对后世产生了深远的影响。

3.不同的办学模式促进社会阅读的多样化

不同的教育体系内的阅读有着不同的特点,不同的办学模式带来了不同的阅读方式,它们互为补充,形成了多样化的阅读文化。

例如,中国古代私学对阅读的影响不同于官学,这主要表现在两个方面。一是自然科技知识的阅读。在很长的时期内,医学、天文学、数学、建筑学、畜牧学等知识是由私人传授、自我研读完成传播的。二是蒙学阅读。私学在历史上长期承担了教授蒙学的任务:在读物上,私学通常选择以识字为主的俗称"三、百、千"的启蒙读物,即《三字经》《百家姓》和《千字文》;以道德教育为主的读物,如《性理字

---

① 杨布生,彭定国:《中国书院与传统文化》,长沙:湖南教育出版社,1992年,21、22页。

训》;以历史教育为主的读物,如《历代蒙求》;以诗歌教育为主的读物,如《唐诗三百首》等。有时为了提高儿童的阅读兴趣、增强阅读效果,一些教育者对读物的形式和内容做出改动,如《小儿语》就寓道德教育于白话歌谣之中。蒙学的识字写字教育、读书教育(读书、背书、温书)与阅读的关系是显而易见的。

私学在一定程度上促进了阅读内容和方法的多样化发展。一方面,私学兴盛的原因是不同的,战乱、官学衰弱、科举刺激、理学昌盛、山林读书之风、乡里宗族兴学之风或者是释道影响,都有可能促成私学机构的出现,而在某一特定条件下出现的私学机构,自然可能会教授不同的内容,提倡不同的阅读方式。陆九渊的"优悠读书"和朱熹的"撑上水船"就是鲜明的对照。另一方面,私学机构各有所宗,对所宗学说的阐释和阅读便成为其教学的主要内容。北宋时期岳麓书院的著名山长周式为注重笺注训诂的经学家,著有《毛诗笺传辨误》《论语集解辨惑》,其讲习内容也大致如是,成为受教者阅读的主要内容。

中国现代教育体系形成之后,正规教育、非正规教育互为补充,办学模式多样化,各种教育形式迅速发展。接受教育的人越来越多,他们构成了规模日益扩大、阶层日益下落的阅读人口,各类阅读群体有着不同的阅读兴趣、阅读习惯和阅读方式,促进了大众阅读的多元化发展。

三、发展素质教育,加强阅读指导

教育的发展与阅读文化的建设是相辅相成的。中国在现阶段要以素质教育为导向,大力推广阅读,特别是要倡导传统经典的阅读。

1.构建科学的素质教育考核评价机制

构建科学的教育质量综合评价指标体系,把学生的品德、学业、身心发展水平和兴趣特长养成等作为评价学校教育质量的主要内容,可促进学生的全面发展和可持续发展。随着教育实践改革的不断深化,符合素质教育要求的考核评价机制将逐步建立并不断完善,有助于弱化"应试教育",切实减轻学生过重的课业负担,阅读与学生全面素质的培养也将得到制度和时间的保障。

2. 确立开放的、"以学生为本"的办学模式

以学生的综合素质发展为出发点和目标,学校的办学模式要实现以下两个方面的转变。一是外部实现从封闭型到开放型办学模式的转变,使学校教育和社会阅读有机结合,创设良好的素质教育大环境;二是内部实现从"以课本为本"到"以学生为本"的办学模式的转变。全面推进基础教育课程改革,改变课堂的形式,给学生更多的自主选择权和课堂内外的实践机会。办学模式的顺利转变将促进学生从被动、片面的阅读转向主动、全面的阅读,逐步实现教育培养目标与学生全面发展取得一致。

3. 强化阅读指导,推进阅读活动

阅读指导是一种具有教育意义的社会文化行为。最早的导读源于教育,现代导读最终的发展趋势是将回归社会教育大系统,突出发挥其教育功能。导读的功效,不仅体现在指导阅读本身上,而且体现在使读者在相关方面有所收获上。如节省读者时间,提高时间利用率;丰富读者知识结构,扩大读者视野;等等。尤其对于中小学生来说,导读的作用更大,因此,强化阅读指导是推行素质教育全面实施的必要途径。许多教育界人士已经关注阅读和传统经典阅读的问题,倡导读书也已成为越来越多学校的共识。教育学家朱永新多年来大力提倡阅读,他指出:"一个完整的自己,才是教育的最高境界。"他发起并组织了"书香校园活动",活动倡导一种回归朴素的儿童生活方式——晨诵、午读、暮省,希望孩子在小学六年内读完100本课外书、聆听60场精彩报告、写完600余篇日记,活动还强调"共读一本书"。他最初在苏州大学发起了从1995年起就开始实行的必读书制

度，即凡在校大学生，不分文理，在毕业之前必须阅读20种由学校推荐的图书，为了达到这个目的，学校还有相关的考核。这项制度后来被推广到全国大中小学校。朱永新强调，所谓"书香校园"，是其"新教育实验"的一项重要内容。他说："新教育实验首先要做的是拯救阅读，特别是儿童的阅读。"在他看来，儿童会在娓娓动听的故事中学会宽容、合作、自律、慈悲、感恩、执着、自信、爱，这不是靠说教就能培养的。①

第五节　推荐书目

一、推荐书目的历史

在我国，推荐书目应传统官学、家塾、书院与科举制度的需要，很早就发展起来了，早在唐代，推荐书目就很受青年士子们的欢迎。现在我们见到的最早推荐书目被后人称为"唐末士子读书目"（敦煌遗书伯2171号）。这个书目分三部分，第一部分为"经、史，何人修撰、制注"，收书如下：

《史记》，司马迁修

《三国志》，陈寿修

《春秋》，孔子修，杜预注

"三礼"，孙子修，郑玄注

《周礼（易）》，王弼注

---

① 朱永新：《关于中国应当设立"阅读节"的呼吁》，载中国写作学会阅读学会专业委员会：《悦读》2006年年刊。

《离骚经》,屈原注(著)

《流子》,刘协注(著)

《尔雅》,郭璞注

《文场秀句》,孟宪子注

《庄子》,郭象注

《切韵》,陆法言作

《毛诗》《孝经》《论语》,孔子作,郑玄注

《急就章》,史游撰

《文选》,梁昭明太子召天下才子共相撰

《汉书》,班固撰修

《典言》,季德杜撰之

《尚书》,孔安国注

《兔园策》,杜嗣先撰之

《开蒙要训》,马仁寿撰之

《千字文》,钟繇撰、李暹注,周兴嗣次韵

第二部分为"何名九经",收《尚书》《毛诗》《周易》《礼记》《周礼》《仪礼》《公羊传》《谷梁传》《左传》。第三部分为"何名三史",收《史记》《前汉书》《东观汉记》。这个书目基本上包括了"九经""三史"及后来列入"十三经"中的《孝经》《论语》和《尔雅》,是当时读书人的必读图书。

到了元代初年,学者程端礼(1271—1345)把自朱熹以来在书院、私塾教育中所创造的经验加以总结和发展,写成《程氏家塾读书分年日程》三卷。他认为,读书应依据朱熹读书法,即"居敬持志,循序渐进,熟读精思,虚心涵泳,切己体察,著紧用力",程氏对其加以发挥,提出了具体的读书计划和读书内容。书中详列应读书目和读书次序,读书内容则重在经、史和理学著作。元朝国子监曾将该书颁布郡县官学,成为学子读书的准绳。及至明清,该书所列书目对书院及读书人仍有一定的影响。

明末陆世仪在他的《思辨录》中,为青少年开列了一个阅读书目。他说:

> 书籍之多,千倍于古,学非博不可,然汗牛充栋,将如之何?偶思得一读书法,欲将所读之书,分为三节,自五岁至十五为一节,十年诵读;自十五岁至二十五为一节,十年讲贯;自二十五至三十五为一节,十年涉猎。使学有渐次,书分缓急,则庶几学者可由此而程功,朝廷亦可因之而试士矣。所当读之书,约略开列于后。

十年诵读:

《小学》(文公《小学》颇繁,愚欲另编《节韵幼仪》)。

"四书"(先读正文,后读注)。

"五经"(先读正文)。

《周礼》(柯尚迁者佳)。

《太极》。

《通书》。

《西铭》。

《纲目》(先读编。又有《历世通谱》《秋繫录》等书,载古今兴亡大概,俱编有歌括,宜先讲读)。

古文(宜先读《左传》,其《国策》《史》《汉》、八大家,文理易晓,易于记诵,俟十五岁后可也。予近有《书鉴》一编,专取古文中之有关于兴亡治乱者,后各为论,使学者读之,可知古今。似可备览)。

古诗(《离骚经》、陶诗,宜先读。予近有《诗鉴》一编,专取汉唐以后诗之有合于兴观群怨者,后各为论。似可备览)。

各家歌诀(凡天文、地理、水利、算学诸家,俱有歌诀。取其切于日用者,暇时记诵)。

十年讲贯:

"四书"(宜看《大全》)。

"五经"(宜看《大全》)。

《周礼》(柯尚迁注,近有《集说》,亦好)。

《性理》(尚宜重辑。内如《洪范皇极》《律吕新书》《易学启蒙》《皇极经世》等书,俱宜各自为书,不必入集)。

《纲目》(宜与《资治通鉴》《纪事本末》二书同看,仍以《纲目》为主)。

本朝事实。

本朝典礼。

本朝律令(三书最为知今之要)。

《文献通考》(此书与《纲目》相表里,不可不讲)。

《大学衍义》《衍义补》(理学、经济类书之简明者,不可不讲)。

天文书(宜专学历数)。

地理书(宜详险要)。

水利、农田书(有新刻《水利全书》《农政全书》)。

兵法书(《孙子》《吴子》《司马法》《武备志》《纪效新书》《练兵实纪》,俱宜讲究)。

按:以上四家,苟非全才,或专习一家亦可。

古文(《左》《国》《史》《汉》、八大家)。

古诗(李、杜宜全阅)。

十年涉猎:

"四书"。

"五经"。

《周礼》(以上参看注疏及诸家之说)。

诸儒语录。

二十一史。

本朝实录及典礼、律令诸书。

诸家天文。

诸家地理(各省《舆地志》,或旁及堪舆家)。

诸家水利农田书。

诸家兵法。

诸家古文。

诸家诗。

以上诸书,力能兼者兼之,力不能兼,则略其涉猎而专其讲贯。又不然,则去其诗文。其于经济中或专习一家,其余则断断在所必读,庶学者俱为有体有用之士。①

陆世仪反对把精力全放在科举考试上,强调经世致用。

1940年,杨玉清在《读书通讯》创刊号上发表《论读书》一文,对该书目做了如下评论:"这一张书目拿到现在来,自然有些不大适用。不过他所提示的三个大节,很可以作我们现在读书的参考。现在学校教育,读书仅注重讲贯,而忽视诵读,更忽视涉猎。我觉得我们现在读书,诵读、讲贯、涉猎三者不可偏废,不过因年龄与程度的差别,可以偏重。这就是说,小学时期可偏重诵读,中学时期可偏重讲贯,大学时期可偏重涉猎。"②这段评论在几十年后的今天,仍具有意义。

清朝康熙年间,由李颙口授,门人李士璜手录的《读书次第》,是我国较早的一部指导读书治学的书目。编者强调读书次序,即先通小学,也就是先要明字音字义,故《读书次第》先列小学图书,再依次列经书、史书、文学书,其中以经书为主。此后,龙启瑞于道光年间撰《经籍举要》,为学子开列"经、史、子、集"四部典籍要目,以程朱理学

---

① 陆桴亭:《思辨录》,转引自王余光等:《读书四观》,武汉:湖北辞书出版社,1997年,379—381页。
② 杨玉清:《论读书》,载《读书通讯》1940年第1期。

为宗旨，推崇考据桐城古文。光绪初年，张之洞因诸生"应读何书，书以何本为善"相问，根据当时情况，挑选两千二百余种图书，编成《书目答问》一书，以指示诸生治学门径。该书所收典籍主要是经过整理、校注的精善之本和《四库全书》成书之后新出的学术著作；分经、史、子、集、丛书五部，每部之下又分若干类，每类中的书籍以时代先后次序排列；对于所收各书，皆注明作者、卷数，记载版本则以当时习见为主，类目和重要图书下有时加写按语，简要说明阅读时的注意事项。此书提倡经世致用之学，问世后很有影响。以上书目在科举时代都产生过广泛的影响，然而，随着时代的推移、科举的废弃和知识的更新，这些书目的影响和作用愈来愈小。

20世纪以来，一些学者根据社会的实际情况，开列了一系列有关中国古代典籍的推荐书目。其中比较知名的有梁启超的《国学入门书要目及其读法》、胡适的《一个最低限度的国学书目》，及章太炎、汪辟疆等人开列的书目。20世纪后半期，推荐书目的编制得到了一定的发展。根据不完全统计，1951年至1955年，全国就有70余种推荐书目出版。1952年北京图书馆编制的《中国古代重要著作选目》（以下简称《选目》）较有影响。1961年，教育部门为大学主要专业编制的一系列推荐书目，为大学生读书钻研提供了方便。80年代以后，各种不同类型的推荐书目不断涌现，对广大读者读书起到了积极的作用。

作为推荐书目的一种类型，影响书目在80年代也受到人们的关注。自武汉大学出版社1990年出版《影响中国历史的三十本书》以来，有关这方面的读物颇有层出不穷之势。如《影响历史进程的100本书》(1992年)、《影响中国的100本书》(1993年)、《影响世界的100本书》(1995年)、《影响中国近代社会的一百种译作》(1996年)、《中国文明的阶梯——历史上最有影响的33部书》(1996年)、《中华通鉴：影响历史的一百篇名作》(1996年)、《塑造中华文明的200本书》(1997年)、《影响中国历史进程的文献》(1997年)、《文化的力量——

影响人类的一百本书》（1999年）、《影响历史的百部经典》（2000年）等；此外，还有《影响二十世纪中国的十种书》《影响中国经济的十本书》《影响一代人成长的文学名著》等。由此可见，读书界、出版界对"图书经典与文明进程"这一话题的热切关注。正如有的评论者所说：通过这一类的研究和著述，我们可以看到书籍经由出版、发行渠道向社会传播以后，在读者中引起的反响，以及它对社会、政治、文化、学术、观念乃至人们行为的作用和影响。因此，从广大读者的层面，从书籍的实际影响度这样的角度，来追溯与评价先贤典籍对人类历史进程所起的作用，是可喜的。①

二、推荐书目的教育性

推荐书目作为读者的顾问和向导，其教育性表现得尤为突出和鲜明。推荐书目反映着时代的特征和编目人的思想倾向，其时代性和思想性是构成推荐书目教育功能的两个主要方面。

编目人对图书的选择性态度与当代人对图书的要求联系紧密，而编目人对图书的态度与人们对图书的要求又总是受时代的制约，所以推荐书目带有明显的时代烙印。《书目答问》是为诸生参加科举考试而编撰的。当时清朝统治日益衰落，封建文化也日薄西山，张之洞为了改变当时许多从事举业的人"帖括之外，无所知"（《輶轩语》）的情况，他在书目中，竭力提倡士人多读经史考据、古文辞章和一切可以经世之书，以成为有用的人才，维护清政府的统治。《书目答问》的时代性是十分明显的。在《中国古代重要著作选目》中，作者向读者推荐的不再是那些经史考据之类的书，而是文史与科技类书籍，这不仅反映了我们这个时代对古籍的态度，同时也反映了我们这个时

---

① 徐雁等：《〈影响中国历史的三十本书〉品评录》，载《出版广场》1996年第5期。

代的人对图书的要求。任何一部推荐书目,都是为本时代人的阅读服务的,随着时间的推移,其推荐性价值就渐渐消失。

推荐书目,作为揭示与报道图书文献、指导阅读的工具,在对图书的挑选、排列、评注等方面,无不体现着时代的政治倾向和编目人的思想倾向。当然这两种倾向往往是紧紧相连的,正是这两种倾向对读者的感染和影响,使推荐书目拥有了教育职能。如《书目答问》产生在19世纪后期,中国的文化思想领域呈现出剧烈的变化,"旧学"日益萎靡不振,"新学"逐渐发展。"新学"的发展与这时期的知识分子向西方学习有关。作为洋务派官僚的张之洞,主张"中学为体,西学为用",成为正统文化的坚持者。《书目答问》体现了他的这种立场,成为抵制新学、宣扬旧学的推荐书目。《书目答问》经部收录的书最繁,清代康熙、雍正、乾隆三朝禁毁了两千多种书籍,张之洞对大部分禁书仍讳莫如深。同时,在《书目答问》的集部,没有"词曲类",不录宋、元戏曲,这是因为在封建社会,戏曲一类民间文学受到正统文人的歧视,故而不能登大雅之堂。这些都是张之洞的正统观念的反映。再如,梁启超在《国学入门书要目及其读法》中,首先便举出《论语》《孟子》二书,他在这两书下的评注中说:"《论语》为二千年来国人思想之总源泉。《孟子》自宋以后势力亦与相埒。此二书可谓国人内的外的生活之支配者,故吾希望学者熟读成诵。"①1920年,梁启超从欧洲旅游回来,那时中国历史已翻开了新的一页,以五四运动为标志的新文化运动方兴未艾,在这种情况下,梁启超决心放弃政治活动,致力于文化教育事业。他宣称,欧洲文明已经破产,中国的前途要靠发扬中国的"固有文明"来拯救。在这不久,他在清华、南开等校讲学,发表了许多尊孔读经的文章。《国学入门书要目及其读法》正是在这个时期作的,由此不难看出编者的学术倾向了。

---

① 梁启超:《国学入门书要目及其读法》,载《饮冰室合集·专集之七十一》,北京:中华书局,1989年,1页。

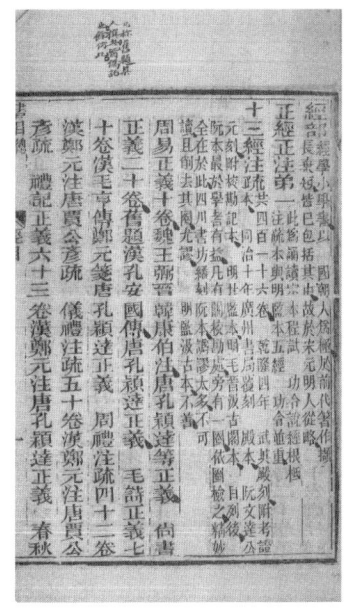

《书目答问》,张之洞撰、叶德辉批校,清光绪元年(1875)刻本

三、推荐书目的功能

古今图书浩如烟海,每个初学者都会遇到从何涉足的问题。得其门径则事半功倍,失其要领则劳而无功,所以从古到今有成就的学者,都非常注重读书方法。一部好的推荐书目就能起到指导阅读、指示门径的作用。推荐书目的教育性正是体现在它对读者的这种导读作用上,这种导读作用的实现又落实在推荐书目对图书的精选、编排和评注三方面。

1. 精选

推荐书目是以指导阅读、指示门径为目的的,而精选出来的图书则是达到这一目的的基础。如果不能首先从繁多的图书中挑选出最好的、最适合读者需要的,又是比较容易得到的图书,那么推荐书目的教育性就无从谈起。因而对图书精心选择就成为推荐书目的一个突出的特点。《书目答问》共收录书2220种左右,其与《四库全书》所录相同的书约1300种,这些书都是经过编目者精心挑选的。《书目答问》选书不在求全,只在求精。

精选图书的一个方向是对图书进行比较。从编目人对图书的态度,可以看到编目人的治学态度。《书目答问》中收录两千多种书,却不录宋、元戏曲,而胡适开列的书目收入图书不上两百种,却著录了多种关于宋、元戏曲方面的书。这种对宋、元戏曲的舍取态度,体现了编目人的治学态度。精选图书的另一重要方向,就是对图书版本的选择。推荐书目中收录的书应该是通行的、比较容易得到的图书。《书目答问·略例》说:"读书不知要领,劳而无功,知某书宜读而不得精校精注本,事倍功半。"①张之洞在挑选图书时,是着眼于当代的,以新出本为主要挑选对象。《中国古代重要著作选目》后的"附言"中说:"上开各书……可看商务印书馆出版的万有文库本……倘使要看上列各书(小说除外)较好的版本,大部分都可在四部丛刊(商务印书馆出版)或四部备要(中华书局出版)中找到。"②可见,《中国古代重要著作选目》不仅推荐了比较通行的《万有文库》本,而且推荐了较好的版本。

2. 编排

推荐书目对图书的编排起着十分重要的作用。科学地编排图书,有助于读者集中精力有系统地阅读图书。

《书目答问·略例》说:"今为分别条流,慎择约举,视其性之所近,各就其部求之。又于其中详分子目,以便类求;一类之中,复以义例相近者,使相比附。再叙时代,令其门径秩然,缓急易见。凡所著

---

① 张之洞:《书目答问》(一),上海:商务印书馆,1929年,1页。
② 北京图书馆:《中国古代重要著作选目·附言》,北京:北京图书馆出版社,1953年。

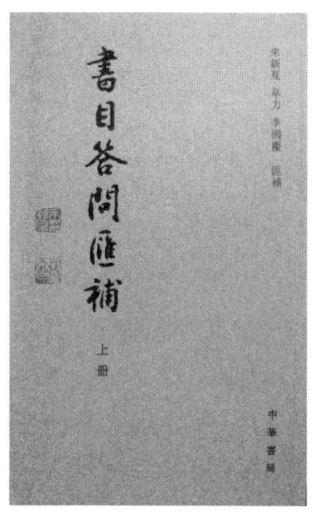

《书目答问汇补》书影

录,并是要典雅记,各适其用。总期令初学者易买易读,不致迷罔眩惑而已。"①这里张之洞谈到了编排的重要性。他于书目中将书分为经、史、子、集、丛书五类,另附"别录"一类,专录"初学读本"。每类之中用"钩乙"(」号)当作分子目的标志,确是"门径秩然,缓急易见"。别录收初学读本,使读者阅读时可以由浅入深,渐识途径。

《一个最低限度的国学书目》的"文学史之部"中,图书是按历史的先后顺序排列的,先《诗经》,《楚辞》次之,再是汉晋南北朝,唐宋元明历代诗人词曲、文论等书逐次排列;清朝的戏曲、古文专集、诗分别录其后,最后列出明、清两朝小说,线索十分清楚。该书目前言中指出:"在这个没有门径的时候,我曾想出一个下手方法来:就是用历史的线索做我们的天然系统,用这个天然继续演进的顺序做我们治国学的历程。"②这样我们就明白《一个最低限度的国学书目》按历史顺

---

① 张之洞:《书目答问》(一),上海:商务印书馆,1929年,1页。
② 胡适:《一个最低限度的国学书目》,载《读书与治学》,北京:生活·读书·新知三联书店,1999年,196页。

序编排图书的目的和作用了。此外,明、清两朝小说被单独列出,这是由于当时古典小说尚不被人重视。这样安排不仅可以引起人们对明、清小说的重视,同时还为专门研究古典小说的人提供了方便。

3. 评注

为了更充分地发挥推荐书目的教育作用,有效地指导阅读,仅对图书进行精心的挑选科学编排,仍然是不够的。为了使读者能了解每本书的内容、版本等情况,需要有书目提要、评注。提要是简要说明图书内容的一种方法,即对一本书的内容概要、中心思想、作者情况、创作时间、意图以及该书的内容特点的分析与介绍。推荐书目提要的特点是提示所推荐之书符合读者的知识水平。有些推荐书目没有提要,而有一些短小的评述和注释。这些评述和注释的内容是多方面的,如图书内容的得失、版本的优劣等。它对初学者认识图书、探索读书门径很有帮助。

在《书目答问》中,凡作者认为是重要书籍,书下就略加评注,如"此书最简括""甚便初学"等,虽是三言两语,却为初学者认识和查找图书指示了门径。能为读者指示读书门径的评注,在《国学入门书要目及其读法》中表现较为明显。这里从中摘录数条评注,看看梁启超为了指示读者阅读,对图书的内容、版本诸方面所做的评述:《庄子》"最当精读";《老子》"熟读成诵";《明史》"详读";《四书集注》"可读。";《论衡》"宜浏览。";《孟子正义》"供参考";《毛礼考》"不必读"。①

通过这些极简括的评语,初学者明确了什么书可读、什么书宜一般浏览、什么书可先读、什么书宜缓读等问题。有些评注指明了阅读范围,可使初学者明白应该怎样读等问题;有些评注指明了图书版本情况,可使初学者选择质量好的版本进行阅读。

---

① 梁启超:《国学入门书要目及其读法》,载《饮冰室合集·专集之七十一》,北京:中华书局,1989年,1—20页。

第四章 社会意识与宗教对阅读的影响

社会意识是指社会的精神生产过程,是对社会存在的反映,包括人们的政治法律思想、道德、艺术、宗教、科学和哲学等意识形式及感情、风俗习惯等社会心理。理论上通常将社会意识分为两个层次:社会心理和社会意识形式。社会心理是直接与日常社会生活相联系的一种自发的、不定型的意识。社会意识形式是反映社会存在的比较自觉的、定型化的意识。社会意识形态是社会意识形式的重要方面。可以说,政治意识、群体意识等都是社会意识的具体体现形式。阅读作为一种社会文化活动,不可避免地要受到政治意识、群体意识、宗教文化等因素的影响和制约。

第一节 政治意识与阅读

阅读是人类进入文明社会的产物。社会历史环境、政治环境等各种因素,影响着阅读文化的兴衰和变化。在社会历史环境中,优越的物质、经济条件是阅读文化发展的前提和基础,而政治环境对阅读文化的影响则是最迅速、最突出的。政治环境体现在政治形势和政治意识两个方面。政治形势的兴衰直接影响社会阅读状况。安定、清明的政治形势,使图书文献的生产和收藏得到保障,读物的数量和种类得以丰富,人民生活安定,自然为阅读活动提供良好的环境;反之,动荡和战乱的政治形势下,官私藏书焚毁散佚,人民流离失所,则必然给阅读活动造成极大的破坏。社会稳定、政治清明是阅读文化发展的前提条件。政治意识是指政治主体所具有的政治认知、政治态度和政治信仰,它既包括民族和个人的政治文化心理,又包括社会阶级集团的意识形态。政治意识对阅读的影响体现在一个国家的民众政治文化心理、社会意识形态、政府的政治制度和政治主张、图书文化政策、书报检查制度、禁书等多方面,它主要是通过对图书和读者两方面的影响而实现的。

一、政治文化心理对阅读的影响

政治文化心理通常体现为民众的政治心理、政治感情、政治态度和政治信仰等。政治固然有时可以直接干预阅读活动,但最终政治影响社会阅读,是通过政治文化心理这个通道来完成的。政治理念和现实政治决策在人们心里的投影,以及由之而形成的某种政治文化心理,常常潜移默化地支配着人们的行为方式。就阅读而言,这种政治文化心理也在左右、支配着人们对待阅读的态度,以及阅读的方式,从而制约着社会阅读的方向。这种影响和制约作用主要表现为一种阅读审美政治化的现象,这一现象在对文学作品的阅读中体现得尤为明显。

阅读审美政治化自古有之。中国古代一直是把《诗经》当作政治性读物来解读的。先秦时期,《诗经》广泛应用于政治与外交之中,尤为多见的是其内容被作为外交辞令使用。《诗大序》凸显诗歌的教化作用:"故正得失,动天地,感鬼神,莫近于诗。先王以是经夫妇,成孝敬,厚人伦,美教化,移风俗。"①历代有很多学者都从政治角度解读《诗经》等儒家经典文献,着力发掘其伦理内蕴和教化功能,如《韩诗外传》和朱熹的《诗经集传》。即使对小说、戏剧等通俗文学作品的阅读和阐释,历代文人学士也多着眼于其教化功能,并极力提倡和宣扬有益风化的作品,贬斥"有伤风化"的作品。如元末高明批评"今来古往"的戏剧作品:"少甚佳人才子,也有神仙幽怪,琐碎不堪观。正是不关风化体,纵好也徒然。"②特别是在程朱理学盛行的元明清时期,由于科举教育的普及,这种具有伦理教化特征的阅读倾向向民间渗透,成为全社会的一种自觉的普遍的阅读心态。文人学士和平民百姓,在选择阅读对象、评价阅读内容和确定阅读目的等方面,常常呈现相融特征。例如,在对文学作品的阅读和阐释中,文人学士往往极力强调其伦理内涵和教化功能,向平民百姓灌输纲常伦理,并尽力使其世俗化,让平民百姓更容易接受;而平民百姓也在潜移默化中逐渐产生对纲常伦理内在的认同感,并在社会生活实践中不断加以强化和充实。因此,文人文化和平民文化形成循环渗透的关系,伦理教化思想得以在全社会扩散,成为占支配和主导地位的社会阅读观念。当这种政治化的阅读观念形成思维定式后,人们对其他作品的阅读,都会不自觉地从政治伦理教化的视角,对其进行阐释、引申,甚至曲解。于是伦理教化倾向便成为元明清时期阅读活动的主要特征。这种阅读审美政治化的现象在中国古代历史上经久不衰,人们在对各类阅读文本的理解和阐释中,往往运用政治思维,将文本的意义政治化、伦理化。这种现象的产生与发展有着深刻的社会文化根源,它与古代的"政统"制度、中国古代文学的"政本位"思想和读书致用的阅

---

① 高文强等:《中国文论经典导读·毛诗序》,武汉:武汉大学出版社,2015年,36页。
② 高明:《琵琶记》第一出《副末开场》,北京:中华书局,1958年,1页。

读价值观是密切相关的。

不同时期的政治文化形势对人们的心理产生了不同的影响,使得社会阅读呈现出不同的特征。例如在20世纪二三十年代,政治文化形势属于一种非整合状态,社会成员对官方政治制度及其运行方式普遍缺乏认同感,民众的政治取向多倾注于对次级国家组织及团体的认同上。① 尤其是20世纪30年代国民党独裁政权建立后,当局实行了种种文化控制政策,造成了政权与民众之间的紧张,引发了包括文化界人士在内的广大民众极大的不满和抵制情绪,广大民众更为关注、争取出版和言论自由。正是这种普遍的政治需求和政治心态,导致了阅读审美政治化倾向的形成,构成了特殊的政治阅读氛围。20世纪30年代左翼革命文学作品广受欢迎,甚至屡禁不止,主要是由于它们在叙事过程中将当时的种种社会现象与广大读者所能接受的观念很好地结合,并对读者进行点拨,引导他们接受作品中的某些观点和解释,并且较多地表达了读者所期望的政治思想,顺应了读者的政治文化心理和特殊的阅读需求。读者在阅读过程中,获得的主要不是审美享受,也不只是共鸣,更多的还是对现实"豁然开朗"的认识和政治情绪的宣泄。例如郁达夫1928年2月13日的《日记》中,曾记载了他当时读最初的革命文学作品的感想:"虽系幼稚得很的作品,但一种新的革命气氛,却很有力的逼上读者的心来……有时代的价值的。……幼稚病不足为他们的病,至少他们已经摸着了革命文学及内部暴露的路了。"②

在当时的政治形势下,民众产生了两种阅读心理。一是逆反心理。国民党当局支持的"民族主义文学"作品,人们不愿读,而国民党当局严令查禁的左翼革命文学作品,人们偏要阅读。例如丁玲的《母

---

① 朱晓进:《政治文化心理与三十年代文学》,载《文学评论》2000年第1期。
② 郁达夫:《郁达夫全集(第十二卷)日记》,杭州:浙江文艺出版社,1992年,257页。

亲》原计划写成三部曲,仅完成了第一部,她便被当局逮捕,但当良友图书公司"将这部未完成稿编入《良友文学丛书》出版"后,"立即成为《良友文学丛书》中的最畅销书。第1版印4000册,1个月销完,10月和12月各再版2000册,这在当时书业界简直是个奇迹"。其畅销原因正是"社会上都知道作者已失踪被捕"①。二是猎奇心理。越是不易读到的书,人们便越想找来读一读。茅盾曾指出:"中国人有喜读禁书,偷读禁书,千方百计购买、传抄禁书的传统。只要这禁书是说出了大家心中的话,文网虽严而且密,亦无奈禁书何。"②国民党当局对进步书刊的查禁,无形中为这类书做了广告,在某种意义上可以说是激发了许多读者的好奇心。正是普遍的逆反心理和猎奇心理,造成了公众对被禁左翼革命文学作品的旺盛的阅读需求,反而使革命文学更加深入人心了!

中国20世纪50年代至"文革"时期的政治文化形势,则属于一种半整合模式。也就是说,在同一政治体系下,政府与民众并不处于政治对抗之中,而是存在着一种政治协调机制,使二者保持着一定的融洽与和谐的关系。这种模式明文规定了各种民主程序,但由于法律本身不健全,法治常易被人治所取代。主流意识形态在一些场合下允许非主流意识形态的存在,但总是伴随着前者对后者的严格的限制。③ 由于意识形态强大的灌输力量,因此民众之中形成了较为浓厚的普遍的政治心态和政治风尚,使政治在社会中强制性泛化。这种泛化甚至导致了人们用政治观念去审视日常生活中一切事物,更不用说思想和读书了。在社会生活泛政治化的同时,人们的政治热情不断提高,政治意识也不断地增强,这又直接强化了阅读审美的政治

---

① 赵家璧:《重见丁玲话当年——〈母亲〉出版的前前后后》,载《编辑忆旧》,北京:生活·读书·新知三联书店,1984年,87页。
② 茅盾:《我走过的道路(中)》,北京:人民文学出版社,1981年,26页。
③ 朱晓进:《从政治文化的角度研究中国二十世纪文学》,载《文学评论》2001年第5期。

化倾向。一方面,人们热衷于阅读政治题材和革命军事题材的作品,将这类阅读看作是体验个人政治情感的重要方式。例如,20世纪五六十年代,一批革命战争题材的图书风行一时,极大地激起了广大民众建设新中国的献身热情,如上海文艺出版社出版的《铁道游击队》(1954年,55万册)、中国青年出版社出版的《烈火金刚》(1958年,252万册)、《红日》(1957年,180万册)、《红旗谱》(1957年,217万册)、《创业史》(1960年,114万册)、《红岩》(1961年,712万册),人民文学出版社出版的《保卫延安》(1954年,238万册)、《林海雪原》(1957年,350万册)、《青春之歌》(1958年,300万册)等。① 另一方面,这种阅读审美政治化倾向也带来了不容忽视的负面效果,正如王龙所说:

> 阅读审美政治化使读者形成了一种僵化的政治思维模式,而且这种模式在"文革"中发展到了极致。它具有黑白分明的审美标准:美与丑、敌人与同志……在这样的审美标准下,不仅是现当代文学,就连古典小说《红楼梦》《三国演义》《水浒》也都给予了政治关照下的解读。在语文教学中,"封建主义""统治阶级""时代局限""革命的英雄主义""革命阵营"等具有本国特色的政治化术语成为评价课文内容与艺术的唯一标准,而且总是用两种对立的观点去分析作品:歌颂了什么,揭露了什么。这种阅读模式虚化了阅读效果,简单和僵化了学生的思维,压抑和阻止了学生的想象力和创造力的发展。同时,它不仅没有使读者走进文学,感受到文学的艺术魅力,而且,既给文学造成了极大的伤害,也使读者离文学越来越远。②

"文革"结束后,"阅读摆脱了本来不属于它的政治化功能,重又

---

① 徐丽芳等:《中国百年畅销书》,西安:陕西师范大学出版社,2001年,43—46页。
② 王龙:《阅读研究引论》,香港:天马图书有限公司,2003年,132、133页。

获得自己真正的社会使命:成为一种传播媒介、智力发展技术和获取文化的方法"①。

我们回顾中国阅读史时,可以发现,在许多特定的政治时期,普遍的政治文化心理往往是影响社会阅读方向的重要因素。人们普遍的阅读期待与当时特定政治文化语境下人们的政治文化心理紧紧联系在一起。在普遍的政治文化心理影响下,读者形成了相应的阅读期待和阅读需求,这对图书和文本的生产和发展起着制约和导向的作用。这种作用突出体现在对作者、编辑者和出版者的行为,以及对作品内容和风格的影响和制约上。图书和文本作为特殊的商品,也是由生产、流通和消费三个要素构成的,具体体现为作者的创作、出版者的经营和读者的阅读。读者的阅读期待和阅读需求决定着图书和文本的命运,而图书和文本的内容和形式反过来又影响着阅读活动。因此,政治文化心理对阅读的影响就这样在文本的"生产"和"消费"这一流程中得以显现。

二、意识形态对阅读的支配

意识形态是政治权力的精神表现,是由政治权力支撑并极力倡导的政治思想和观念。对任何一种政治秩序而言,意识形态都是其必不可少的权力的组成部分。意识形态的形成通常与一个政权的兴起和变革联系在一起,并且一个时期的意识形态内容一旦确定,就要求社会成员必须接受。意识形态不仅是政治权力的象征,还是思想领域的判断标准。一般来说,意识形态有政治性、抽象性、强制性、象征性等特点。阅读作为一种社会文化活动,必然受到意识形态的支配和制约。

---

① 李国海:《荧屏时代话读书(下)》,载《外国哲学社会科学文摘》1995年第3期。

意识形态对社会阅读的影响主要表现为支配和引导两个方面。意识形态不仅是政治统治的航标灯,而且是被统治者的行为、思想指南。主流意识形态引导着社会阅读的方向,任何时期阅读文化的本质趋向,总是与当时的主流意识形态的步调一致。在中国历史中,意识形态往往构成社会阅读发展所需要的一个重要生态环境,就本质而言,社会阅读的发展方向和主流特征是由意识形态决定的。

在中国历史上,各种文化思想经历过无数次交流、碰撞、融合,但以"三纲"为核心建构起来的儒家思想一直是自汉以降的典范性的官方意识形态,这是中国古代社会意识形态的基本脉络。

可以说,从汉武帝"罢黜百家,独尊儒术"之后,历代统治阶级都把儒家学说视为正统思想,视儒家学说的一批代表性著作为指导一切思想、学术和文化的经典,并且形成了研究和阐发儒家经典的学问——"经学"。"崇圣尊经"成为人们不可移易的思维定式。中国传统社会的阅读活动一直以儒家经典为中心,政府以儒家经典为依据取士,官学、私学都把儒家经典作为学习材料和考试内容,学者们都从各自角度读经、阐经、解经。特别是元明清时期,主流意识形态呈现出理学化的趋向,程朱理学成为不可动摇的官方哲学和官方思想,阅读活动由这种强大的向心力所支配,便有着浓重的理学教化色彩。这突出地体现在各级学校对教科书(儒家经典)的选择和阐释上。元朝国子学的教学内容明确规定:"凡读书必先《孝经》《小学》《论语》《孟子》《大学》《中庸》,次及《诗》《书》《礼记》《周礼》《春秋》《易》。"① 甚至医学学生,"亦须通'四书',不习'四书'者禁治不得行医"。② 中央官学如此,地方官学和私学莫不如此。明清各级学校沿袭前代制度,大多不仅选择儒家经典作为教科书,而且刻意以程朱理学阐释儒家

---

① 宋濂等:《元史》卷八一《选举志一·学校条》,北京:中华书局,1976年,2029页。
② 柯劭忞:《新元史》卷六十四《选举一·学校科举》,天津退耕堂刻本,1920年,1440页。

经典，考试内容也一律以程朱理学为依据。明清两代的八股文取士更进一步强化了阅读活动的教化倾向。此外，统治者还大力提倡宣扬程朱理学思想的文艺作品，如明洪武二十二年(1389)朝廷张榜公布:"娼优演剧，除神仙、义夫、节妇、孝子、顺孙、劝人为善及欢乐太平不禁外，如有亵渎帝王圣贤，法司拿究。"①洪武三十年(1397)五月刊刻《御制大明律》，重申了这一律令。这些都体现了意识形态对阅读活动的影响，伦理教化成为当时阅读活动的主流思潮。

汉书下酒图

直到 1840 年鸦片战争之后，这种儒家思想在意识形态中占主导地位的状况才开始发生变化，旧的意识形态逐渐被新的意识形态所取代。近代中国社会意识形态始终围绕着"振兴中华"这个主题演

---

① 董含:《三冈识略》卷二"本朝立法宽大"条引《遁园赘语》，沈阳:辽宁教育出版社，2000年，24 页。

进,历经了从几千年"天不变,道亦不变"到"师夷长技以制夷""变法维新",再到资产阶级革命、引进西方意识形态,最后在中国共产党领导下走上了无产阶级革命道路这四个阶段。其在四个阶段的突变之间更有渐变。随着社会意识形态的变迁,社会阅读活动的方向和特征也在发生着相应的变化。鸦片战争后,除传统的经、史、子、集之外,科技类书籍和西学书籍渐次出现。如清道光、咸丰年间,广东番禺潘仕成辑刻《海山仙馆丛书》56种,除经史著述外,多选数学、地理、医学方面的书籍。其刻书宗旨是旁收博采,反映了当时国人开始向西方寻求科学的阅读心态。19世纪60年代兴起的洋务派,设立译书局和官书局,大量翻译西方技术、法律等方面的书籍,自然科学和应用科学的译作占此时译书总数的70%以上,①使中国传统的图书结构发生了变化,读者的阅读视野扩大了。19世纪90年代兴起的维新派,主张政治变革,大胆传播西方的政治、社会学说,使译书的内容更加广泛,并在社会上获得了广泛传播。可以说,中国近现代史上每一次重大的政治变革和社会运动,都孕育出一批适合时代发展的图书,都会出现反映时代变化的读书热潮,特别是19世纪末20世纪初中国新出版业形成以后这种现象更为突出。如严复翻译的《天演论》《原富》《法意》等有关西方资本主义政治、经济、社会学说的著述,林纾翻译的《巴黎茶花女遗事》《黑奴吁天录》等反映西方社会生活的文学作品,都盛极一时。商务印书馆、中华书局等民营出版机构迅速发展,出版了大量丛书、教科书以及社会科学、自然科学、应用科学、艺术、哲学、宗教等各类图书,大大丰富了读者的阅读内容。

1949年10月新中国成立后,中国共产党领导的无产阶级专政成为中国社会的意识形态,政治权威高度整合着全社会,文艺工作成为整个革命工作的一个组成部分。图书的生产、流通和消费都是为新

---

① 李雪梅:《中国近代藏书文化》,北京:现代出版社,1999年,11页。

中国的文化意识形态服务的。在这样的历史背景下,图书品种单一,人们的阅读范围有限,但有些图书发行量高达几十万册,甚至几百万册,影响极大。20世纪50年代到60年代初的畅销图书主要有以下几类[①]:①毛泽东著作和选集,以及其他马列经典著作;②文化遗产读物,如四大名著、一些五四时期的进步作家在新中国成立前即已出版的优秀作品、苏联和其他国家的革命文学等;③当时的作家为那个时代所创作的文学作品,尤其是长篇小说,有农村题材的、战争题材的、现代史题材的等;④普及新民主主义思想的哲学读物、知识性读物、政策宣传读物等;⑤一些描写战斗英雄、劳动模范和先进人物的作品。这些图书的畅销现象都深深地打上了时代的烙印,反映了意识形态对图书创作的深刻影响。1966年"文革"开始后更是意识形态高于一切,与"文革"意识形态相悖的文艺作品都遭到批判和封杀。除马克思、恩格斯、列宁、斯大林的经典著作及毛泽东著作、鲁迅著作、"样板戏"图书、个别政治文学作品、政治读物("两报一刊"社论等)和部分通俗科技书籍能允许出版外,其他能允许出版的图书可谓寥寥无几。1969年4月中共九大召开后,图书出版状况得到一定程度的改善,几种重点图书恢复出版。李洪林回忆,"文革"期间出了两期《开放图书目录》,共刊载文科书目一千多种。这就是说,除了自然科学和工程技术书籍之外,能开放阅读的只有这一千多种。[②] 就是这一千多种书也是经过仔细筛选的,其中大部分都是单纯的政治宣传性的书籍。直到1978年思想解放运动后,中国社会进入了改革开放时代,图书出版、流通和社会阅读才得以飞速发展,出现了文化多元化的局面。

---

① 徐丽芳等:《中国百年畅销书》,西安:陕西师范大学出版社,2001年,39—50页。
② 李洪林:《读书无禁区》,载《读书》1979年第1期。

三、政治制度对阅读的控制

不同的政治制度有着不同的政治主张和文化政策。政府运用政权、法律、政策、条例等多种手段对社会阅读行为和阅读倾向实行控制,规定阅读内容的取舍,调节社会的阅读需求,引导社会阅读活动的发展方向。"政治对阅读活动的干预和控制既表明了某一时期政治、政党的文化态度和他所代表的社会集团的思想发展轨迹,又是一部生动的社会阅读活动史。纵观中外历史,专制政治往往是采用各种手段限制人民群众阅读活动的发展,而民主政治则是通过不同方式促进和发展社会阅读活动的。"①

纵观中国古代阅读史,我们发现专制制度下统治阶级对阅读的控制主要体现在以下几个方面。

第一,统治阶级垄断图书和文化学术,使阅读成为少数人的特权。"官守其书""学术统于王官"就是例证。在这种情况下,阅读能力只能为统治阶级中的少数人所拥有,阅读成为少数人的特权。孔子为整理王家和诸侯典籍第一人,在其以前,识字和文化知识被史官所垄断,他们所负责的文献资料无不与政治权威有关,所谓"礼乐征伐自天子出"。在中国历史上很长一段时期内,文献被统治阶级所垄断,阅读仅仅是少数人的"精英阅读"。

第二,统治阶级对于某种文化体系的鼓励或者打击,影响相关阅读活动的兴衰。由于统治者决定着文化产品的价值取向,在其推行一种文化风尚时,相关图书的生产就会繁荣,也易于收集、收藏,阅读活动也相应地兴盛。例如汉初实行休养生息政策,图书业得以恢复发展;汉武帝实施"罢黜百家,独尊儒术"政策,使儒教典籍获得大发展,研读儒教典籍之风盛行,并由此形成了儒家文化传统。相反,统

---

① 王龙:《阅读研究引论》,香港:天马图书有限公司,2003年,133页。

治者在反对某种思想文化时,则采取禁书、焚书的手段,来禁止相关典籍的流传或干脆对其进行彻底的销毁,这必然大大限制了该类图书的生产、收藏和阅读。例如秦始皇焚书坑儒,图书文献遭到重大劫难。

第三,"以吏为师"的政治文化传统控制着读书人的思想。以吏为师,以君为师,是中国古代政治的主要传统之一。以吏为师的基本含义是确认皇帝及其臣子——各级官吏的思想和行为,它是全体社会成员思想、行为的准则和楷模,把统治者的意志普遍化为社会的意志,使思想从属于政治,用权威来裁决认识,各种理论、学说和主张只有为王权和专制秩序服务,并为统治者所首肯,才有存在和发展的余地。① 以吏为师的思想来自战国时期的法家。从商鞅、韩非到李斯,他们都提倡用政治系统来统率文化系统,实行文化专制主义。这一主张与秦始皇的极端专制的政治理念不谋而合,于是以吏为师成为秦朝的基本国策。在古代中国,以吏为师具体表现为以下几种形式②。首先是官办学校。秦汉以来各个朝代的统治者都十分重视利用各种手段来控制阅读行为,由于历史条件的差异,各个朝代的具体做法不尽相同。秦代是焚书坑儒、禁书绝学,运用官吏对人民进行政治教化。汉代以后,统治者更多的是通过设置和控制学校,来控制和统一读书人的思想。其次是私学的官学化。在君权神授的专制政治的框架下,私学也是官方传播政治思想的重要工具。虽然在宋代以前,各种私学在形式上是独立的,但官府往往通过提供资助、表彰、颁赐经书等形式,对私学施加各种影响。元代以来,私学(主要是书院)的山长、主管钱粮的官员,都由朝廷任命。政府还允许书院选送优秀生员参加科举考试。于是私学成了官学的暂时补充。最后是君为万

---

① 金太军:《论中国传统政治文化的政治社会化机制》,载《政治学研究》1999年第2期。
② 张昆:《大众媒介的政治社会化功能》,武汉:武汉大学出版社,2003年,310页。

民之师。以吏为师的最高表现形式就是"以君为师",所谓"上自皇帝,下至三王,莫不明德教,谨庠序,崇仁义,立教化。此百世不易之道也"①。

第四,政府对图书编撰和出版环节进行控制。在社会再生产过程中,图书的编撰和出版是图书生产环节,而阅读则是图书消费环节,图书的编撰和出版总是作为文献活动的领先环节制约着阅读活动。

图书不仅是文化的载体,而且在一定程度上自身就是文化传统,在特定时期,也是权力话语的符号和表达方式。正因为如此,图书在历史上从一开始就是特权阶层的专利品,不但在其形成阶段为特权阶层所垄断,而且其发展演变都要受特权阶层的监督,尤其是代表主流文化的官方政治意识形态,一直都对图书的编撰和出版产生着强有力的影响。

从中国社会发展的历史来看,各朝代都设立有官方编校机构,从事编校活动,以提供图书流通和阅读的文本规范和社会政治、道德标准,并确保其正统地位和文本权威,从而达到对人民进行思想控制的目的。此外,政府还对某些类型的图书的编撰和出版进行严格控制,力图从图书生产的源头上对社会阅读活动进行控制,达到其专制统治的目的。具体说来,古代社会政府控制阅读活动主要有以下几种方式。

1. 设立官方图书编校机构

国家通过政治权力对图书生产的控制,是依靠其设置的图书编校机构来实现的。据古代文献记载,黄帝时就有了"史官",最著名的是仓颉。夏代已有掌管"图法"的史官。殷商已有了专门从事文献生产和管理的官吏——巫、史、祝、卜,他们集宗教、政令、文书等职能于

---

① 桓宽:《盐铁论·遵道》,上海:上海人民出版社,1974年,53页。

一身。周朝设立六官,官制大为完备,史官是与图书文献有关的官职。春秋战国时的各诸侯国也都设有史官。可见,周秦时期已有国家图书机构和职官的设置。从早期的史官制度,到东汉设置、魏晋南北朝兴起、隋唐五代发展、宋元兴盛、明相沿袭的秘书监制度,直至清政府专门化的图书出版法律的出现,以及各朝官刻系统的发展壮大,形成了中国古代图书编撰和出版管理机构与制度的发展轨迹,体现了统治者对图书编撰整理的约束和管制。政府依靠官方编校机构,进行编校活动,同时对图书编撰和出版进行控制。

2. 整理刊刻儒家经典

汉武帝"罢黜百家,独尊儒术"后,历朝统治阶级都把儒家学说奉为正统思想,极为重视儒家经典的整理刊刻与传播。唐太宗诏令孔颖达与诸儒对过去各种经说进行整理,编撰《五经正义》,作为明经考试的内容。后又经补充整理,至唐文宗下令将"九经"及《论语》《孝经》《尔雅》都刻在石碑上(即《开成石经》),到北宋仁宗时刻《嘉祐石经》,又加入《孟子》一书,从此儒家经典形成"十三经"。南宋时合刻《十三经注疏》,汇集儒家经典,对后世有很大影响。明清两代,皆由皇帝勅版刻于太学。以"十三经"为主体的儒家经典的刊刻传播活动,一直受到统治阶级的高度重视。

3. 官修图书和定本制度

在中国历史上出现的大量"御撰""钦定"和"官修"图书正是历代统治者向民众灌输正统思想文化的工具。某些领域图书的撰述往往是受政治权力控制的。例如,隋文帝曾下令不许私人修撰国史,这一政令在唐以后的各朝几乎都加以沿用而产生效力。此外,宋代前期就有定本制度。定本是指官方审定的邸报样本,进奏官必须根据这一样本进行发报。宋代的定本制度起源于真宗咸平二年(999)的规定:"进奏官所供报状,每五日一写,上枢密院定本供报。"①后来这一制度曾两次取消,但最后又重新恢复。宋光宗时期又规定"门下后省定本,经由宰执,始可报行"②。此制度一直延续到宋末。定本制度可以说是我国原始的书籍发行前检查制度。

4. 编纂史书、类书、丛书

在中国历史上,一些统治时间较长的朝代,大多皇帝钦命组织修撰前代历史和编撰丛书、类书,以统一人民的思想。从汉代明帝开始,就形成了官修史书制度。各朝争相修史的目的不外乎显示自己权力来源的合法性和正统性。唐太宗曾命当朝宰相亲督,以儒家正统教义为指导,对此前诸朝历史进行大规模的修订和改编。至于丛书、类书,在编辑群书、保存文化的招牌下,往往成为统治者排斥异己、粉饰太平的工具,政治目的明显,实际上有许多不利于当朝统治的图书在这个过程中都遭到了野蛮的破坏。特别是乾隆年间编纂《四库全书》时,禁毁了大量不合乎统治阶级思想的书籍。据粗略统计,古代类书有六百多种,其中大多数是在政府支持或组织下编撰的。③

5. 删改儒家经典

中国古代专制统治的特点是皇权至上,皇帝不仅操生杀大权还能删改圣人之言,以加强专制统治。最典型的事例莫过于明初时,太祖朱元璋命人将《孟子》一书删掉 85 条④,删去其中含有"民本""仁政"思想的语句,改编成《孟子节文》一书,颁行全国,作为科举范本,而《孟子节

---

① 徐松:《宋会要辑稿》职官二之四五,刘琳等校点,上海:上海古籍出版社,2014 年,3013 页。
② 徐松:《宋会要辑稿》刑法二之一二五,刘琳等校点,上海:上海古籍出版社,2014 年,8354 页。
③ 曹之:《中国古籍编撰史》,武汉:武汉大学出版社,1999 年,472 页。
④ 曹之:《中国古籍编撰史》,武汉:武汉大学出版社,1999 年,268 页。

文》未收录的文字,则"课试不以命题,科举不以取士"①。直到1411年明成祖朱棣组织编纂《孟子集注大全》,才恢复了《孟子》的原貌,取代了流行于洪武年间的《孟子节文》。

四、图书文化政策对社会阅读的保障

当今,随着社会的不断进步,国际社会和各国政府越来越认识到公民获得知识与信息的权利对社会发展的重要意义,越来越关注社会阅读,并通过制定一系列图书文化政策来促进社会阅读的健康发展。图书文化政策对社会阅读的引导和保障,主要是通过政府或组织确定适宜的文化发展目标,选择相应的文化政策工具,最后作用于与文化发展目标相适应的社会阅读活动等一系列复杂过程而实现的。文化政策工具主要有行政政策、法律政策和经济政策等。

社会阅读有赖于一定的政府部门和社会组织来推进。许多国家和政府通过设立有关管理部门、行业协会、公共服务机构,来制定图书馆、出版事业发展规划和行业自律规范,完善相关法规建设,实施促进社会阅读的经费投入和分配管理制度,积极开展社会阅读活动,组织对优秀读物、优秀作者、优秀书评人的评奖活动等。

法律政策为保障大众阅读权利提供了权威依据和实施细则。国际社会与各国政府都纷纷制定图书馆法、著作权法等有关政策和法令,以保障阅读活动的平等和自由开展。如美国于1939年颁布的《美国图书馆宣言》、日本于1979年改定的《图书馆自由宣言》、韩国于1994年重新颁布的《图书馆及读书振兴法》、联合国教科文组织与国际图联于1994年共同制定的《公共图书馆宣言》等。联合国教科文组

---

① 刘三吾:《孟子节文题辞》,《孟子节文》卷首,载《北京图书馆古籍珍本丛刊》第1辑,北京:书目文献出版社(未署出版年),956页。

织在 1972 年国际图书年就曾发布《图书宪章》,其中第 1 条就明确规定:"每个人都有阅读的权利。社会有责任保证每个人都有机会享有阅读的利益。"

2017 年 11 月,《中国图书馆法》正式颁布,它有力地向社会宣示了国家对公共文化服务实行公益性免费服务的态度以及用法的力量保障大众阅读权力的决心。

经济政策对图书事业的扶持会促进社会阅读文化的发展。促进阅读发展的经济政策主要如下:加大对图书馆等公共图书文化机构的投入、建立图书馆事业发展基金、建立专项出版基金、减免出版企业的税收、给予优惠信贷政策、给予学术出版补贴、对优秀读物给予奖励等。

政治与阅读的关系是中外阅读史研究的重要课题。除了政治意识对阅读的影响和制约这个研究主题外,具有政治行为特征的阅读史,阅读活动与政治思想传播,阅读行为对于推动社会变革和政治改革的作用等,都是学者们已投入极大关注、亟待深入研究的领域。

第二节　群体意识与阅读

一、读者群体及其类型

社会心理学认为,群体是具有某些共同社会心理特征的人的共同体,是个人和社会之间的中介。一个群体的成员通常是在一定的价值规范、目标的引导下相互作用、相互影响、协同活动的,属于同一个群体的成员有着共同的利益和愿望。所谓群体意识,就是参加群体的成员所共有的意识。它是在群体成员互动过程中形成的,包括群体目标和群体规范、群体感情、群体归属意识等内容。① 群体的形成是建立在交往互动、目标一致的基础之上的,不同的目标和社会交往方式促进了不同群体的形成。同样,读者群体的形成和划分是建立在不同的阅读目的和阅读行为的基础之上的。

接受反应理论中的"阅读共同体"(或"阐释团体")概念能较好地解释读者群体的形成。文学的功能是建立在阅读的社会效果的基础之上的,每一文本都有与其相对应的读者群,也就是由阅读兴趣、审美能力、接受程度、鉴赏水准不同的读者构成的阅读共同体,它是一种通过阅读进行对话与交流的"无形学院"。每一阅读共同体,甚至每一位读者在开始阅读时都已有一种先在的审美经验和鉴赏水准,形成期待视野,并且在阅读过程中不断变化。文学接受度在不同的读者共同体甚至每一个读者身上都有不同的体现,在历史的不同时期也各有所异。② "读者(群)对文本意义的诠释起决定作用,意义是在一个交流系统而非文本中被读者接受和解释的。"③ "阐释团体"(interpretive communities)是指一个社会化的公众理解系统。在这个系统里,读者与文本相互影响和制约。它既决定一个读者的阅读活动形态,又制约这些活动所制造的文本。其意义既不是确定和稳定的文本的特征,也不是不受约束的或者说独立的读者所具备的属性,而是阐释团体所共有的特性。它代表阅读惯例的全体,是阐释团体固有的属性。④

西方阅读史研究吸收了接受反应理论的有关概念。罗杰·夏蒂埃认为,"阐释团体"是一个分享共同阅读风格和可辨认的诠释策略

---

① 郭庆光:《传播学教程》,北京:中国人民大学出版社,1999年,92页。
② 金元浦:《文学解释学》,长春:东北师范大学出版社,1997年,217、218页。
③ 金元浦:《接受反应文论》,济南:山东教育出版社,1998年,303页。
④ 斯坦利·费什:《读者反应批评:理论与实践》,北京:中国社会科学出版社,1998年,46页。

的读者群。① 一些学者则倡导应该调查"具有历史意义的读者反应群体",他们认为这个过程能够表明特定的读者是如何阅读文本、如何形成读者群体的,这是超越了诸如职业、性别和宗教一类的社会阶层划分的。而对这个阐释团体的评估则涉及以下的方法:制定对文本内部和外部的研究策略、学校教学方法、认知过程的现象学、书信和文本的认知、词态学、印刷样式的影响、拼字法和文本的视觉呈现等。②

因此,读者群体实质上就是"阐释团体"或"阅读共同体"。不同的文本有与之相对应的不同的读者群体。此外,在社会阅读活动中,不同的心理和社会原因也会促使不同的读者群体形成。法国文学社会学家罗贝尔·埃斯卡皮认为,书籍是为满足某一特定的社会圈子的需求而生产出来的,书籍的阅读传播首先同语言集团(如英语集团、法语集团等)有密切关系,每个集团内部都存在着依据政治制度和民族界限划分出来的文学循环。划分文学群体类型的标准有性别、年龄和阶级三种。埃斯卡皮进而指出:"文学身份最清楚的社会群体是文化群体。"③这就是文人群体和大众群体,它们各有自己的群体心理和行为特征。在现代西方社会中,文人实际上已成为一种社会阶层,他们接受过较好的教育,有能力做出个人的文学评判,有足够的闲暇时间阅读,有经济条件购买书籍。而大众群体所受的教育只能使他们具备一种从直觉出发的文学趣味,缺乏阐释性和理性的评判,他们的工作条件和生存条件不利于他们进行阅读,或者他们根

---

① R. Chartier. "Texts, printings, readings." *The New Cultural History*. Berkeley, California: University of California Press, 1989: 154—157.
② James Raven. "New reading histories, print culture and the identification of change: The case of eighteenth-century England." *Social History*, Vol. 23, No. 3(Oct., 1998): 268—287.
③ 罗贝尔·埃斯卡皮:《文学社会学》,杭州:浙江人民出版社,1987年,264页。

本没有阅读习惯；其经济收入亦不允许他们经常购买书籍。这两种群体形成了两种发行和交流圈子。

根据不同的划分标准，可将读者群分为不同的类型。如根据职业划分，可分为教师读者、学生读者、工人读者、农民读者等；根据年龄划分，可分为儿童读者、青少年读者、成年读者、老年读者等；根据性别划分，可分为男性读者、女性读者等；根据户籍性质划分，可分为城市读者、农村读者等。

不同的读者群有着不同的群体意识，而同一读者群内部有着一定的群体阅读目标和阅读规范，如大致趋同的阅读价值观和阅读方式。也就是说，在一个"阅读共同体"或"阐释团体"中，读者有着相似的文本阐释方式和阅读风格。如学者读书往往是为了治学，因此多抱着一种严谨求实的态度；青少年读书是为了增长知识和才干，因而求知若渴；而工作压力大的读者读书一般是为了消闲，追求情趣和娱乐。

不同读者群又具体体现为不同的阅读兴趣和阅读倾向。如学者偏好学术类和理论类著作，股民倾向于阅读股票类书籍，打工者倾向于阅读打工文学类作品，农民读者群渴望生产、生活类实用图书，女性读者群喜好女性文学、婴幼儿子女教育、女性时尚休闲等各类女性图书，老年读者群偏好养生保健类图书，中青年读者群偏好励志、管理类图书等。

因读者群的划分有不同的标准，故同一个读者可能分属于不同的读者群，如一个女性读者同时是教师读者，也可以是青年读者，但是不管属于哪一个读者群，她都会受到该读者群体意识不同程度的影响。

二、读者群体中个体读者的阅读行为特征

阅读是人们在社会生活中的一种文化行为，是一个复杂的生理

过程,也是人类所特有的高级而复杂的心理活动。阅读行为是由个体的人来进行的,但个人离不开集体,故每个读者都离不开特定的读者群体,处于一定群体中的读者个体必定会受到读者群体的影响,因此,读者的态度会受到群体意识的影响。读者的态度包括阅读兴趣、阅读动机、阅读倾向等。阅读兴趣和阅读动机不同,就会产生不同的阅读倾向。当然,读者的阅读倾向还会随着社会经济条件和个人因素的改变而改变。

从社会心理学角度来考察作为群体成员的个体读者的阅读倾向,我们发现它有三种比较显著的特征。

1. 从众性

从众是指个体在知觉、判断、信仰及行为上,表现出与群体中大多数人一致的现象,从众性行为主要来自个体相信他人、寻求安全和忠于集体的心理。从众现象在社会生活中非常普遍。读者的阅读行为也具有这种显著特征。

对读者的从众行为有影响的因素主要有情境因素和个人因素等。情境因素包括读者群体的规模、读者群体的凝聚力等。随着读者群体人数的增加,从众行为会经常发生,但如果超过了一定限度,人数增加并不必然导致从众行为的增加。一般情况下,群体的凝聚力越大,从众的压力越大,人们的从众行为越可能发生。个人因素主要有读者的自我意识、社会地位、性别等。一般而言,群体意识强的读者从众的可能性更大,而自我意识强的读者往往按照自己的标准和方式来选择读物,不容易从众,有时人们不去从众是为了保持自身独特性。

2. 逆反性

逆反心理是个人在客观环境与主体需要不相符合时产生的一种心理活动,它带有强烈的抵触情绪。逆反心理来自人们对自己行为的控制愿望,当这种控制愿望和控制自由受到限制的时候,人们往往会采取对抗的方式,以保持自己的自由。逆反心理在读者的阅读倾向中也有表现。如某些读者对被禁止、受批评或有争议的图书表现出浓厚的兴趣,而对社会所推荐的图书却不愿看。有些禁书屡禁不止,甚至某种图书在被禁后反而可能在短期内或在一定范围内会形成阅读热,这也是读者逆反性阅读行为的一种表现。

3. 流行性

流行是指社会上许多人都去追求某种生活方式,使这种生活方式在较短的时期内到处可见的一种群众性的社会心理现象。读者态度的流行性与从众性有区别,流行性侧重于对社会流行阅读现象的跟进,具体表现为对阅读时尚和阅读热点的跟风,可以说是一种泛化的从众性。它代表着某一时期大众读者的普遍追求,体现了时代的特点和风貌。读者的阅读倾向容易受时代风尚和社会环境的影响,而呈现出流行性特点。20世纪不同历史阶段,中国社会频繁出现种种读书热潮和畅销书流行现象,如前期的谴责小说、新文学作品、"鸳鸯蝴蝶派"小说畅销现象,后期出现的文化热、"琼瑶热""金庸热"到大众历史读物热等,读者的流行性心理特征在其中起到了推波助澜的作用。

个体读者阅读倾向的各个特点的界限不是很分明,它们常常是互相交错的。如从众心理是流行性阅读行为产生的一个影响因素,从众性和逆反性有时可以相互转化。

三、读者群体意识对阅读的影响机制

个人的态度总是与他参与的群体的态度相关联,也就是要受到群体意识的影响。群体意识对个体的影响机制主要通过群体压力,或者说群体动力起作用。群体压力,"是群体借助于规范力量形成的一种对其成员心理上的强迫力量,以达到对其行为的约束目的。群体压力不是权威命令,它并不强制个体改变自己的行为,但它对个体来说,却是一种难以违抗的力量。一个人觉得自己的意见与群体大多数人的意见不一致时,就会感到紧张,这种紧张来自对偏离群体的恐惧。因此,如果一个人不愿意处于孤立的境地,他就会在群体压力面前顺应大多数人的意见"。① 群体压力对个体有很大影响,它有助于维护群体的团结,并促成多数成员内心安全感的形成,但是在一定程度上会抹杀成员的个性和创造性。美国心理学家勒温提出的"群体动力学",认为群体是一个动力整体,群体中存在着一种"动力场",群体成员的行为都依存于"动力场",场的任何部分都依存于场的其他部分。②

群体压力和群体动力两个概念都解释了群体对个人的影响机制。总之,群体总是有意无意地影响着个人的态度。群体对个人的态度构建有双重作用:一是改变成员的态度,使其与群体的态度保持一致;二是支持成员的态度,促其抵制外界的影响。群体正是依靠对个体态度构建有双重作用,来维系群体的内部凝聚力的。个体对群体的评价越高,个体与群体的关系越密切,群体的凝聚力就越强,个体的态度受群体的影响就越大。③

对读者产生影响的群体,可以是自身参与的实在群体,也可以是自身并未参加而为自己所向往的群体。美国心理学家海曼所提出的参照群体理论就包括了上述两种群体。参照群体具有规范功能和比较功能。在现实生活中,人们可以发现读者往往是把一些参照群体作为自己的行动参照甚至行动楷模的。如一些有成就的知名学者或

---

① 郑雪:《社会心理学》,广州:暨南大学出版社,2004年,171页。
② 郑兴东:《受众心理与传媒引导》,北京:新华出版社,2004年,256页。
③ 郑兴东:《受众心理与传媒引导》,北京:新华出版社,2004年,256页。

成功人士往往成为普通读者的参照群体，他们读书治学的方法或经历成为普通读者学习、模仿的对象。例如，各地举办的讲座、读者见面会以及图书市场上出现的大量的名人谈读书、谈治学的图书等，都是参照群体的功能的体现。

阅读群体是读者的共同体，任何一种阅读群体都有其共同特征。促使群体中的读者结合在一起的凝聚力，会催生读者群体意识，即群体阅读目标和阅读规范。而由群体意识构成的群体压力或动力，使阅读群体对读者的阅读态度产生了重要影响。个体读者阅读倾向的流行性和从众性又使得群体的多数成员的阅读心理与行为趋向一致。

我国改革开放以后陆续出现了英语热，科技热，以金庸、梁羽生的小说为代表的武侠小说热，以琼瑶小说为代表的言情小说热，以三毛散文为代表的异域风情热，推理侦探小说热，哲学热，美学热，文学名著热等。当人们生活条件改善和生活质量提高后，又出现了阅读化妆美容、房屋装修、健康等生活类图书的热潮。又如当某部电视剧上映前后，相关的书籍也会成为人们的阅读热点。这种阅读热有以下几个特点：①新奇性，富有吸引力；②时效性，热点不断出现，每一种热都不会持久，长则数年，短则数月就衰退了；③人多面广，卷入热点的人数多，影响面广。其实对相当多的读者来说，他们并不是发自内心地喜欢读这种书或这一类书，而是在阅读潮流到来时随之产生了相关阅读行为。在读了这些热门书后，也许他们会喜欢上这些书，也许不会。但是他们至少会对这些书有所了解，他在生活圈内与朋友、同事易产生共同语言。如在20世纪80年代，我国的大学生中出现了"哲学热""美学热""心理学热"等较高层次的阅读热，高校图书馆馆藏的相关书刊十分抢手，有的学生还购买这些书。大学生们在谈话中常讨论尼采、萨特等西方哲学家的观点，弗洛伊德的精神分析学说，及朱光潜的美学理论等。其实当时多数人并不是要潜心研究这些学问，许多人是抱着求知求新心理来读这些书的，不少人不过是随波逐流卷入到这股阅读热潮中。又如近些年大学生中出现了"考研热"和"考证热",也形成了相关图书的阅读热点,图书馆借阅率居高不下,这类图书在图书市场也十分热销。这固然与就业竞争激烈的形势有关,但也与许多学生的从众心理有关。当考研、考证形成一股群体意识和行为潮流时,有的学生就会改变自己的态度,采取与大多数人一致的从众行为。

群体意识还可能使个人改变阅读兴趣和阅读行为,以实现与周围人的一致。如当某个读者周围的多数人对某种图书采取十分赞赏、肯定的态度时,这会促成这个读者去阅读此书。如果该读者周围多数人对某种书持否定态度,即使该书是他原来想读的图书,也可能因此而不想阅读了。因此,在群体的压力下,个体读者会产生与群体相一致的阅读兴趣和阅读行为,这也是个体读者的从众性起作用的结果。越来越多的个体读者的阅读兴趣和阅读行为趋同,会促成阅读群体的规模扩大和相关阅读热点的形成。

随着社会的发展,社会结构重组、分化,由单一走向复杂,产生了新的社会阶层和社会群体。不同利益的阶层或群体之间的关系也呈现复杂性。每个阶层或群体都有自己特殊的利益要求和价值观,出现了价值观多元化的现象。功利性的价值观(如拜金主义、享乐主义、个人主义等)盛行,在一定程度上影响了社会的稳定和协调发展。传统的道德观念和道德评价体系受到冲击,往往引发一些社会问题。这些现象在人们的阅读倾向和阅读行为中也有所反映。人类的许多行为是由非理性思维(情感、感觉、迷信及其他非逻辑因素)所控制的,人们的阅读行为也存在非理性现象,有冲动性、盲目性和难以预见的情况,这容易对社会阅读文化乃至社会秩序产生不良影响。而图书文献作为精神产品,对人们的思想和行为有深刻影响,因此需要对人们的阅读倾向和阅读行为加以规范,进行引导,以推动阅读文化健康有序地发展。

因各自职业、专业有异,受教育程度有别,知识储备和专业背景不同,读者隶属于不同的读者群体,其阅读需求亦呈现出差异化和多元化趋势,并且随着社会的发展,这种趋势会日益明显而变得难以把握。在建设阅读社会的今天,大力促进社会阅读的发展迫在眉睫。我们不妨利用群体意识对读者阅读行为的影响来促进社会阅读活动的开展,方式有很多,例如:建立读书俱乐部或读书小组,促进群体内部读者之间的交流和互动;组织读书比赛,发挥群体对读者个体的激励作用,以形成浓厚的阅读气氛;利用参照读者群体进行营销和劝读,如组织读书巡回报告团、演讲团等;针对某一群体开展有特色的读书活动,如亲子阅读、女性阅读、青少年读书活动等。

第三节　宗教信仰与阅读

一、宗教信仰与阅读的价值观念

阅读的历史始于文字的发明和文本的形成,文字和文本的产生及发展都与宗教信仰密切相关。

在中国传统文化背景下,文化就是文字,文化的神圣感源自文字的神圣感。仓颉在民间文化里一直以半人半神的形象出现,似乎神性更大一些,因为他创造了文字,"昔者仓颉作书而天雨粟,鬼夜哭"[①]。文字信息的力量被认为是神圣的,让人敬畏。南朝谢超宗说:

[①] 刘安等:《淮南子·本经训》,杨有礼注说,开封:河南大学出版社,2010年,316页。

"声正涵月轨,书文腾日迹。"①唐韩愈诗云:"阵势鱼丽远,书文鸟篆奇。"②汉字一直承载着中华民族的文化崇敬心理。一般来说,文字只是一种文化传承的符号,但汉字则更为独特,它不仅承载了符号功能,还单独剥离成一种书法艺术,甚至上升到近乎宗教的境界。例如,汉字的书写不但要讲究骨、肉、血、气,还要讲究韵、神、魂、灵动等。

古人对文字的崇拜,还表现在行动上,如敬惜字纸、建惜字林、设拾字僧、祭书等,保证了载有信息的字纸不会顺风飘动,随风抛撒。民俗认为,字纸是神圣的,废弃的字纸要收拾起来,初一或十五焚烧,还之于神圣的大自然。此外,敦煌遗书的开凿也与文字崇拜有关。敦煌石窟中收藏有儒家著作、史书、诸子百家著作、佛书、道书等图书,还收藏有一些经济文书,主要是寺庙经济与世俗经济文书,如借据、贷款、田契、收据、赋税文书等。人们将丢弃的、无效的或作废的经济文书交给了寺庙,僧人远离尘俗,有戒律约束,担当着普度众生、为人消除灾难的职责。而敬惜字纸是给人们减灾消难的一种美德。③

文本的发展也与宗教信仰有关。"古人的宗教信仰,促成以文字和鬼神交通。占卜、祈祷和祭祀都用文字记载下来。这些记载,反映了当时的大部分生活。"④殷商时代,崇拜祖先神和自然神的原始宗教在意识形态中占统治地位,因此殷人遇到疑难事情或进行重大活动时都要占卜求神,甲骨上所刻的文字就是对占卜的记载。周代继殷之后,龟甲仍然继续做占卜之用,不过卜辞则另书于竹帛,而系于龟甲之上。周代遗留下来的铭文,大多保存在青铜器上,是为了祈求长

---

① 萧子显:《南齐书》卷十一志第三《乐志》,北京:中华书局,1972年,169页。
② 韩愈:《喜雪献裴尚书》,载《全唐诗》卷三四三,北京:中华书局,1960年,3841页。
③ 桑良至:《中国古代的信息崇拜——惜字林、拾字僧与敦煌石窟》,载《北京大学学报》(哲学社会科学版)1996年第3期。
④ 钱存训:《印刷发明前的中国书和文字记录》,郑如斯增订,北京:印刷工业出版社,1988年,131页。

远的保佑。竹帛作为书写工具，有时也用于祭祀，纸发明后不久，即作为葬仪中的廉价代替品。"这种广泛地将文字应用于人鬼交通，也是使古代文字记录数量增加的主要原因之一。"①

文本带有浓厚的宗教内涵。我国的重要原始典籍中有很多是对宗教现象和活动的记载。众所周知，《易经》是卜筮之书，但正是它孕育了中国哲学。它使中国哲学一开始就带有浓厚的宗教神学的意味，从而影响到中国历史上这类图书文献中所蕴藏的宗教内涵。中国古代就有巫、祝、卜、史的说法，司马迁曾说"文史星历，近乎卜祝之间"②。"史"执书记事以事神，秦汉时期被看作神事，形成了中国的巫史不分的泛宗教状态，影响了史书的创作和阅读。

正因为人们对文字、文本的崇拜意识，所以才有了读书至上的种种说法，如"万般皆下品，唯有读书高"。特别是在古代中国，大多数劳动人民无机会上学读书，他们渴望知识和追求知识，使阅读具有了一种神秘色彩。

自古以来，经典著作就被认为是人类高尚精神的结晶，能够滋养人的灵魂，有着神圣的地位。"我们还可以将读书当宗教来看待——读书也是一种宗教。……书是可以与我们平等对话的可亲可爱的上帝。寂寥无依的夜晚，我们可以敞开心扉，将心中的委屈、怨恨以及无法言表的一切向它毫无保留地倾诉，并可得到它的指引。每一本好书，都是黑暗中的一道亮光。这一道道亮光，将给我们这一叶叶暗空下的扁舟引航，直至寻找到风平浪静且又万家灯火的港湾。我们应有这样的古风：沐浴双手，然后捧卷。在一番宗教感觉之中，你必将会得到书的神谕。"③

---

① 钱存训：《印刷发明前的中国书和文字记录》，郑如斯增订，北京：印刷工业出版社，1988年，5页。
② 司马迁：《报任安书》，载《汉书》卷六二《司马迁传》，北京：中华书局，1962年，2732页。
③ 曹文轩：《读书的境界》，载《中国教师》2003年第7期。

二、宗教兴衰与阅读风尚

在中国几千年的历史进程中,各种宗教流派从发生或传入,到发展、交融、碰撞,呈现出不同的兴衰现象。各种宗教流派的兴衰往往与某种宗教典籍文献的发展繁荣或者衰落湮灭,以及各类阅读风尚的兴盛或衰落密切相关。特别是政府对某种宗教的重视或扶持会促进相关宗教典籍的翻译、传播与阅读;反之,当统治者限制某种宗教发展时,相关的阅读活动会减少。统治者对不同教派的扶持或压制,都会造成相关宗教典籍阅读活动出现"此消彼长"形势。

佛教自汉时传入中国,经三国、两晋、南北朝得以传播和发展,到隋唐达到鼎盛。隋文帝命人抄写佛经13万卷,修治故经400部,"天下之人,从风而靡,竞相景慕,民间佛经多于六经数十百倍"①。《隋书·经籍志》中的著录,除主要四部之外,附录佛、道两大类,计有道家经典377种,共1216卷;佛经1950种,共6198卷。佛经在《隋书·经籍志》中品种数量几乎达到二分之一,卷数约占六分之一。② 当时还出现不少以抄书为业的人,因其主要工作是抄写经书,故称之为"经生",许多经生通过抄经而成才。但是在唐、五代也屡屡出现毁寺灭佛的"法难",如唐武宗灭佛,大量佛寺被拆除,焚毁经卷刻板难以数计,佛经几乎被毁灭殆尽。隋唐北宋时期,不少帝王崇奉道教,道教得到大发展,经书数量日益增多,并汇编成藏,正式刊行,促进了道教文献的传播和阅读。

从唐代开始,中国的宗教信仰呈现出儒、道、释"三教合一"的趋向,到元明时期,更出现三教混融难分的情形,同时民间宗教相当活

---

① 魏征等:《隋书》卷三十五志第三十《经籍四·集志》,北京:中华书局,1973年,1099页。
② 钱存训:《印刷发明前的中国书和文字记录》,郑如斯增订,北京:印刷工业出版社,1988年,13页。

跃。明代三教交融深入到理论层次。佛教，特别是禅宗，强调在入世中出世，内部融合各派，外部靠拢儒学，力倡"三教同源"，尤重会通儒、释。程朱理学和阳明之学也积极吸收佛学的思维成果。此外，明中期以后基督教传入中国，耶稣教士以迁就儒学的方式取得传教的初步成果。而民间宗教也进入最为发达的时期，它们与佛教、道教等教派之间有着密切联系。

元明时期的三教融通，为社会阅读活动开拓了门径。人们纷纷沉浸于浩如烟海的佛藏道籍和离奇的宗教传说之中，搜求丰富多彩的宗教典故，创作出大批三教融通的文学作品。例如信仰全真教的文人就从道藏典籍中取材，创作了一大批"神仙道化"类的杂剧，现存的有《老庄周一枕蝴蝶梦》《吕洞宾三醉岳阳楼》《邯郸道省悟黄粱梦》《吕洞宾度铁拐李岳》等。

庄周梦蝶图

明代的宗教信仰极为普及，上自帝王将相，下至平民百姓，大都信奉佛、道诸神及民间杂神，宗教信仰呈现出民间化、世俗化的特征，于是社会阅读群体更加偏爱神鬼怪异故事。因此，在明中后期神魔小说盛行一时，充斥书肆。据统计，明代现存白话作品中长篇小说约

80部,而神魔小说有30多部,约占总数的37.5%,可谓洋洋大观。①其中著名的作品,有《西游记》《封神演义》《三宝太监下西洋记》《北宋三遂平妖传》等。

总之,三教融通的宗教信仰激发了全社会的好奇尚异心理,孕育了人们对神鬼怪异故事的阅读需求,推动了宗教题材读物的创作和阅读热潮。反过来,宗教题材读物的创作和流行对三教合流的趋势起了推动作用,形成了双向沟通的文化流程。②

三、宗教对阅读文本的影响

以中国佛教为例,中国佛教的典籍文化,在人类文化发展和文明进步的历史中有不可忽视的地位。汉译三藏有1692部,共6241卷,明代嘉兴版《大藏经》又收集中国学者撰述5600卷,编为续藏。汉文《大藏经》第一次刻本年代是宋开宝四年(971),宋代到民国约1000年之间有二十余次刻本。北京图书馆藏有8000多卷敦煌石窟所藏的晋、魏、隋、唐人的写经。③ 我国还有很多石刻佛经。

佛教的传入和兴盛对中国语言文字的发展起了重要作用。音韵学,如过去中国字典上通行的反切,就是受梵文拼音的影响而发展起来的。通过对佛教经典的传播和翻译,印度的语言文字学,特别是其中作为启蒙入门的字母之学普遍传授给中国的佛教徒,从而推动了中国的语言文字学的深入研究和重大发展。佛教的传播,还推动了大量新的词汇源源不断地输入中国。

佛教对中国文体也产生了深远影响。唐代盛行的变文,用以讲

---

① 胡胜:《明清神魔小说研究》,北京:中国社会科学出版社,2004年,75页。
② 尚学锋、过常宝、郭英德:《中国古典文学接受史》,济南:山东教育出版社,2000年,329页。
③ 何小莲:《宗教与文化》,上海:同济大学出版社,2002年,139页。

述佛经故事,讲时多配以图画。敦煌石窟发现的各种变文,都是文辞酣畅、想象力非常丰富的大众化的文艺作品,对后世鼓词、弹词等说唱文学影响很大。从这些变文作品中,可以看出小说、戏曲等中国俗文学的渊源。而由禅师们的谈话、开示的记录产生的一种语录体文体,则被宋明理学家仿效而产生了各种语录文体。

佛教对中国文学文本的影响也很大。由梵文翻译过来的中国佛教典籍有数千卷经典,有些佛教典籍本身就是伟大的文学作品。其中,如《维摩诘经》《法华经》《楞严经》特别为历代文人所喜爱。佛典的翻译和佛教的传播还带来了许多比喻文学和传说故事,推进了中国文学新的意境、新的文体、新的命意及遣词方法的产生和发展。如古印度佛教大师马鸣的《佛所行赞》促进了中国长篇叙事诗的创作,《法华经》《维摩诘经》《百喻经》诸经鼓舞了晋唐小说的创作,《般若经》和禅宗的思想影响了陶渊明、王维、白居易、苏轼等的诗歌创作。

四、宗教教义对阅读的影响

宗教作为一种社会文化现象,不可避免地要与社会的经济、文化和生活发生重要的联系。从根本上说,各种宗教教义的内容,都深受现实物质生活条件的制约。宗教作为一种世界观和人生观,对人类社会心理和意识形态的影响是十分明显的。可以说,宗教通过其教义影响信徒这一宗教主体的思想和行为,进而影响其阅读行为与阅读习惯,间接地影响了社会阅读活动。宗教教义对阅读的影响表现在以下几个方面。

(1)阅读理论。历史上许多学术大师受佛教或道教思想的影响很深,突出地反映在其治学方法和理论观点方面。如宋明理学就是受了佛学,特别是禅宗的影响而形成的。在宋明理学的若干思想和论述,甚至所借用的术语方面,都可以看到佛学的痕迹。在治学方法上，二者也有相通之处，如禅宗主"机锋"，重"顿悟"，"不立文字"，"直指本心，明心见性"；理学大师陆九渊说"六经皆我注脚"，他对自己观点的理论阐述也很少，同时也主张顿悟法。有学者认为，理学家的一些代表人物，都是先出入佛老之间而后求之于六经的。

(2)阅读内容。宗教教义对读书人的思想意识产生了深刻的影响，因此许多作品也深深打上了宗教思想的印记，使得人们的阅读对象(图书典籍)的内容带有浓重的宗教色彩，有的甚至成为天下读书人的案头读物，宗教教义同时也成为指导读书人的门径。如理学开创者之一的周敦颐的代表作《太极图·易说》，就是承接道家的衣钵，后来成了宋明理学的经典著作和教义。再如受道教影响很深的邵雍的《皇极经世书》，也是宋代理学的主要经典。朱熹作为程朱理学的集大成者，继承周、程的学术思想而把道家思想吸收过来，他曾作《太极图说解》《通书解》，先后还作了关于周敦颐《太极图·易说》《易通》的题记、《太极通书后序》等，认为太极是"天地万物之理"[1]。他还搜集了许多道教经典，并把这些著作作为书院的讲义传授给学生，进一步融合和发展了道学的学术思想体系。

(3)阅读环境。佛寺、道观一般位于名山胜水，远避尘嚣，以修身养性。而中国传统读书人讲究"天人合一"，怡情山水有利于启发文思，所以更愿意选择名胜之地读书习业。因此，许多佛寺、道观成为文人墨客静修读书的好地方。如唐代由于三教融合，儒生读书于山寺，结交僧道蔚然成风，山寺道观便成了饱含文化气息的院舍。徐锴所作《陈氏书堂记》云："稽合同异，别是与非者，地不如人；陶冶气质，渐润心灵者，人不若地；学者察此，可以有意于居矣。"[2]他指出了读书人择地的重要性。历史上许多著名的书院就建于名山胜地，有些佛

---

[1] 杨布生、彭定国：《中国书院与传统文化》，长沙：湖南教育出版社，1992年，135页。
[2] 徐锴：《陈氏书堂记》，载董诰等：《全唐文》卷八八八，上海：上海古籍出版社，1990年，4114页。

教的精舍和道教的道观就被修建成了书院。如佛教圣地九华山，根据新修的《九华山志》的统计，自唐以来办有书院共24所。

（4）阅读方法。注疏和义疏之学体现了佛教的讲经和注经对阅读的影响。"讲义"的说法始于佛教，是佛教高僧讲解经义的记录。所谓"章句疏释"，也是指佛教徒在讲经时把经文翻译出来后，逐章逐句地疏释。这种疏释比注解更为周详，讲解者可以将其用于申明经旨，而不必拘泥于师说。这种方式后来为读书人所沿用。魏晋南北朝的儒生大都受佛教影响，提倡"章句疏释"之学。如南朝皇侃的《论语义疏》《礼记义疏》和北朝李铉的《三礼义疏》、熊安生的《礼记义疏》等，都是受佛教影响的代表之作。到了南宋及以后，这种义疏之学更为普遍流行，一些著名学者编撰了一些有代表性的讲义，如南宋吕祖谦的《丽泽讲义》、陆九渊的《白鹿洞书院讲义》、元初程端礼的《集庆路江东书院讲义》、明代高攀龙的《东林讲义札记》等。这些讲义与佛教讲义相比，除内容不同外，体裁完全一致。尤其是朱熹编著的《四书章句集注》受义疏之学的影响更深，对后世读书人产生了深刻的影响。其注释特点是训诂简略，而重在义理之发挥，旨在阐述其理学思想；除自注之外，又集二程及其门徒的言论于其中。明清科举考试的内容均以此书为依据，故其为各类学校必读的"儒经"。

白鹿洞书院

(5)阅读精神。佛教的清规对中国传统书院学规的制定起了样板作用。朱熹所订的《白鹿洞书院揭示》,吕祖谦所订的《丽泽书院规约》,程端蒙、董铢所订的《学则》都明显受了禅林清规的影响。例如,佛教高堂讲经仪式中的"坐禅五事""坐官端正庄重"等条规,在许多书院的学规中都可以看到其踪迹。宗教的禅法和戒律对读书人的阅读行为的影响也是很深刻的。如达摩提出的寂坐修心的思想,为后来的读书人所继承和发展。朱熹根据"性即理"的理论,认为"居静求理"是为学之方,读书要"主静"和"专一",与佛家主张禅定也有着明显联系。

五、宗教组织与阅读活动的开展

宗教既是一种社会意识,又是一种社会实体。各种宗教凭借其教义、教规、经典、组织机构和宗教活动,成为不可忽视的社会力量。宗教作为一种社会组织,直接参与了出版与阅读活动,参与了办学兴教活动,成为社会阅读活动中的一支特殊力量。下文以在中国历史上占重要地位的佛教和近代以来的基督教在中国的传播情况为例来说明宗教组织与阅读活动的关系。

1. 宗教读物的出版与传播阅读

佛教争取信徒的方法多种多样,除在各地修建寺院、雕塑佛像、传经说法外,还抄写刻印经书并大力传播。印刷术的发明有佛教徒的杰出贡献,印刷术发明后,他们更善于利用这一新技术为传教服务。在唐代早期印刷品中,数量最多的就是佛教印品。到了宋代,佛教刻经得到大发展,寺庙遍布全国,成为刊印佛教经籍的重要力量,而且呈现出制度化和规模化的趋势。不少寺院成立专门的印经机构,主持佛典印施。元代寺院募缘刻藏的风气极浓,多次刊印《大藏经》。明清两代佛教寺院刻经活动达到高潮。北京嵩祝寺、贤良寺,山西五台山妙德庵,杭州灵隐寺、理安寺,镇江金山寺、甘露寺等许多寺院都有刻经传统和藏经活动,有的寺院还刊刻山水地理图志。扬州法海寺、常州天宁寺还与杨文会建立的金陵刻经处联合刻经,甚至还筹划合刊方册《大藏经》。清末民初扬州的仙女庙、法海寺、藏经院,常州武进天宁寺等仍然用木板雕印的方法大量印制佛经。清代藏传佛教刊刻佛经事业,也取得前所未有的成就。各大喇嘛教寺院,多有佛教经典镂版。如甘肃拉卜楞寺也建有完整的印经院,藏经数量高达128800卷,藏文经版62000余块,在全国寺庙中也是屈指可数的。①

此外,佛教组织的大量雕印活动对古代图书印刷业的发展以及刻书中心的形成,对套版印刷技术的发明和版画技术的发展、对书籍制度的演变,以及对丛书汇刻与古籍保存等都有一定的影响,促进了社会文献生产和阅读的发展。

2.宗教组织办学兴教,促进社会阅读

宗教组织为了传教,非常注重宣传,出版了大量宗教读物,有的还出版和传播科学文化读物,兴办学校,从而在一定程度上促进了社会阅读活动的开展。

以耶稣教士来华的活动为例,他们为了取得中国士人的信任,通过介绍西方科学知识引导人们对天主的皈依,作为他们"学术传教"的一个重要手段,因此他们在传教之外,还肩负着文化传播的任务。早在明末西学东渐过程中,外国耶稣会教士就起了很大作用,出版了许多译著,其中自然科学类所占比例不小。意大利人利玛窦、罗雅各,德国人汤若望,比利时人南怀仁等都有译著。鸦片战争以后,传教士中有些人更是直接参与了众多文化事业,他们带来了西方的先

---

① 肖东发:《中国图书出版印刷史论》,北京:北京大学出版社,2001年,124页。

进科学,翻译了大量关于西方社会科学和自然科学的书籍,大力兴办出版和教育事业。

传教士在华兴办出版事业始于马礼逊,鸦片战争后传教士在华出版事业得到迅速发展,到19世纪末,外国人在华先后创办了大约300种报刊,占同时期中国报刊总数的70%以上,其中大部分是以教会或传教士个人名义创办的。① 教会出版物分宗教类和世俗类两大类,其中世俗类出版物涵盖内容相当广泛,各科"西学"所占比例很大。著名的教会出版机构有墨海书馆和广学会。此外,还有一些传教士在中国出版机构中任职,其影响也不可忽视。就教会在华兴办和参与书刊出版事业的总体情况而言,其主要目的是通过所谓"文字播道",对中国进行"精神征服",但从客观效果上看,他们的行为对中国文化更新和社会进步有一定的促进作用。书刊是近代社会文化传播的主要途径之一,教会出版各种新型书刊,对于打破中国社会传统的闭塞状态,启发民众的社会参与意识,自有裨益。这有助于中国人了解西方和世界大势,从而激发对新思潮和新价值取向的追求,促进新的社会阅读风气的形成和发展。教会出版机构最先在中国使用近代印刷技术,促进了中国现代出版业的形成和发展,其主要表现是社会读物的丰富和读者群体的扩展。

教会办学在鸦片战争前就有,19世纪中叶以后,随着内地教会组织的发展,教会学校明显增多。20世纪后,教会办学获得发展,教会大学也相继设立。1941年的统计资料显示,当时全国的基督教小学有1000余所,中学有240所,大学有14所。② 除了教会学校外,一些传教士在非教会学校中任教甚至主持教务,著名的有丁匙良等人。

---

① 丁淦林:《中国新闻事业史》,武汉:武汉大学出版社,1990年,27页。
② 赵传家:《中国基督教学校简史》,载陈学恂:《中国近代教育史教学参考资料》(下册),北京:人民教育出版社,1987年,67页。

无论教会学校还是涉身非教会学校的教会人士,都力图按照他们的需要来培养人才。但是就客观效果而言,教会施行的西式教育在一定程度上,对于弊端丛生的中国传统教育体制有着破旧立新的启蒙意义。一方面,西式教育刺激着中国传统教育方式和教学内容的更新,女子学校的设立更是承其所开先风;另一方面,西式教育对西方近代科学知识的传授,也使中国学者从中直接受益,获得从旧式学堂里所无法学到的新知识。

总之,清末以来的外国宗教组织在中国兴办出版和教育事业,对中国的教育、新闻、翻译、出版事业的发展做出了贡献,客观上开拓了人们的阅读视野,刺激了传统读书人的知识体系、读书观念的更新,促进了国民识字率和文化水平的提高,推动了大众阅读的兴起和发展。

第四节　禁书

政府对图书流通和传播环节的控制,主要措施是实行书报检查。据《简明不列颠百科全书》,"进行书报检查,就是进行判断和批评,做出评价和估计,以及实行禁止和压制。书报检查的历史是学术、教育、政治制度、宗教信仰以及艺术的历史的一部分"。[1] 检查往往导致两种结果:一是对未通过检查的书实行书禁,禁书的命运是被禁或被毁;二是对部分通过检查的书,经删节修改后允许发行,或限制在某一范围内流通,从而成为删节本或抽毁本。

在电视发明之前,阅读是传播价值观念和意识形态的最好

---

[1] 《简明不列颠百科全书》,北京:中国大百科全书出版社,1986年,342页。

方式，并且只要在文本的生产过程中、主要是在发行过程中采取控制手段，阅读是最容易被管制的。而写作是一种个人技能，是完全自由的；它可以以任何方式、在任何地方进行，并且能产生作者希望产生的任何内容；它甚至不受任何控制手段或审查手段的限制。①

图书具有广泛的社会性，禁止对其刊印、传播、阅读，只有通过国家行政手段才能实现。图书能开启民智、驱除蒙昧。历来独裁者都知道，文盲群众最容易统治，因为阅读技巧一旦学会就无法抹消；退而求其次，就是限制图书的流通范围或实行书禁。"书报检查制度归根结底是专制主义的"，禁书的主要目标是"控制一切危及统治阶级利益，一切敢于向正统挑战的政治、哲学、宗教和文艺书籍，这并不是说淫秽作品不是检查官们注意的目标，但至少不是建立检查制度的初衷"②。这说明禁书的主要目的是维护专制统治者的利益。

图书的命运同时是读书人和写书人的命运，也是人类精神和文化的命运。人类自从进入文明社会以来，对书刊的查禁与焚毁一直与文化的发展相生相克。在西方国家，"历史上每一次思想解放和革命运动，几乎没有不与书报检查发生联系的"③。从 1559 年到 1948 年，罗马教廷共出版禁书目录 54 种。即使在 1948 年最后一版教廷禁书目录中，居然也列出 4000 种著作，被全禁的作家有几十个，教会所禁的几乎就是一个人类精神文明的宝库。④ 俄罗斯在 19 世纪的禁书制度与当年罗马教廷的禁书制度相比有过之而无不及，别林斯基、陀思妥耶夫斯基、车尔尼雪夫斯基等大批作家的书被禁。十月革命后，

---

① Guglielmo Cavallo, Roger Chartier. *A History of Reading in the West*. Translated by Lydia G. Cochrane. Cambridge: Polity Press, 1999: 346.
② 沈固朝:《欧洲书报检查制度的兴衰》，南京：南京大学出版社，1999 年，11 页。
③ 沈固朝:《欧洲书报检查制度的兴衰》，南京：南京大学出版社，1999 年，4 页。
④ 沈固朝:《欧洲书报检查制度的兴衰》，南京：南京大学出版社，1999 年，47 页。

政府对书刊的审查力度甚至超过沙俄时代,按照斯大林的说法,一切有害的文字都得连根铲除。据统计,1918 年到 1988 年苏联出版的 700 亿册书籍和小册子中,有大约 350 亿册消失了。①

在中国,历代帝王也经常实施禁书之举,具体方式有焚书、禁印、删改、审查等。禁书是统治者实现阅读控制和思想管制的有效工具。中国禁书史始于战国初期的秦国,但时间不长,秦始皇焚书坑儒,则是中国文化史上的第一个浩劫。汉惠帝废除"挟书律",直到西晋时禁天文图谶书。从西晋到唐朝,从总体上看文化政策还不算严酷,其间有时会禁佛经、道书,如北魏太武帝、唐武宗灭佛,焚毁了许多佛经。宋代时,禁书的范围扩大了,不但特别注意禁兵书,而且连苏轼、黄庭坚等人的文集,南宋后期江湖派诗人的《江湖集》、私人所著的记述宋代史事之书,乃至有些学术著作都曾在一段时期里遭到查禁。

禁书《红楼梦》(程甲本),乾隆五十六年(1791)萃文书屋活字印本

---

① 李国海:《荧屏时代话读书(上)》,载《现代外国哲学社会科学文摘》1995 年第 2 期。

元代只是禁止与人民造反可能发生直接关系的"妖书"以及天文谶纬书和"伪道经"。到了明清尤其是清朝,禁书、文字狱愈演愈烈。① 直到 20 世纪,禁书事件也屡有发生,特别是"文革"期间对图书的禁毁、对阅读的控制又走向了极端。

与西方多为宗教性禁书不同,中国历史上的禁书多是政治性禁书。如秦始皇焚书坑儒、宋代禁批评朝政的书,特别是明清政治性禁书和文字狱,使禁书的范围扩大了,次数增多了,对作者的迫害也异常残酷,所禁之书多是有违朝廷制度的书,如清编纂《四库全书》时对当时所流传的几乎全部图书进行全面审查,将不合清廷统治的图书毁弃、抽毁、删改,其数总共有几千种。乾隆还多次下令各省巡抚呈缴禁书。历史上,统治者以此来统一人民的思想,巩固专制统治。政治性禁书对社会阅读的影响主要表现在以下几个方面。

对阅读对象(图书)而言,禁书是文化典籍的大浩劫。统治者销毁和禁绝大量的珍贵书籍和历史文献,对图书文献的积累和流传产生了严重的不良影响。统治者常采取颁布禁书律令、转发禁书目录、抄家查禁、删改原本等手段,直接造成文化产品的灭绝毁佚,特别是政治性的禁书行为,往往禁锢了人们的思想,限制了知识文化产品的创作和生产,对文明的传承和创造产生了不利影响。

对阅读主体(读者)而言,禁书往往导致思想禁锢、学风沉闷和社会思想文化发展的停滞。中国古代专制政治时代的禁书活动往往伴有对著者、书贾、读者的迫害,特别是文字狱对读书人从肉体到精神的摧残、迫害,造成了知识分子群体的身心创伤,严重损害了他们的人格尊严。正如晚清的龚自珍在《咏史》诗中所说的"避席畏闻文字狱,著书都为稻粱谋",多数读书人因此以明哲保身为要,读书治学不敢独立思考,不敢触及现实,这种状况直接导致了学风沉闷和社会学

---

① 陈正宏、谈蓓芳:《中国禁书简史》,上海:学林出版社,2004 年,2 页。

术思想发展的停滞,最终阻碍了社会的进步。

对阅读实践而言,集体阅读是禁书的后果之一。"阅读是一种权利,限制他人阅读则是一种暴力。政治时代的集体阅读常伴随着'文字狱',官方不断发出禁书令,将自由思想隔离……集体阅读是一种仪式化的行为,大家象征性地翻开书页,等候导演的摆布……形式和花样是集体阅读的唯一成果。越是在读书精神匮乏的时代,读书姿态越发流行。"①阅读原本是一种个人行为,是读者个体的思想、心态和爱好的反映,读者对文本的选择和接受是自由个性的体现,只有通过无数人个性化的阅读,真正的知识、思想和智慧才得以产生,人类的文明才得以传承。禁书制度实际上限制了人们阅读的自由,造成了集体阅读的现象,其表现就是阅读范围受限、阅读形式单一和阅读思维僵化等,不利于人类思想文化的创新、传承和发展。

另外,伴随着禁书制度,有时还有一种特殊的阅读现象,那就是禁书的阅读。禁书的目的是控制读者的阅读范围,维护文化专制,但是这种限制和打压并不总能获得预期的效果,甚至有时起到了适得其反的作用,许多作品正因为被列为禁书而出名,反而吸引了更多读者的阅读兴趣,"雪夜闭门读禁书"甚至成为古时文人的一大乐趣。例如宋代对苏轼、黄庭坚的诗集以及明代对李贽的著作都实行了查禁,但是禁令愈严,读者愈想看,书价亦愈高,甚至出现一斤黄金换十篇东坡文的情况,还有一些书坊为迎合读者需要,纷纷编印李贽著作,甚至不惜弄虚作假来牟取暴利。② 20世纪30年代"左翼文学作品"的阅读热潮也反映了这个事实。这种现象与当时的政治环境以及人们的好奇、逆反的阅读心理有关。

古今中外历史证明,"专制政治只能使阅读衰落、文化枯萎、思想

---

① 丁国强:《告别集体阅读》,载《博览群书》2001年第1期。
② 肖东发:《中国图书出版印刷史论》,北京:北京大学出版社,2001年,190页。

凋谢。而民主政治和思想解放则一定会使阅读繁荣、文化生长"①。欧洲在 14 世纪到 17 世纪的文艺复兴运动,中国在春秋战国时期的百家争鸣、现代史上的五四运动和新文化运动,以及 20 世纪 80 年代初关于实践检验真理的讨论都发生于政治开明、思想解放、文化繁荣的时期。图书是人类思想的载体,阅读应该是人的自由的一种实现,禁书制度是对人们自由阅读的权利的强制性约束。随着人类社会文明程度的提高,禁书制度将逐渐失去它存在的土壤。

---

① 王龙:《阅读研究引论》,香港:天马图书公司,2003 年,136 页。

第五章 学术变迁与阅读

阅读的目的是对阅读文本的理解,有时对文本的阐释也是阅读的目的之一。这种理解与阐释是基于阅读者的知识体系。同时,阅读者也将借助于前人的注释、翻译或工具书来完成对文本的理解与阐释。因而,知识体系、前人的注释、翻译或工具书对阅读的影响是显而易见的。

第一节 知识体系与阅读

一、知识体系及其分类对阅读的作用

知识来源于人的实践经验,是人类智慧的结晶,又通过时空传播,促进文化的传承和社会的发展。人类的知识经历了一个不断积累和逐步系统化的漫长过程,其表现为人类最初不断从生产生活实践中总结提炼出零碎、片段的知识,再逐步建构起由众多的知识单元或知识系列按照一定的规则组合而成的有机的知识体系。知识体系的形成和不断完善,是人类认知能力提高的产物,它使知识的传播进入了新的阶段。

知识的分门别类是知识体系形成的标志,而作为知识主要载体的图书的分类则是知识分类的表现形式。图书只有按照分类体系加以组织,才能符合以学习知识和掌握经验为主要目的的阅读活动分门别类进行的要求。古代中国在图书的整理和组织方式上,就是按照图书内容的知识体系来编制目录的,从而形成了中国古代目录学的优良传统。因此,通过对历代书目的考察,就能了解中国历代图书内容所包含的知识体系,进而了解当时的读书人所具有的知识结构和阅读内容。

书目所揭示的知识体系及其分类不仅能保存图书、组织藏书,而且能指导读书治学。在书目保存图书和组织藏书方面,宋代郑樵在《通志·校雠略》中说:"人守其学,学守其书,书守其类,人有存没而学不息,世有变故而书不亡。……书籍之亡者,由类例之法不分也,类例分,则百家九流,各有条理,虽亡而不能亡也。"[①]对获取知识的重要途径阅读来说,书目有着指引阅读方向、指导阅读选择、甄别阅读价值、指示阅读门径的作用。

1. 为读者的阅读选择提供依据

知识分类使阅读内容的条理化、系统化成为可能。如果不借助于反映知识分类的图书目录做指引,读者的阅读往往陷入盲目状态,不知道该读什么书以及该从什么书开始读起,因此很难得到系统的知识。图书日益丰富,也使选书的难度增大。书目可以为读者提供选书的依据,读者可以因目求书,进行有目的的阅读,自主地选择阅读门类和阅读书目,由浅入深,有助于获取系统知识。尤其是在没有师承的情况下,书目的指导作用就更为显著。古人对书目的阅读指导作用论述颇多。唐代毋煚在《古今书录·序》中说:"经坟浩广,史

---

① 郑樵:《通志》卷七十一,文渊阁四库全书本。

图纷博,寻览者莫之能遍,司总者常苦其多……苟不剖判条源,甄明科部,则先贤遗事,有卒代而不闻,大国经书,遂终年而空泯。使学者孤舟泳海,弱羽凭天,衔石填溟,倚仗追日,莫闻名目。岂详家代? 不亦劳乎! 不亦弊乎! 将使书千帙于掌眸,披万函于年祀,览录而知旨,观目而悉词,经坟之精术尽探,贤哲之睿思咸识,不见古人之面,而见古人之心,以传后来,不其愈已!"①王鸣盛引用金榜的话说:"不通《汉艺文志》,不可以读天下书。《艺文志》者,学问之眉目,著述之门户也。"②

2. 有助于读者获得整体知识

知识体系内各种知识相互联系,构成了有机的整体。既成的知识体系及其分类不仅有助于读者学习某一类别的知识,而且有助于读者了解各类别知识之间的相互联系,从而自主地调整自己的知识结构,有意识地摆脱狭窄的学科限制,触类旁通,通过选择阅读相关类别的图书,丰富自己的知识储备,为获取整体知识打下基础。正如王云五所言:"图书分类法无异全知识之分类,而据以分类的图书即可揭示属于全知识之何部门。因此,要想知道应读什么书,首先要对全知识的类别作鸟瞰的观察,然后就自己所需求的知识类别,或针对取求,或触类旁通。"③例如,东汉时期博学的学者,如桓谭、王充、班固、贾逵,都得到《别录》《七略》的指导,开拓了眼界,博览古今,徇怀百家。他们对古今图籍,能获读的,悉心研习;其不能获读的,依靠《别录》《七略》,"虽不尽见,指趣可知"(《论衡·案书》)。马融、郑玄

---

① 刘昫等:《旧唐书》卷四六志第二六《经籍志上》,北京:中华书局,1973年,1964、1965页。
② 王鸣盛:《十七史商榷》卷二十二《汉书十六·汉艺文志考证》,上海:上海书店出版社,2005年,162页。
③ 关鸿等:《旧学新探——王云五论学文选》,上海:学林出版社,1997年,176页。

遍注群经、会通今古,与《七略》的影响也有密切关系。①

3.有助于读者了解知识源流、掌握读书方法

宋代郑樵在《通志·校雠略》中说:"欲明书者,在于明类例","类例既分,学术自明"②。"辨章学术,考镜源流"是古代读书人的治学传统。自《七略》创立叙录体后,中国历代代表性书目无不沿袭其制,并对其加以发展,都强调知识的源流演变,不仅在类别的设置方面加以体现,而且在各类的大序、小序中对各书(各学)的流变进行梳理和总结。这样,书目所反映的知识体系,就如同一部学术史,对各类知识的渊源流变都做了揭示,有助于读者学习掌握读书治学的次第和方法。正是从这个角度着眼,古代的学者将目录学看作学中"第一紧要事"③。

二、中国知识体系的流变

知识分类的时代变迁是知识体系流变的直接反映。在先秦社会,书籍主要被官府所垄断,各类职官掌握着并垄断着各自专业的知识和书籍。因此,《周礼》的三百六十个职官就是三百六十个专业,同时知识也就自然地分成了三百六十个类目。春秋末年,"天子失官,学在四夷",官府所掌握的书籍也流散到民间,私学随之兴起,出现百家争鸣的局面,学术大为发展。孔子将教科书分为六艺,六艺是孔子对当时学术流派的系统总结,体现了他的图书分类思想,可谓图书分类之始。中国古代的分类理论就在这一时期发展起来,春秋晚期的孔子和邓析,都注意到"类"概念的重要性。孔子提出了"有教无类"

---

① 张积:《汉代的知识体系与阅读选择》,载程曼丽:《北大新闻与传播评论》,北京:北京大学出版社,2006年。
② 郑樵:《通志》卷七十一,文渊阁四库全书本。
③ 王鸣盛说:"目录之学,学中第一紧要事,必从此问途,方能得其门而入。"见王鸣盛:《十七史商榷》卷一《史记一》,上海:上海书店出版社,2005年,1页。

的观点,邓析则进一步将其概括为逻辑推论的依据,表达了"夫辩者,别殊类使不相害,序异端使不相乱"①的看法。战国时期的学者对"类"有了更为深入的认识,墨子、孟子、荀子对其都有相关论述。对"类"的认识的深化,必然会促进人们对客观事物的原理进行更细致的观察和分析,以发现其共性与差异,从而揭示其内在的秩序。特别是战国时期百家争鸣,学术论辩的现实需要促使人们在著书立说、论难辩驳时,把握"类"的条贯,以处理纷纭复杂的问题。在分类认识与实践的推动下,战国时期的知识门类开始初步形成。总的看来,战国时期形成的粗略的知识门类,是以文、史、子三大类别的内容为主体的三位一体的完整结构。其中,"文"主要指韵文,"史"既指记事活动,也指记事文字,"子"指子书、诸子。② 到西汉成帝时,刘歆继承其父遗业负责校理群书,完成了藏书总目《七略》,这是我国历史上第一部综合性图书目录。《七略》中的新的类目仍然与《周官》官守体系有着渊源关系,如近代著名学者章学诚所说:

> 昔者,向、歆父子之条别,其《周官》之遗法乎?聚古今文字而别其家,合天下学术而守于官,非历代相传有定式,则西汉之末,无由直溯周、秦之源也。③

《七略》的问世,对后世历代书目都有着深远的影响。它在继承和充实先秦时期知识门类的基础上,促使我国古代知识体系进入了新的发展阶段。《七略》将图书分为六类,即六艺略、诸子略、诗赋略、兵书略、数术略和方技略,这种分类体系反映了当时的社会现实和学术流派的相关情况。汉武帝推行"罢黜百家,独尊儒术"政策,所以六

---

① 邓析:《邓析子·无厚》,文渊阁四库全书本。
② 张积:《汉代的知识体系与阅读选择》,载程曼丽:《北大新闻与传播评论》,北京:北京大学出版社,2006年。
③ 章学诚:《文史通义》(上册),叶瑛校注,北京:中华书局,1994年,296、297页。

艺就被列入《七略》之首。六艺是官学，诸子是民间学，这两者是有分野的。诸子百家有"十家九流"之说，"十家"中最后一家是小说家，可见时人对小说家的评价非常低，这当然就会影响到读书人的阅读选择。数术和方技大约相当于现在的理科和工科，都是科学的范畴。《七略》的大类是按当时的学术流派来划分的。此外，《七略》反映的是当时国家书目的分类体系，是根据藏书的实际情况来划分的，从中可以看出当时各类图书数量的实际情况：经书作为教科书，数量很多；诸子、诗赋、兵书、数术、方技各类书也很多；史书并不多，没有单独列类，只是附在六艺的春秋类下。《七略》已佚，其概貌保存在班固的《汉书·艺文志》中。

西晋荀勖根据三国时魏人郑默《中经》（我国最早的四分法书目，已佚）编制《中经新簿》，对《七略》的分类体系进行了改革，将全部图书分为甲、乙、丙、丁四部。首先，把《七略》的"诸子略""兵书略""数术略""方技略"合并为乙部。其次，把《七略》的"六艺略"中的春秋类所收史书抽出来，单独设立丙部，因为当时史书数量剧增，丙部的设立反映了这一时期新出现的著作和学科的兴起。最后，取消《七略》的类目名称，以甲、乙、丙、丁为标记符号划分其先后顺序。甲部相当于《七略》的"六艺略"，乙部大致相当于《七略》的"诸子略""兵书略""数术略"和"方技略"，丙部则是新增加的历史类，丁部大致相当于《七略》的"诗赋略"。《中经新簿》的排列顺序是经（六艺）、子（诸子等）、史（史记等）、集（诗赋等）。这个排列顺序说明，史书虽然在大类之中有了自己的席位，但其社会地位尚未超过子部图书。①

东晋李充在《中经新簿》的基础上编《晋元帝四部书目》，其体系与《中经新簿》大体相同，所不同的是类目的次序有所变更，史书升居第二位，子书退居第三位。这标志着史书社会地位的提高。《晋书》

---

① 伍昭泉：《中国古代主要图书分类法的比较》，载《安徽史学》1995年第2期。

称此"甚有条贯,秘阁以为永制"①,但各部仍无类名。

南齐王俭的《七志》、梁阮孝绪的《七录》力图回归七分法。《七志》是在《七略》的基础上编制而成的,但与《七略》又有不同之处:①取消"辑略",把图书分成七大类,后附佛经、道经两类,实际上成为九大类;②更改类名,六艺略改为经典志,诸子略改为诸子志,兵书略改为军书志,诗赋略改为文翰志,数术略改为阴阳志,方技略改为术艺志;③增设"图谱志",以收录图谱典籍,打破了《七略》收书不收图的旧例。《七录》在大的方面,仍因循《七略》成法,但在小的方面对《七略》有所修补和改革。《七录》为史书和佛道著作正式立类,改"诗赋略"为"文集录",成为真正的七分法书目,类目的增加和类名的更改,都是根据当时图书的实际情况出发的。

唐初魏征等人编撰的《隋书·经籍志》,继承并发展了荀勖的《中经新簿》与李充的《晋元帝四部书目》四部分类法,并首次以经、史、子、集为各部命名。《隋书·经籍志》的"经""史"两部是由《七略》的"六艺略"发展而成的,"子"部是由《七略》的"诸子略""兵书略""数术略""方技略"合并而成的,"集"部来自"诗赋略"。这些部类的发展和合并,反映了这个时期学术的兴衰和知识体系的变更。值得指出的是,《隋书·经籍志》除了有经、史、子、集外,还有佛经和道经两个附录,这还不是彻底的"四部"分类法。北宋王尧臣等编撰《崇文总目》时,才把道经和佛经编入四部分类系统中的"子"部之内,这样"四部"分类法才基本确定下来。

宋代郑樵的《通志·艺文略》采用十二分法,从大类上打破了七分法和四分法体系:一方面,将四分法中的小类提为大类,如把"经"类中的"礼""乐""小学"抽出与"经"类并列;另一方面,由于宋代自然科学迅速发展,出现了《梦溪笔谈》等大量科学著述,又编辑、刻印了大量医籍,因此郑樵将原"子"部中的"天文""医方""五行"等独立成大类,这更能

---

① 房玄龄等:《晋书》卷九二《文苑传·李充传》,北京:中华书局,1974年,2391页。

反映这一时期的书籍与学术状况。

明代杨士奇编制的《文渊阁书目》也打破了四分法体系,将藏书分为三十六大类(附三类),增设了许多新的类目。如首创方志独立为类,细分古今志、旧志、新志等小类,特设"国朝"一类冠于各类之首,并采用《千字文》作为类例的配号制度。

清乾隆年间编撰的《四库全书总目》,进一步确定了四部分类法。《四库全书总目》以经、史、子、集为纲,下列四十四大类,大类下再分目,四部分类法此时臻于完善。

下表是中国历代代表性书目分类简表,大致可以反映出我国古代社会知识体系流变的情况。

中国历代代表性书目分类简表①

朝代	代表性目录	分类体系
汉	《七略》②	六艺略(易、书、诗、礼、乐、春秋、论语、孝经、小学) 诸子略(儒、道、阴阳、法、名、墨、纵横、杂、农、小说) 诗赋略(屈原赋之属、陆贾赋之属、荀卿赋之属、杂赋、歌诗) 兵书略(兵权谋、兵形势、兵阴阳、兵技巧) 数术略③(天文、历谱、五行、蓍龟、杂占、形法) 方技略(医经、经方、房中、神仙)
晋	《中经新簿》	甲部(六艺及小学诸书) 乙部(古诸子家、近世子家、兵家、术数) 丙部(史记、旧事、皇览簿、杂事) 丁部(诗赋、图谶、汲冢书)

---

① 此表根据彭斐章的《目录学教程》、姚名达的《中国目录学史》、王余光的《中国文献史》(第一卷)、伍昭泉的《中国古代主要图书分类法的比较》中的相关目录整理而成。
② 《七略》将图书分为七个大类,其中第一大类"辑略"是类序,包括各书的总论和分论,实际上是一篇扼要叙述先秦以来学术思想的简史,所以《七略》实际上是六分法,即六艺略、诸子略、诗赋略、兵书略、数术略和方技略。
③ "数术略"原为术数略,《汉书·艺文志》将其改为数术略,参见张舜徽:《中国古代史籍校读法》,昆明:云南人民出版社,2004年,10页。

续表

朝代	代表性目录	分类体系
南北朝	《七录》	经典录、记传录、子兵录、文集录、术技录、佛法录、仙道录
唐	《隋书·经籍志》①	经部、史部、子部、集部 附道经、佛经
宋	《通志·艺文略》②	经类、礼类、乐类、小学类、史类、诸子类、天文类、五行类、艺术类、医方类、类书类、文类
明	《文渊阁书目》	天字厨(国朝)、地字厨(易、书、诗、春秋、周礼、仪礼、礼记)、玄字厨(礼书、乐书、诸经总类)、黄字厨(四书、性理,附经济)、宇字厨(史)、宙字厨(史附)、洪字厨(子书)、荒字厨(子杂)、日字厨(文集)、月字厨(诗词)、盈字厨(类书)、昃字厨(韵书、姓氏)、辰字厨(法帖、画谱,附诸谱)、宿字厨(政书、刑书、兵法、算法)、列字厨(阴阳、医书、农圃)、张字厨(道书)、寒字厨(佛书)、来字厨(古今志,附杂志)、暑字厨(旧志)、往字厨(新志)
清	《四库全书总目》③	经部(易、书、诗、礼、春秋、孝经、五经总义、四书、乐、小学) 史部(正史、编年、纪事本末、别史、杂史、诏令奏议、传记、史钞、载记、时令、地理、职官、政书、目录、史评) 子部(儒家、兵家、法家、农家、医家、天文算法、术数、艺术、谱录、杂家、类书、小说、释家、道家) 集部(楚辞、别集、总集、诗文评、词曲)

从表中可以看出,自西汉刘歆编定《七略》以后,在不同的时代中,图书分类法几经变化,但是百变不离其宗。从总体上看知识门类没有什么本质的变化,只是一些相关内容在各自门类上的增减而已。

---

① 全目分为四部40类,又附道经4类,佛经11类。其问世标志着中国图书四部分类法的确立。此后,各正史艺文志或经籍志都是以四部来类分图书的,历代官修书目和私修书目中大部分都是采用四部分类法的。四部分类法在中国文献史上沿用有1300余年,影响深远。
② 此目体现了作者郑樵的会通思想,旨在汇总百代图书,记其有无,考其源流,但只是钞撮旧目,不能反映当时的图书面貌及存亡情况。
③ 全目四部44类65个子目,比较全面地反映了19世纪以前中国图书的面貌和类别,是中国古代书目的集大成者。此目一出,许多官、私书目都纷纷效仿。时至今日,许多图书馆在分类古籍时仍使用其分类表。

"盖七略四部同条共贯,相为因缘,虽变而未尝变也。"①或者说:"《隋志》《四库》为《七略》《七录》之后裔,非复其仇敌矣。"②四部分类法自《隋书·经籍志》确立,在其后1300余年间,我国图书业虽有很大发展,但官修书目仍未突破四部分类的体系,直到18世纪末清乾隆年间《四库全书总目》的完成,才标志着中国古代传统"四部"知识体系的最终确立和完善。

四部分类法依经、史、子、集的次第先后排列,代表了中国古代全部知识体系。经部为中国文化之根源,史部为史实之记录,子部为哲学家之思想,集部为文学作品。经为根,史、子为干,集则为枝,聚根、干、枝而成树之整体。这套以经、史、子、集四部为框架建构的一套包括众多知识门类、具有内在逻辑关系的知识系统,发端于秦汉,形成于隋唐,完善于明清。在近两千年的发展过程中,其呈现出如下的演变特点。③

第一,经学地位稳定,《七略》中的六艺略,相当于《四库全书总目》的经部,一直位列首类,且此类的知识内容没有质的变化。第二,史学高度发展,《四库全书总目》史部在《七略》中找不到相应的类目,而《四库全书总目》史部15类,即便从现在严格的史学意义上来看,也有10类是史学图书,约占四部类的1/4,这说明了史学在传统知识体系中所占的比重大。第三,自然科学严重萎缩,《四库全书总目》子部相当于《七略》中的诸子、兵书、数术、方技四略。《七略》这四略24类中,有相当一部分图书是自然科学方面的,《四库全书总目》子部14类中,艺术、类书、释家为《七略》之后新发展的类目,其余11类中只有部分类目属于自然科学。比较这四略和子部,可以看出自然科学方面

---

① 余嘉锡:《余嘉锡说文献学》,上海:上海古籍出版社,2001年,153页。
② 姚名达:《中国目录学史》,上海:上海书店,1984年,97页。
③ 王余光:《中国文献史》(第一卷),武汉:武汉大学出版社,1993年,3、37页。

的部类没有增多，反而减少了。第四，集部并不包含小说，这部分的崛起只是近一百年的事情，中国传统知识体系中没有它的地位。第五，以佛教为代表的外来文化，并没有对中国固有的知识体系造成重大的冲击。因为佛教图书先是在分类法中处于附属地位，后来才被固定在子部之下。

晚清以来，随着科举制度的废除和新式教育的兴起，翻译图书和包含西方科学知识内容的新式图书不断增加，中国传统的图书分类法已经无法适用于这些种类繁多的新式图书，一些新式分类法纷纷登台亮相，如梁启超的《西学书目表》、古越藏书楼的分类法，试图解决新式图书分类或者中外图书的统一分类问题。1910年，杜威十进分类法被介绍到中国之后，出现了许多仿杜、改杜、补杜的图书分类法，据统计有三十多种，比较著名的有沈祖荣、胡庆生的《仿杜威书目十类法》，杜定友的《世界图书分类法》，王云五的《中外图书统一分类法》、刘国钧的《中国图书分类法》和皮高品的《中国十进分类法》等。杜威十进分类法替代四部分类法的过程，既是将四部分类体系下的图书拆散，归并到十进分类体系下的各学科门类中的过程，也是将"四部"知识系统整合到西方近代知识系统中的过程。第一，"经部"分属各部，"群经总义"入总类，"易"入中国哲学，"书""春秋"入中国史，"诗"入中国文学，"礼"入伦理学（王云五将其列入社会科学），"乐"入艺术（音乐），"孝经"入伦理学，"四书"入中国哲学类之"儒家"，"小学"入"中国语言学"类的"字学"，通过这样的拆散归并，四部分类体系中最重要之"经部"，便被消融于近代人文社会科学各学科门类中。第二，"史部"，诸史总义入"史地总目"，正史、纪传、编年、纪事本末、别史、杂史、载记、传记、地理等合编一目，归入"中国史"，并以时代分类，职官、政书归入"政治"（诏令奏议附入），法制归入"法律"（时令附入）。第三，"子部"归并到"哲学"或"宗教"类。第四，"集部"全入"文学"类。①

在近代西学东渐大潮的冲击下,以"四部"为框架的中国传统知识体系不断解体和分化,逐渐为西方近代以学科分类标准建构起来的新知识体系所替代。这种转型可以从中国传统"四部"分类法向西方近代图书分类法的转变中反映出来(见下表)。

中国知识分类体系的转变对比表②

朝代	代表性目录	分类体系
清	《四库全书总目》	经、史、子、集
清末(转型期)	《西学书目表》③	西学(算学、重学、电学、化学、声学、光学、汽学、天学、地学、全体学、动植物学、医学、图学)
		西政(史志、官制、学制、法律、农政、矿政、工政、商政、兵政、船政)
		杂类(游记、报章、格致总、西人议论之书、无可归类之书)
民国	《生活全国总书目》④	总类,哲学,社会科学,宗教,自然、社会科学,自然科学,文艺,语文学,史地,技术知识

---

① 左玉河:《典籍分类与近代中国知识系统之演化》,载《华东师范大学学报》(哲学社会科学版)2004年第6期。
② 王余光:《中国文献史》(第一卷),武汉:武汉大学出版社,1993年版,34—37页。根据其中的相关目录整理。
③ 此目由梁启超在1896年编撰而成,共4卷,集中反映了中国在19世纪后期翻译西方图书的情况。它是我国知识转型期间分类体系的代表,与传统分类法有相似之处,又有较大区别,从总体上说是对传统分类法的否定,表明在中国历史上使用了1300余年的四部分类法已不能适应新形势的需要。它的问世为新式图书分类法的建立和新类名的确定奠定了基础。
④ 此目由平心编撰,较系统地反映了辛亥革命至1935年我国出版的20000余种新书,在分类和类名上都有创新,标志着我国以西方知识体系为基础的学科分类体系的正式确立。

续表

朝代	代表性目录	分类体系
中华人民共和国	《中国图书馆分类法》①	马克思主义、列宁主义、毛泽东思想、邓小平理论，哲学、宗教，社会科学总论，政治、法律，军事，经济，文化、科学、教育、体育，语言、文字，文学，艺术，历史、地理，自然科学总论，数理科学和化学，天文学、地球科学，生物科学，医药、卫生，农业科学，工业技术，交通运输，航空、航天，环境科学、安全科学，综合性图书

如上表所示，在《西学书目表》和《生活全国总书目》中的各类图书，其中大多数在四部分类法中找不到相应的类名，这表明当时自然科学图书数量大增。从《西学书目表》的"学、政、杂"三大类的建立中我们已经能看到自然科学、社会科学、综合性图书三大部类的雏形了，而这三大部类又在《生活全国总书目》中得到了更为具体的划分，我们已经能从《生活全国总书目》中看出现代学科分类体系。

从四部分类法到《西学书目表》再到《生活全国总书目》，反映了中国传统图书分类法融入近代西方图书分类法的过程，这是打破传统的经、史、子、集四部分类体系，用近代西方以学科为分类标准的新分类法统摄群籍，重新建构新的分类体系及知识体系的过程。在这个过程中有个显著特征，即中国自然科学在一个世纪内得到了飞速发展。这种变化来自向西方学习，其具体表现是近代学者大量翻译国外自然科学方面的图书。正是在这种不断学习外来文化的过程中，中国现代知识体系逐渐形成并日趋成熟。

---

① 此目简称《中图法》，是目前我国各类图书馆普遍使用的一部图书分类法，它是按照一定的思想观点，以科学分类为基础，结合图书资料的内容和特点编制而成的。《中图法》于1971年开始编制，1975年出版第一版（原称《中国图书馆图书分类法》）；1999年出版第四版，名称改为《中国图书馆分类法》；2010年出版了第五版。

1949年以后，政府和相关机构组织集体力量又相继编制了几部大的图书分类法，其中比较著名的有《中国人民大学图书馆图书分类法》(简称《人大法》)、《中国科学院图书馆图书分类法》(简称《科图法》)和《中国图书馆分类法》(简称《中图法》)。这些分类法都大大突破了此前的图书分类法划分知识体系的学科门类限制，其中《人大法》17大类，《科图法》25大类，《中图法》22大类。《中图法》是我国近几十年来各类图书馆使用最普遍的分类法。从《中图法》的类目设置中，也能看出我国图书分类的发展和变化，其中较为显著的特征如下：一是学科分类更加细化，这反映了近一百年来各类图书的数量大大增加以及各类学科知识不断专业化、细致化；二是自然科学、技术知识等学科相对膨胀，在《中图法》五部类22个大类中，自然科学类目的比例占到了50%，而且在近年来的不断修订中，工业技术的类目不断细化，相对来说，比重又提高了很多，而文史类学科知识的比例相对来说在减少；三是"马克思主义、列宁主义、毛泽东思想"被置于五大部类的首位，这反映了马列毛经典著作在知识体系中的重要地位，以及学习、研究这类经典图书人数的剧增和相关学科知识的大发展，这与意识形态对图书和学术的深刻影响有密切关系。

综上所述，从汉代至今，中国知识体系的流变大致可分为两个阶段，即从汉代至清，相对平稳、渐趋保守的阶段和从清末民初至今，发生剧变乃至转向的阶段。第一个阶段是以经、史、子、集四部为框架建构的传统知识体系逐渐形成、发展和完善的过程；第二个阶段，从清末民初至今的近一百年里，中国传统的知识结构得到了彻底的颠覆和瓦解，在构建新的知识体系的过程中又出现了新的情况，在一段时间内又有些矫枉过正，导致今天中国的文史类学科相对萎缩，自然科学、技术知识在相对膨胀，实际上这是从一个极端走向了另一个极端。基于此，我们可以发现中国知识体系的发展一直处于一个相对不平衡的状态。

三、中国知识体系的流变对阅读的影响

人类阅读的本质在于知识的传承和再创造。一个时代阅读的范围是当时知识体系的客观反映。中国传统知识体系长期以来是一个相对稳定的系统,故传统的阅读系统长期以来得到维系和延续。随着 19 世纪末 20 世纪初中国传统知识体系向现代知识体系的转型,以及近一百年来现代知识体系的发展成熟,阅读发生了巨大变化。

1. 阅读内容的普遍化

中国传统的知识体系往往决定了当时的图书生产和收藏的品种,以及读书人的知识结构,从而决定了传统读书人阅读的范围和结构特点。在中国长期以来相对稳定的传统知识体系下,经学始终占有显著地位。长期以来,中国文化发展呈现政治化倾向,熟读儒家经典、通过科举入仕成为众多读书人的人生目标,而科学技术始终被视为"雕虫小技",这种选择最终又导致了图书内容和知识体系的结构呈现不平衡状态,"近两千年间,中国图书知识内容、结构和类别的变化是史学的飞速发展和自然科学的萎缩"①。这种循环作用导致了中国传统阅读长期以来局限于以经学、史学和文学为主的人文领域,读书人较少阅读科技类图书。

20 世纪初以西学为主的现代知识体系建立之后,自然科学知识飞速发展,新的知识门类不断涌现,再加上新式印刷技术的普遍应用,图书生产成本的降低,白话文的普及,大大促进了各类图书的生产和流通,使得阅读内容日益普遍化。

2. 阅读阶层的下落和阅读主体的广泛化

传统知识体系长期以来的相对稳定性和偏向性导致了私人藏书

---

① 王余光:《中国文献史》(第一卷),武汉:武汉大学出版社,1993 年,37 页。

和阅读内容的单一性,这为统治阶层垄断知识提供了条件,从而造成了中国历史上长期以来的文言分离的状态,使普通人难以进行书面的阅读。这种状态也进一步将藏书和阅读维系在以官吏士大夫为主体的统治阶层。随着现代知识体系的建立和发展,新的知识门类不断出现,各类图书日益丰富,加上新式教育和平民教育的推广,阅读阶层拓展到各阶层民众,社会上各个行业的人都开始发展自己的阅读兴趣,阅读人口日益增多,阅读日益成为一项普世化的文化活动。

3. 阅读观念和阅读方式的变化

随着知识的不断积累,知识体系必然走向专业化和细致化。大学体制作为制度性力量又强化了以学科制度为核心的现代学术专业化运作机制。虽然知识体系的专业化与细致化是知识发展的必然结果,也是学术进步的重要体现,但是这种变化也在一定程度上对阅读产生了消极影响。这种分科体系设定了学者的阅读范围(知识范围),限定了他们提出问题的角度,在一定程度上强化了学人的门户之见,造成近代多数学人涵泳功夫不够,对中国传统学术难以融会贯通。这种阅读治学的态度变化,对学术,尤其是文史哲等人文学科发展不利。

(1) 涵泳功夫的缺失

在中国传统知识体系下,学者须熟读儒家经典,并通过细细品读、反复吟哦、潜心钻研来达到培养人格和品性的目的,同时也在这个过程中深入领会作品要义,正如朱熹所言:"读书是自家读书,为学是自家为学,不干别人一线事,别人助自家不得。"①但是在现代知识体系下,学者各学习一部门知识,缺少悟性。当今许多学者对分科治学导致涵泳功夫的缺失深有体会。刘永济在《十四朝文学要略》一书的叙论中,提到古人读书,"玄览所得,莫不默契于寸心;钻讨既深,自能神遇于千古",对于"今代学制,仿自泰西,文学一科,辄立专史","是

---

① 朱熹:《朱子语类》卷一一九,黎靖德编,北京:中华书局,1994年,2873页。

则文学史者,直轮扁所谓古人之糟粕已矣"。① 陈平原也说:"百年中国,西学东渐,'文学史'成为大学主干系的主干课程,学生们记得一大堆思潮流派以及作家作品,惟独缺乏自家的感受与体会。"② 这里讲的缺乏自身体会,当是指缺失涵泳功夫造成的后果。

高贤读书图

(2)会通精神的失落

中国古人读书治学强调综合各类知识和融会贯通。王国维说:"夫不通诸经,不能解一经,此古人至精之言也。"他还说:"夫我国自西汉博士既废以后,所谓经师,无不博综群经者。"③ 钱穆也说:"中国

---

① 刘永济:《十四朝文学要略》,武汉:武汉大学出版社,2013年,1页。
② 陈平原:《从文人之文到学者之文·开场白》,北京:生活·读书·新知三联书店,2004年,1页。
③ 干春松、孟彦弘:《王国维学术经典集》(上卷),南昌:江西人民出版社,1997年,159、160页。

古人并不曾把文学、史学、宗教、哲学各别分类独立起来,毋宁是看重其相互关系,及其可相通合一处。因此中国人看学问,常认为其是一整体,多主张会通各方面而作为一种综合性的研究。"①

分科治学的结果是学人缺少了其他学科基本的通识或常识,因而难以真正理解本学科的问题,更不要说会通了。例如,治文学者若没有经学的基本常识,恐难以真正理解文学的价值。王国维说:

> 今天吾国文学史上之最可宝贵者,孰过于周、秦以前之古典乎?《系辞》上、下传与《孟子》《戴记》等为儒家最粹之文学,若其思想言之,则又纯粹之哲学也。今不解其思想,而但玩其文辞,则其文学上之价值已失其大半。此外周、秦诸子,亦何莫不然。……此外如朱子之于南宋、阳明之于明,非独以哲学鸣,言其文学,亦断非同时龙川、水心及前后七子等之所能及也。凡此诸子之书,亦哲学,亦文学。今舍其哲学,而徒研究其文学,欲其完全解释,安可得也!……今文学科大学中,既授外国文学矣,不解外国哲学大意而欲全解其文学,是犹却行而求前,南辕而北辙,必不可得之数也。②

清末民初的学人对文字音韵尚有一定了解,因其中大部分人从小受过基本的儒家经典的训练,分科治学对他们的负面影响并不是很大,反而使其学问更为专精,所以中国学术界在那个时期出现了王国维、章太炎、陈寅恪等一批学术大师。但是在新的知识体系确立并发展的过程中,学人的知识结构逐渐呈支离趋势,而难以做到融会贯通了。③

---

① 钱穆:《中国学术通义》,台北:台湾学生书局,1976年,4页。
② 干春松、孟彦弘:《王国维学术经典集》(上卷),南昌:江西人民出版社,1997年,158页。
③ 李刚:《知识分类的变迁与近代学人治学形态的转型》,载《福建论坛》(人文社会科学版)2005年第5期。

第二节 注释、翻译与阅读

一、文本的解释是不断发展的过程

随着时代的推移,文本自身发生了许多变化。中国古籍的变化具体表现为断句、标点、语义、语音、文字以及语法的变化等,使我们对它的阅读和理解变得很困难。理解之后还有解释的过程,解释过程即是理解再现过程。

文本的解释是特定时代的解释主体,以特定的解释方法,透过历史文本的表达方式,对其多层意义进行理解与阐释的活动过程。[①] 只要文本所处的时代或者社会背景发生了变化,文本解释就会发生新的变化,所以文本的解释是一个不断发展的过程。

我们今天的生活方式(如出行方式、行为方式等)和所处的社会背景(如政治体制、经济体制等)都与古人不同。我们是根据今天的生活方式和思维方式来理解阅读对象——文本,但当我们理解描述古代人的生活方式的文本的时候,该文本就和我们发生了矛盾,这是我们有时读不懂它的最主要的原因。这里有文本自身的原因,但是究其根本原因,则是我们的生活改变了。当我们阅读古人的文本的时候,在某种程度上,最好的办法就是回到古人的生活中,这样才能最深切地理解它,但是我们做不到这一点。我们的后人,在他们那种生活环境下,将要重新回过头来解释这些文本。他们的解释和我们今天的解释不会是一样的,因为他们的生活方式跟我们的不同。所

---

① 周光庆:《中国古典解释学导论》,北京:中华书局,2002 年,416 页。

以,文本的解释不是一次性就能完成的,需要一个循序渐进的过程。我们今天对古代文本的这些解释也将会成为后人解释这些文本的一个参照系,他们通过我们的解释来理解我们的生活。就像我们今天在阅读《史记》的时候,如果要充分地读懂它,还要同时看《史记》的三家注,也就是唐代人做的注释。我们今天还要来解释和理解三家注。但是三家注并不是对《史记》文本的最终解释,它是在唐代人生活的基础上来解释汉代文本。事实上三家注本身也成了古文,也成了我们解释的对象。我们对这个注还要再做解释,所以古代不仅有注,还有疏,如《十三经注疏》,疏就是对注的解释。随着社会的推进,对古代文本的解释将会是一个不断发展的过程。

潘德荣也持同样的观点,他说:"文字与文本的意义在流动着、变化着,每一时代的人都在为'意义'之流做出自己的贡献。在我们以为某些'意义之流'干涸、流失的地方,那些'意义'正是以特定的形式沉淀在文化传统之中。只要人类还在延续,人们所领悟到的意义整体总是在增长着。时间间距'生产'意义的现实基础在于,在间距中我们的传统为社会实践的发展而推动,导致了人们的'世界观念'的变化,从而产生了对'文本'的新的理解与解释。"①

二、中国古代的解释和阅读

文本出版、流传以后,作者便不再能把握它的命运,把握它的命运的是那些解释者,群体的和个体的解释者。对文本进行解释的目的不仅是帮助读者阅读和理解,而且是提供一个正确的解释,以及表达自己对原作的一些看法。在中国,很早就有了解释的思想和实践。

---

① 潘德荣:《文字·诠释·传统——中国诠释传统的现代转化》,上海:上海译文出版社,2005年,61页。

近些年来，许多学者对中国古代的解释思想和实践进行了梳理和总结。例如，周裕锴将中国不同时期、不同学派的解释理论和方法归结为："先秦诸子论道辩名，两汉诸儒宗经正纬，魏晋名士谈玄辨理，隋唐高僧译经讲义，两宋文人谈禅说诗，元明才子批诗评文，清代学者探微索隐。"①他认为先秦时期，儒家的"言以足志，文以足言"与道家的"道不可言，言不尽意"奠定了中国阐释学的基础。前者成为后来各种意图论阐释学的源头，相信读者的理解能与作者的意图实现同一；后者则派生出来一种"得意忘言"的方法，形成重视读者个人体验的阅读传统。②

汤一介认为，孔子的"述而不作，信而好古"表明孔子对古代经典只是进行解释，而不是脱离经典阐发自己的思想；信奉而且喜好古代的经典。他还指出，《左传》是目前知道的最早一部对经典进行解释的书，或者也可以说是世界上现存最早的解释性的著作之一。这就说明中国对经典进行解释有着两千三四百年的历史了。先秦时期，已有数种对古代经典进行解释的书，人们将其划分为三种类型：第一种是对历史事件的解释，如《左传》对《春秋》的解释，当然还有《公羊传》与《谷梁传》；第二种是《系辞》对《易经》的解释，叫作整体性的哲学解释；第三种是《韩非子》中的《解老》《喻老》对《老子》的解释，叫作实际（社会政治）运作型的解释。③

两汉的今、古文之争追根溯源也是解释理论的分歧。从表面上看，这两大派别围绕着"今文经"和"古文经"的版本、文字以及真伪展开激烈论争。实际上，今文经学带有政治性特征，讲阴阳灾变，讲微言大义，往往就原典借题发挥，建立了一种"六经注我"的解释模式。

---

① 周裕锴：《中国古代阐释学研究》，上海：上海人民出版社，2003年，4页。
② 周裕锴：《中国古代阐释学研究》，上海：上海人民出版社，2003年，7页。
③ 汤一介：《再论创建中国的解释学问题》，载《中国社会科学》2000年第1期。

而古文经学则倾向于历史主义，讲文字训诂，明典章制度，力图申说经典的原始意义，建立了一种"我注六经"的解释模式。① 周光庆也有相同的看法，他认为汉代的今、古文经学主要差别可以归纳为文本观念不同、解释目的不同、解释态度不同、解释方法不同，其本质是两种解释理论、模式的对立与竞争。② 今、古文之争一直到郑玄遍注群经才得以暂告休止，郑玄先通今文，后解古文，虽师承古文经学派，但不囿于师说而是博采众家之长，打破师法、家法界限，兼容并蓄，立一家之言，终使汉代经学今、古文的纷争暂停。郑玄深发儒学之义理，为儒学精神的发扬和取得长时间的思想统治地位做出了应有的贡献，成为汉代经学的柱石。③ 魏晋的解经者力图超越汉代经学家依赖语言文字所建立的以通古今异言、各方殊语为目的的训诂学解释模式，以辨明析理的手段直接领悟形而上的意义，即所谓"得鱼忘筌"。正如理学大师朱熹所说："汉儒解经，依经演绎。晋人则不然，舍经而自作文。"④

儒经文字多有异同，经义师说繁杂分歧，唐太宗乃命颜师古统一文字，撰成以南本为主的《五经定本》，又命孔颖达等统一注疏，撰成以南学为宗的《五经正义》，然后颁行学官，悬为科令，使明经取士悉遵此本，使广大学人奉为圭臬。⑤

宋代经学思想旨在摒弃那些偏离儒家思想体系的曲说和杂说，恢复儒家经典的本义。朱熹对儒家经典的解释，就是要弘扬儒家道统，完善儒学理论；体察圣贤之心，确立理想人格；认识天地之用，贯彻人伦日用。⑥ 朱熹理学思想的核心是"理"，他阅读和解释经典的目

---

① 周裕锴：《中国古代阐释学研究》，上海：上海人民出版社，2003年，66页。
② 周光庆：《中国古典解释学导论》，北京：中华书局，2002年，97页。
③ 管理成、王一恒：《东汉大经学家郑玄的一生》，载《炎黄春秋》1994年第11期。
④ 朱熹：《朱子语类》卷六十七，黎靖德编，北京：中华书局，1986年，1675页。
⑤ 周光庆：《中国古典解释学导论》，北京：中华书局，2002年，115页。
⑥ 周光庆：《中国古典解释学导论》，北京：中华书局，2002年，366页。

的便是"参以往训之指,反复推穷,以求其理之所在,使吾方寸之间,虚明洞彻,无毫发之不尽,然后意诚、心正、身修,而推以治人,无往而不得其正者"①,即体察和揭示圣人的思想,从而借经以通理,然后推己及人,由此树立人们的行为规范。这就决定了他的解释对象是圣人在经典著作中所表达和体现出来的"道之体用""理之精蕴",而对于词句、文意的解释只是其解释活动进入揭示"圣人之心"阶段的基础和前提。② 所以康熙评价朱熹:"宋儒朱子,注释群经,阐发道理。凡所著作及编纂之书,皆明白精确,归于大中至正。经今五百余年,知学之人无敢疵议。"③此后的历代科举考试,考生们都要看朱熹的解释,他的解释成了官方的解释。

清代由经学而衍生出来的考据学,也称"汉学"或"朴学",考据学强调语言文字是解释学中唯一的先决条件,通过对文字、声音、训诂的研究确定文本文字的字形、读音和意义,恢复文本的原始形态,探明文本的原始意义,以跨越时间距离造成的理解障碍。考据学的意义在于能使文本解释的合理性得到有效的验证,使理解和解释有学术规范可依。释理、释史和释事是宋代注本的三个突出倾向,也是宋人力图获得作者"立言本意"的三个手段,但因为宋人强调"师心自用",其推理往往不免武断,编年往往与论世脱节,释事往往因缺少训诂学的支持而穿凿附会。清代的注本在考据学的影响下,大多凡例谨严,进退有据。"知人论世"的方法由史评领域引进,被用来进行文本解释,使作者的心境和文本的语境有了客观依据。文字、音韵、训诂等专门学问的讨论,不仅从语言层面划定了意义解释的有效界限,而且最大限度地恢复了原始文本。尤其是"实事求是"的考证精神的提倡,有利于注本恢复绝对原

---

① 朱熹:《晦庵先生朱文公文集》卷六十一,载《朱子全书》第 23 册,上海:上海古籍出版社;合肥:安徽教育出版社,2002年,2974 页。
② 匡鹏飞:《〈论语〉郑玄与朱熹解释之比较》,载《孔子研究》2001 年第 4 期。
③ 《钦定四库全书·圣祖仁皇帝御制文》第四集卷一。

始的话语,使解释尽可能接近文本原义。宋学认为解释的意义在于通过"自得""体认"而比作者更好地理解其作品的语言,发现作者未意识到的东西。而汉学认为,解释的目的在于通过语言的考古而真实重现作者的观念世界。①

我国古代,不仅有对经学的解释,还有对其他学科文本的解释,如南朝刘宋时,裴松之的《三国志注》在史学史上是非常引人注目的,使许多《三国志》中失载的历史事实得以保存。北魏郦道元撰《水经注》,旧传三国时人桑钦著《水经》,原四十卷,北宋初已亡佚五卷,后人分割三十五卷以足四十卷之数。《水经》只记载了水道一百三十七条,而郦注却有一千二百五十二条,增加八倍多,注文共约三十万字,也比经文增加二十倍。

汉译佛经,主要是为了解决语言障碍、文化隔阂和思想冲突的问题,与之相对应的是翻译、解释和领悟问题。译师们为了提高译经的质量,在实践中不断摸索总结,陆续创立了一些译经规则,主要有东晋道安的"五失本,三不易"说、隋代彦琮的"八备十条"说、唐代玄奘的"五不翻"说、北宋赞宁的"六例"说等。②

正是这些日渐成熟的解释思想和方法,使一代代中国人对经典文本的阅读和理解更加深刻和完善。

三、解释的形式、方法和原则

阅读和解释互为表里,了解文献整理和研究中所采用的对文本进行解释的形式、方法和原则,有助于对文本的理解。

---

① 周裕锴:《中国古代阐释学研究》,上海:上海人民出版社,2003年,336、337页。
② 陈士强:《汉译佛经发生论》,载《复旦学报》(社会科学版)1994年第3期。

1. 形式

对古代文本的解释一般通过三种形式体现出来,即标点、注释和翻译,当然还有讲解段落大意。古籍整理通行的就是前三种形式,针对不同的阅读对象可选择其中的一种或几种形式对其进行解释。

如果文本的阅读对象和使用对象是藏书家,那么就可以不做任何解释,只进行影印,例如中华再造善本工程就是挑选珍稀古籍,采用中国纸影印复制,线装装订,以体现其版本价值。

如果文本的阅读对象和使用对象是研究者,那么就需要做一些校勘和标点的工作,如中华书局点校本《二十四史》,没有注释和翻译,只有校勘和标点。这适合一般的研究者和具有较高文化程度的读者。

再进一步,就是在标点的基础上加注释,然后翻译,使之成为一个古籍的普及本。对于大多数普通读者而言,注释本仍然不易理解,这就需要将其翻译成白话文。但是翻译并不能彻底解决问题,因为有不少内容无法翻译,如社会的变迁导致的地名、职官的变化就不容易翻译,所以在翻译的时候还离不开注释。

2. 方法

解释没有固定的方法,但有一些规则可以遵循,例如,在给古书注标点时,几乎不使用感叹号,因为古人表达感叹的语气在文字中已体现出来了。

解释应建立在对文本理解的基础上,这与做版本、校勘工作不一样。做版本和校勘工作,并不一定需要理解文本,但需要整理者摆脱主观意识,根据材料,实事求是。而解释是一种主观性很强的工作。只有对文本充分理解之后,才可以对它进行标点、注释和翻译,这些标点、注释和翻译都体现了个人的观点,而每个人的观点是不同的,所以它们具有个性化色彩。

3.原则

解释有以下两点需要遵循的原则。

首先,解释者要历史地理解和解释文本。文本作为解释的对象,是历史的产物,文本的语言、词汇以及内容都带有时代特征,如古书里面记录人的地位、男女关系、家庭等,都不可避免地带有时代的烙印。因此,解释者不能根据自己特有的目的、兴趣和观念来对其做出解释,而要历史地去理解文本、历史地再现文本所反映的时代内容。解释者"解释"和"注释"文本时要力求克服主观意识,尽可能客观再现作者的本意。

其次,解释者要把文本看成一个有机的、相连贯的整体。无论解释一本书还是一篇文章,都不能脱离文本,而要把文本当成一个完整的机体,来解释文本中的每一个字、词的特定含义。解释文本和编字典不一样,因为字典里的解释并不是把词放在一个完整的文本里得出的。如果不考虑文本的整体性,而孤立地去解释某一句话、某一个字就容易导致断章取义的错误出现。

在文本解释的历史上有两种倾向。第一种倾向遵循了以上两点原则,解释者力求历史地、客观地、按照当时的生活方式来对文本做解释。第二种倾向与第一种相反,解释者认为后人不可能客观地、真实地再现作者所处的那个时代,只有根据自己的兴趣、爱好、理解,以及自己所处的时代特点来对文本做出解释。我们很难判断哪一种倾向更有道理。文本的解释已经成了一个哲学问题,是解释学所要研究的问题。中国历史上的所谓古文经学与今文经学,就是这两种文本解释倾向在中国古代经学上的反映。

当然这个问题不只存在于文本解释中,我们阅读的时候,也同样遇到应该采取一种什么样的态度阅读,甚至是站在什么样的立场上阅读的问题。

第三节 工具书与阅读

工具书是"比较完备地汇集某一方面的知识、资料、事实,按照特定的方法加以编排,供读者检索查考的图书"①。工具书与阅读的关系非常密切,在阅读过程中,我们会遇到各式各样的疑难问题,需要借助于工具书才能解决。例如,遇到古代的人名,需要了解他们的生平事迹和时代背景;遇到古代的地名,需要知道它在什么位置,相当于现在的哪里;遇到古代的典章制度,需要了解它们的内容和性质;等等。此外,由于我国历史漫长,语言文字变化非常大,在先秦、两汉的古籍中,生词僻字问题很多,需要利用声韵、训诂方面的知识对其加以解决;魏晋六朝以至唐宋人的著作,充满了典故史实;在敦煌变文和宋元明清的小说、戏曲里,当时的方言俗语、社会风尚,更是比比皆是。对于这些问题,都必须查阅有关的工具书,才能得到答案。②工具书是应阅读的需要而产生并不断发展的。

一、文本的选择需要工具书

阅读面临的首要问题就是对文本的选择。随着文本的多次传抄,文本中出现了许多谬误;文本数量的增加,也给阅读选择带来难题。解决这些难题的办法,就是编制书目。汉代刘向编制《别录》时,总是先把一本书的不同版本聚集起来,运用校雠的方法,辨别众本之间的差异,从而选出优劣,择善而从,写出定本,为阅读提供较好的文

---

① 王余光、徐雁:《中国读书大辞典》,南京:南京大学出版社,1993年,1005页。
② 吴小如、吴同宾:《中国文史工具资料书举要·引言》,天津:天津古籍出版社,2002年。

本。刘歆的《七略》著录"凡书六略,三十八种,五百九十六家,万三千二百六十九卷"①,它是我国第一部体例完备的综合性分类目录,是一部有内容提要、收藏情况,并按一定次序编排而成的能够提供线索和指导阅读的工具书。

后来,书目指导阅读的功能进一步加强,出现了推荐书目。现存最早指导阅读的推荐书目是《唐末士子读书目》,见于敦煌遗书中的一个《杂钞》卷子。王重民认为,该书目虽很简单,但是密切结合当时的实际情况,挑选了当时社会上最实用的书籍和最通行的注本,正是适应当时一般读书识字的人的需要而编撰出来的,它所推荐的二十五部书确实是当时一般读书人都要全部阅读或者部分习诵的。②

又如《四库全书总目提要》,该提要对总目中每种书的作者、内容、流传、版本以及前人考证等情况都做了概述。20世纪50年代到80年代,出版了很多导读书,其中关于古籍的导读书,大都来源于《四库全书总目提要》。该提要出版后,成了许多藏书家、学者和读书人必备的工具书。

二、文字的识别需要工具书

随着时代的推移,文本的变迁特别是文字的变化给阅读带来了很大困难。中国汉字自"黄帝之史仓颉造字"的传说开始,随炎黄从陕西向东迁徙而传播开来,在各地的演变过程中发生了很多很大的变化,出现了很多种不同的写法。从甲骨文到金文,之后最主要的变形有两种:一是在秦国的基础上使用的篆书,包括大篆、小篆;二是山东六国使用的文字——"蝌蚪文",汉代人把它称为"古文"。到了秦

---

① 司马光:《资治通鉴》卷三十三,文渊阁四库全书本。
② 王余光、徐雁:《中国读书大辞典》,南京:南京大学出版社,1993年,797页。

朝的时候，国家统一，古文被废止了，篆书就成为统一使用的文字。篆书笔画非常之多，非常的繁复，在秦朝的时候，一般的老百姓不使用这种文字，他们使用的文字叫隶书，它是篆书的简化形式。汉代的时候，隶书成了流行的文字，汉代人把它称为"今文"，与现在的文字基本相同。所以，汉代人不认识战国时山东六国的文字，因为那是用蝌蚪文写的而不是用隶书写的。今文和古文是两个非常重要的概念，引发了一场思想斗争，并一直延续到20世纪，这场思想斗争是中国历史上最大的一场学派之争，即古文经学和今文经学之争，其最早源于不同的汉字书写方式带来的不同的文本，以及由此产生的不同的解释。

  这种争论直接引发了我国第一部字书《说文解字》的诞生。尽管许慎探究文字本源的原意是驳斥当时占统治地位的今文学派的谬说，但是该书在客观上为后世系统地贮存了经过秦代"书同文"规范了的小篆和一部分曾与小篆有密切关系的大篆和古文，以及经先秦经典验证过的古代文献词义。《说文解字》通过对上万个汉字的形体的分析，证实了早期汉字因义构形的特点，确立了以形索义的词义分析方法，总结了小篆构形的总体规律，描写出小篆构形的完整系统。[①]《说文解字》给后人一个认识古文字的台阶，现在我们要认识商周文字，探寻汉以来字体演变的轨迹，都得凭这部书。而且不但研究字形得靠它，研究字音字义也得靠它。[②] 而且，它对阅读古代文本也很有帮助。

[①] 暴拯群：《〈说文解字〉是两汉政治斗争的产物》，载《学习论坛》1994年第12期。
[②] 朱自清：《经典常谈》，北京：生活·读书·新知三联书店，1980年，4页。

三、特定知识的查找需要工具书

随着知识的世代积累，人们不仅需要对有关门类的知识进行系统的总结，而且需要对古籍中特定的知识进行查找。如赋诗作文时需要采撷辞藻或典故，阅读中还经常需要查找诗词文句和典章制度的出处，为了解决这种问题，另一类工具书——类书和政书出现了。

类书被西方人称为中国的百科全书，因为它采用以类系事的分类编排方法，汇集了古书中各类知识。我国最早的类书是魏文帝时的《皇览》，已失传。现存比较有名的综合性类书有唐代的《艺文类聚》、宋代的《太平御览》、明代的《永乐大典》和清代的《古今图书集成》，专门性类书有考究事物起源的宋代的《事物纪原》和清代的《格致镜原》，汇集图录的类书有明代的《三才图会》，辑录词语及用例的类书有清代的《佩文韵府》和《骈字类编》等。

政书，原是中国古代记载典章制度沿革的专史著作，分门别类地汇集历代或某一朝代政治、经济、军事、文化制度资料，具有资料汇编的性质，可以作为查找这方面资料的工具书。现存最完备的一部政书是唐代杜佑的《通典》，此书和宋代郑樵的《通志》、元代马端临的《文献通考》，合称"三通"，清代乾隆年间编"续三通"（《续通典》《续通志》和《续文献通考》），以及"清三通"（《清朝通典》《清朝通志》和《清朝文献通考》），清末民初刘锦藻编《清朝续文献通考》，以上共"十通"。还有记载一代典章制度发展变化的会要，也有记载一代行政机构职责及章程法令的会典。①

---

① 王余光、徐雁：《中国读书大辞典》，南京：南京大学出版社，1993年，1008、1009页。

四、史籍的查阅需要工具书

中国古代史学的发达,促使了两种很重要的工具书的产生,一种是"表谱",另一种是"图录"。

阅读历史资料、分析历史问题和评价历史人物,都先要明确时间问题。尤其是我国历史悠久,史籍浩繁,事件复杂,就更需要把头绪纷繁的历史事件,提纲摘要、眉目清楚地按年月日加以编排,以供查阅。

表谱包括年表、历表和专门性表谱。年表是按年代次序列举史实的一种表格,是专供查考历史年代和历史大事用的工具书。中国的历史年表出现得很早,周代就有记载古代帝王年代的牒记。西汉司马迁在《史记》中创造出比较完整的历史年表的体制以后,历代的史学著作中不少都有年表。自宋以后,年表之类的著作更加发展,清代更盛。[1] 历表是用表格的形式汇编不同历法的年、月、日,专供互相换算的工具书。最早的一部历表是晋代的《春秋长历》。专门性表谱是汇编有关人物、职官、地理沿革等,用表格形式排列并附有简单文字的一种工具书。[2]

我国专为个人做年谱,兴起于宋朝。宋朝有洪兴祖编的《韩子年谱》、赵子栎编的《杜工部年谱》等。宋以前的个人年谱,大抵均为后人所记。清人钱大昕在《郑康成年谱序》中说:"年谱之学,昉于宋世。唐贤杜、韩、柳、白诸谱,皆宋人追述之也。"[3] 自宋以后,专为个人做年谱的就渐渐多了。

---

[1] 阚勋吾:《怎样使用历史工具书》,沈阳:辽宁人民出版社,1979年,45页。
[2] 陈维璋:《工具书的特点、作用及其类型》,载《山东师范大学学报》(人文社会科学版)1995年第4期。
[3] 钱大昕:《潜研堂集》,上海:上海古籍出版社,1989年,446页。

图录是一种用图形或图像提供知识或事实的工具书,包括地图、历史图谱、文物和人物图录。①

见于记载的我国古地图,可以上溯到三千年前西周初年周召二公营建洛邑时画的洛邑城址附近地形图。《周礼》记载,那时设有专门管理地图的官职,有"大司徒""掌建邦之土地之图",有"职方氏""掌天下之图"。《管子》中还有"地图篇",凡是军事指挥官,"必先审知地图"。《周礼》和《管子》是战国时代才完成的作品,这就充分地反映出春秋战国时代统治阶级对于地图的重视。那时,战争频繁,为了满足军事上的需求,各国都有地图。《战国策·赵策》提到苏秦根据各国的地图计算出各国的面积总和等于秦国的五倍。荆轲也是置匕首于地图中来觐见秦王的。秦始皇统一全国后,尽收天下图籍,置之秦廷,所收的"图"即地图。刘邦入咸阳,萧何随之,收秦丞相御史律令图书,便知道各处地形险要情况和户口的多少。到汉文帝时,据长沙马王堆第三号汉墓中所出土的两幅地图来看,那时已有"地形图"和"驻军图"。这两幅地图,是我国现在所能见到的最古老的地图,距今已有二千一百多年了。②

鉴于工具书对阅读所具有的指引读书门径、解决疑难问题、提供资料线索、提供参考资料和节约时间及精力的作用,以及辅助辑佚校勘、传播思想文化的功用,工具书的研究、编制和应用,应阅读的需要而有了很大的发展,反映到工具书自身的变化上有以下几个方面。

第一,工具书类型增加了。我国古代传统的工具书主要有书目、字典、词典、类书和政书、表谱、图录、手册、丛集、汇要等,晚清以来,随着向西方文化的学习,一些新型的工具书又被引入中国,如新式的

---

① 陈维璋:《工具书的特点、作用及其类型》,载《山东师范大学学报》(人文社会科学版)1995年第4期。
② 阚勋吾:《怎样使用历史工具书》,沈阳:辽宁人民出版社,1979年,71、72页。

索引、文摘、百科全书、年鉴、名录、数表、统计集等。

第二,检索方法有了新的改进。古代汉字的检字法有三种:义序法、形序法和音序法。部首法作为形序法的主要代表,一直处于主流地位。随着索引运动的发生,各种新的检字方法不断产生,①现在工具书的检索方法已经更加完善,基本的排检法有字顺法、分类法、主题法、时序法、地序法、数序法等。

第三,出现了新型载体工具书。近年来,网络工具书和光盘工具书等新型载体的工具书,因具有内容更加丰富、更新速度快、使用方便、检索便捷、获取途径多样等特点,从而得到更加快速的发展,成为更加方便的阅读工具。

---

① 王余光:《索引运动的发生》,载《出版发行研究》2003年第6期。

第六章　文人生活与阅读

在中国古代，读书做官、建功立业、光宗耀祖，成为人们读书生活的主旋律。然而，中国读书人的读书生活还有另外的一面，即他们创造了一种在大多数情况下，与功名利禄并不完全冲突的具有浓郁古典色彩的书香生活。

宋末学者翁森所作的《四时读书乐》，极言春夏秋冬四季读书之情趣。正如诗名，在这里，我们看不到"十年寒窗、一举成名"的苦读精神和追求功利的心理，尽管其中也有"蹉跎莫遣韶光老"这样依稀带有说教意味的着笔，但唯其如此，才更使读书之乐充满着理性色彩，充满着深远悠长、令人回味不已的情致。

许许多多的中国古典文人甚至现代文人之所以乐于藏书、读书、著书，并不全是因为追求功利，还有另外的原因，那就是他们认为书中真有乐趣，爱书成为他们的嗜好；与书为伍成为一种高雅的审美过程，是生活中须臾不可缺少的精神寄托。

我们将上述现象称为"非功利心态下的中国文人与书"。当然这里所谓"非功利心态"是相对的。例如，同一位文人，他既可以有为功名利禄而读书的活动，也可以有为消闲或寄托情感而读书的活动。作为漫长历史过程中的一个特殊阶层——那些或仕或隐的以读书修文为职志的古典文人,他们的风情、他们的世界异彩纷呈。

第一节 文人生活与休闲阅读

一、中国文人与书

人们通常把"文人士大夫"看作是中国古代文化的主体,是在特定时期创造、传承社会主流文化的知识阶层。李春青对中国"文人"身份的历史形成过程做了较为深入的探讨。他认为,在中国历史上,从西周之初到春秋之末在精神文化领域居于主导地位的是贵族阶层,他们既是政治上的统治者,又是文化上的领导者。春秋之末,随着贵族等级制度的瓦解,文化领导权亦逐渐从贵族阶层转移到一个新的知识阶层——士大夫手中。秦汉时,才可以说社会真正进入了"士大夫文化"阶段。其主体是那些凭借读书而做官或可能做官的知识阶层,即"士大夫"或"士"。自汉代大一统之后,中国古代政治体制中形成了一种特有的"读书做官机制"。凭借读书而跻身官僚队伍的社会阶层,即所谓"士"。尚未做官时他们是"耕读传家"的庶民,做官以后他们是凭"诗书传家"的"士族"或"仕族",无论做官与否,读书都是这个社会阶层安身立命之本,而他们读书的目的是做官,乃至治国、平天下。因此,尽管他们实际上分为"官"与"民"两大类型,具有巨大的社会差异,但从精神旨趣与价值取向来看,他们又是一个有着同一性的社会阶层。士阶层是精神文化的创造者与传承者,是知识群体,有着极为丰富的精神世界,决非仅仅限于狭隘的政治领域。特别是东汉以后,这个阶层渐渐着力于拓展一些新的精神活动场域,诸如诗词歌赋、琴棋书画之类。在这些新的场域中渐渐形成了等级秩序与评价系统,并最终为这个阶层乃至其他社会阶层所认可。于是士阶层就获得了新的身份性标志——在诗词歌赋、琴棋书画等方面的技能与修养。在这样的情况下,士阶层除了拥有"道的承担者"(圣贤与君子)、"社会管理者""社会教化者"这些固有身份之外,又有了一种新的身份维度——"文人"。所谓"文人"就是有文才与文采之人,亦即诗词歌赋、琴棋书画样样精通之人。可以说,"士"在中国古代的知识阶层中占主导地位,担负着创造、传承主流文化观念的重任,维护着"道统"的神圣性,目的是规范和引导以君权为代表的现实权力;"文人"作为"士"的一种衍生身份,则以"个人情趣合法化"为指归,维护着"文统"的独立性,目的是拓展个体性精神空间,获得心灵自由与美的享受。"文人"不是一个社会阶层,而是一种文化身份,它的形成是一个历史过程,这一过程大约始于战国之时,直到东汉后期才得以完成。"文人"身份的形成对于中国古代文艺和学术思想的发展产生了重大影响。[1]

中国文人与图书具有密不可分的天然联系:一方面,图书的繁荣发展依赖于士阶层的发展;另一方面,图书在文人生活中占据着重要地位。正如社会学家费孝通所说:"文献却不是大家可以得到的,文字也不是大家都识的。规范、传统、文字结合了之后,社会上才有知道标准规范知识的特殊人物,称之为君子,为士,为读书人,为知识分子都可以。"[2]

我国古代图书的繁荣与发展是与春秋战国时期"士"阶层的出现与发展相伴随的,是他们促进了学术文化的进步以及私人藏书和著

---

[1] 李春青:《"文人"身份的历史生成及其对文论观念之影响》,载《文学评论》2012年第3期。
[2] 费孝通:《论"知识阶级"》,载许纪霖:《20世纪中国知识分子史论》,北京:新星出版社,2005年,103页。

述活动的产生。"士"阶层中的一部分由贵族下降而来,由于他们掌管图书,熟悉先王旧籍,所以他们的文化活动使学术文化的传统得以传播开来;"士"阶层中的另一部分由庶民上升而来,他们把民间文化带进大雅之堂,与传统文化融合。他们要收徒、讲学、论道,故必须收集图书以教学;他们要辩驳、游说,进而著书立说,也必须收集图书以做参考,从而促进了图书生产和收藏的发展。

王三山在《文人书趣》[①]一文中对"非功利心态下的中国文人与书"做了精彩描述和深入论述。他认为,书籍和阅读在中国文人生活中有着重要的审美价值和作用。传统中国文人往往乐于追求高雅脱俗的生活情调,以艺术境界和审美方式来调节现实生活中的"实在"和"世俗",从而获取心理平衡。书籍作为一种独特的审美对象,博得文人的青睐和厚爱,这主要体现在以下两个方面。

1. 尚文崇古的传统文化观念是书籍具有美的魅力的渊源

《明解增和千家诗注》插图

中国的尚文观念由来已久,从汉字"文"的含义便可见一斑。许慎《说文解字》曰:"文,错画也。"[②]"文"的本义是指交错的纹理,传说

---

① 王三山:《文人书趣》,武汉:武汉大学出版社,1994年,3—56页。
② 许慎:《说文解字》,北京:中华书局,1963年,185页。

上古时期黄帝的史官仓颉根据这种纹理创造了文字。"文"的一个重要引申义就是文字符号,它是记录和传承人类智慧的手段。"文"有文字符号之意,进而具体化为文物典籍、文章文献、礼乐制度等,又引申为修饰、装饰、人为加工,进一步推衍为美、善、文德教化以及文辞、文雅、文弱等义,与野、俗、武事对称。"文"成为德行、智慧的总称,成为自然与社会秩序的显现。中国人赋予了"文"字极其丰富的内涵。文德教化是政治家追求的目标,文雅、文貌甚至文弱被当作一些人行为的楷模。尚文观念,决定了"文"的物化形式——文物典籍、文章文献等也备受重视。

尚文的同时,中国人还崇古。孔子说:"郁郁乎文哉!吾从周。"①这是对尚文和崇古观念最精练的阐释。他还说:"述而不作,信而好古。"②孟子说:"为政不因先王之道,可谓智乎?"③庄子说:"尊古而卑今,学者之流也。"④正统儒学的代表者,从韩愈到宋明理学家,无不以尧舜禹、文武周公、孔孟的"道统"自居。他们正是因为继承了圣人的衣钵和遗志,故而得到人们的崇奉和景仰。明代文学更是主张"文必秦汉,诗必盛唐"。

中国文人将书籍作为一种独特的审美对象,源于尚文崇古的传统文化观念。当人们普遍崇尚文化和尊重传统,并企望获取先贤智慧的时候,便将这种功利性的渴望与欲求升华为一种物化形式——图书典籍,进而将读书演化为一种审美体验。

2. 书籍可以满足文人的多种审美需求

首先,图书的内容美是通过读书过程体现出来的。图书的内容包罗万象,蕴含着人们的创造性精神活动。读书过程是一个审美过

---

① 孔子:《论语·八佾》,长沙:岳麓书社,2000年,22页。
② 孔子:《论语·述而》,长沙:岳麓书社,2000年,57页。
③ 孟子:《孟子·离娄上》,北京:中华书局,2006年,145页。
④ 庄子:《庄子·外物》,北京:中华书局,2010年,465页。

程。文学艺术书,如诗词小说、书画碑帖、山水图集等,本身就是一种艺术审美对象,其内容美不言自明。科学书,如各种哲学的、人文的、社会的、自然的、学术的书籍,虽然它们的艺术性不是很明显,但人们在读书过程中,可以通过理解和想象而体验出抽象文字中所蕴含的意味,从而得到一种登堂入室、探幽览胜的创造性的愉悦感。

其次,书籍审美具有人格化的特点。文人在收藏、欣赏图书的过程中,获得了难以言说的审美享受。究其原因,除了前述尚文崇古观念外,还因为他们把图书当作了有生命的、可以交流情感的人看待,它们是朋友、是故人,是先贤圣哲。图书审美的人格化主要依赖于审美者的想象,而这种想象在具体的读书过程中必须以图书的性质和内容为依据。

再次,书籍还具有形式美。书籍的形式美大致包括装帧设计之美、书法美、书香,以及藏书家们为图书所增创的一些美的因素,如藏书印章、藏书票、富有文学色彩的藏书题跋以及藏书家们为保护和使用图书而制作的函套等,这些形式与图书内容结合,构成图书的整体美,满足着人们的多种审美需求。

二、中国文人生活与休闲阅读

修齐治平是历代士人追求的最高理想,但并不是他们的全部生活内容,除了追求庄严的功业外,他们还追求悠然淡适的生活。他们恪守儒家责任,使生命在生活中实现价值,心有余裕时,则栖情物外,偷闲寻乐,从而构成中国文人生活史上既浪漫又实在的点缀,一段快乐而令人难忘的光阴。

在中国传统文化中,我们可以看到一些直接影响文人选择闲逸生活方式的理论,如老庄思想、道家思想、佛禅等。然而,这些理论所提倡的任性灵、却尘累、恬淡闲适、超然物外等思想多带有一种只可意会而无从附着的形而上性质,高高在上,玄妙莫测,实际上是将人生的快乐虚幻化了。因此,它们远远不能代替文人具体的逸乐生活方式。文人毕竟生活于尘世,他们固然向往宁静淡泊、清静无为的高妙玄远的理想境界,但更希求一种贴切、细腻、可目随耳接、可伸手攫取和操纵、可令人动心荡情的实实在在的快乐,从而将那种缥缈无迹的精神逍遥降到能真实感受的生活层面上。文人创造并热情地迷恋、贪享于各种具体的消闲娱乐方式,将它们带入岁月的每个空间,并使其成为比美学更具广泛实践意义的人生行为。①

对于传统文人来说,具体的消闲娱乐方式很多,但他们更倾心于"文事"方面,乐于选择那些适合自己身份的、高雅不俗的方式。因此,赏玩书籍——藏书、读书、著书等,便成为文人消闲娱乐的重要手段之一。正如明代高濂《燕闲清赏笺》所引《洞天清录》云:

> 人生世间,如白驹之过隙,而风雨忧愁,辄三之二,其间得闲者,才十之一耳。况知之而能享者,又百之一二,于百一之中,又多以声色为乐,不知吾辈自有乐地。悦目初不在色,盈耳初不在声。明窗净几,焚香其中,佳客玉立相映,取古人妙迹图画以观,鸟篆蜗书,奇峰远水,摩挲钟鼎,亲见商周。端砚涌岩泉,焦桐鸣佩玉,不知身居尘世。所谓受用清福,孰有逾此者乎?②

清代文学家张潮也说:

> 人莫乐于闲,非无所事事之谓也。闲则能读书,闲则能游名

---

① 黄卓越:《快乐的光阴》(代序),载黄卓越等:《东方闲情》,南昌:百花洲文艺出版社,1991年。
② 高濂:《燕闲清赏笺》,李嘉言点校,杭州:浙江人民美术出版社,2012年,2页。

胜,闲则能交益友,闲则能饮酒,闲则能著书,天下之乐孰大于是?①

至于以读书为消闲娱乐方式的例子,在古代文人中更是俯拾皆是。例如东晋时陶渊明写自己读《山海经》的感受:

> 孟夏草木长,绕屋树扶疏。众鸟欣有托,吾亦爱吾庐。既耕亦已种,时还读我书。穷巷隔深辙,颇回故人车。欢然酌春酒,摘我园中蔬。微雨从东来,好风与之俱。泛览周王传,流观《山海》图。俯仰终宇宙,不乐复何如?②

诗人写其隐居时耕作之余的读书之乐,其中透露出一种悠闲、安详和欢欣的心情。他并非正襟危坐研读诗书,而是"泛览""流观"曾被当作荒诞不经的神话传说,他闲适地将读书当作一种乐趣、一种精神享受,而正是在这种俯首读书和仰首思考当中,诗人的心灵接通了宇宙,悟得了许多道理。

南宋李清照和赵明诚夫妇一生藏书、读书、著书,留下了许多佳话,如"烹茶猜书"的故事。《金石录》后序中有一段生动的记载:

> 余性偶强记,每饭罢坐归来堂,烹茶指堆积书史,言某事在某书某卷第几页第几行,以中否角胜负,为饮茶先后。中即举杯大笑。至茶倾覆杯中,反不得饮而起,甘心老是乡矣!故虽处忧患困穷,而志不屈。……收藏既富,于是几案罗列,枕席枕籍,意会心谋,目往神授,乐在声色狗马之上。③

宋代大藏书家叶梦得嗜读书,公余之暇,以诗书作伴。到了晚

---

① 张潮:《幽梦影》,载王三山:《文人书趣》,武汉:武汉大学出版社,1994年,367页。
② 陶渊明:《陶渊明诗文选译》,成都:巴蜀书社,1990年,125页。
③ 李清照:《李清照集笺注》,徐培均笺注,上海:上海古籍出版社,2002年,310页。

年,叶梦得因体弱多病、视力不佳而不能自读,于是"取所喜观者数十卷,命门生等从旁读之,不觉至日昃"。他又不知从何处学得一手简易酿酒法,"盛夏三日辄成,色如渥醴,不减玉友。仆夫为作之,每晚凉,即相与饮三杯而散,亦复盎然。读书避暑固是一佳事,况有此酿。忽看欧文忠诗,有'一生勤苦书千卷,万事消磨酒十分'之句,慨然有当其心"。① 借书酒消夏,别有一番情致。

明代文学家徐𤊹少时即喜博览,尝取父书读之,觉津津有味。其《笔精·读书乐》云:

> 余尝谓人生之乐,莫过闭户读书。得一僻书,识一奇字,遇一异事,见一佳句,不觉踊跃。虽丝竹满前,绮罗盈目,不足逾其快也。六一公有云:"至哉天下乐,终日在几案。"余友陈履吉云:"居常无事、饱暖、读古人书,即人间三岛。"皆旨哉言也。②

古人以读书消闲自娱的诗文也极多。如欧阳修《戏答圣俞持烛之句》:"花时浪过如春梦,酒敌先甘伏下风。惟有吟哦殊不倦,始知文字乐无穷。"杨万里《秋夜读书》:"虫声窗外月,书册夜深灯。半醉聊今古,千年几废兴。"又《甲子春初即事》:"只有观书乐,其如病眼何?但令吾意适,不必卷头多。"清代王大椿《上陈见复先生》云:"读书不求名位高,饮酒不尽千钟醨。得心每在淡与泊,此中至乐诚陶陶。"

古画中对文人读书自娱的描绘亦不在少数。如南唐王齐翰《勘书图》,画中士人安坐于书案之前,宽袍、大袖、袒胸、伸腿,一手抚椅,一手挖耳,十分惬意。神态尤为生动的是,他虽手掏耳朵,但目光却盯着桌子上的书卷,一派闲来无事、堪书自娱的幽雅气氛。南朝、唐

---

① 叶梦得:《石林燕语 避暑录话》,上海:上海古籍出版社,2012年,102页。
② 徐𤊹:《笔精·读书乐》,福州:福建人民出版社,1997年,241页。

代,特别是宋代以后,中国文人画逐渐取代了宫廷画和民间绘画而成为中国绘画的主流。文人画的主题多取材于山水、花木,而文人生活情趣也是其主要内容之一,这种生活情趣当然包括作为消闲娱乐的藏书、读书、论书、著书等活动。明代画家尤求曾作《西园雅集图》,形象再现了北宋文人苏轼、黄庭坚、米芾、秦观等十六人在驸马王诜花园里饮酒赋诗、读书作画的情景。可以想象,在这种幽雅畅适的氛围中,文人们何等惬意和快乐!

三、中国文人休闲阅读的文化根源

中国文人的传统思维方式偏向于整体思维与直觉思维,反映在心理和行为上,便是对感受性体验的偏好,他们乐意用感官去享受生活,创造了许许多多包括藏书和读书在内的消闲娱乐方式。但是,这种感官的享受和快乐并不意味着他们忽视了对精神的追求,恰恰相反,正是在这种感性和功用相拒的体验过程中,古代文人通过对外在物象的概念化思考,通过冷静的、精微的凝思,终于领悟到人生和宇宙的底蕴。于是,他们找到了自己的精神寄托,找到了自己自由自在的心灵获得归置的天地。所以,在将书籍作为消闲娱乐工具的同时,中国文人又将书香世界视为自己的精神复归之所。这是一种人生哲学,是一种内在的对生命无与伦比的欣赏与钟爱。

当中国文人的身份在秦汉时期逐渐形成时,文人们从"一开始就遇上了出仕与隐处、限制与自由等人生重大课题。一方面,他们依附于集权国家,以实现自己的物质欲求和政治理想,另一方面,他们又要实现自己相对独立的人格理想、生活情趣和审美需求等。这是一对矛盾,是一对无论儒学弟子还是道家信徒都无法回避的矛盾"[①]。

[①] 王三山:《文人书趣》,武汉:武汉大学出版社,1994年,37页。

儒家主张"穷独达兼",而道家则激烈抨击"人为物役""心为形役"的现实人生,主张回归自然。儒道两家这种对"仕""隐"矛盾的解决方式,对后世所谓"隐逸文化"影响极大。不过,后世文人当然没有简单地、机械地照搬上述方式,而是集众家之长并吸取外来文化(如佛教)的精华,创造了一种颇具中国特色、在中国文人中极具普遍意义的"隐逸文化"。中国隐逸文化的全部内容,也是它区别于其他文化的最大特色在于:在留恋人世和热爱人生的前提下,以不与任何外在限制相冲突的方式,来实现文人独立的理想和人格价值。

非功利心态下的文人阅读,从某种意义上说,是一种精致高雅并富有审美意味的生活模式,是中国文人追求心灵自由的传统隐逸文化的一部分。在这里,"留恋人世""热爱人生"似乎与"非功利心态"相违,其实不然。传统文人虽不求功利,并以"出世"思想明志,但这并非一种宗教性的"弃世"。我们只要更进一步地了解古代文人的内心世界,就会发现他们很少对宗教产生狂热之情。中国文人从来没有认为宗教世界比现实世界更宜人,中国文化虽没有对现实人生进行彻底否定,却蕴含着对现实人生进行自我否定的内容。中国文人以一种隐逸和逍遥的态度来摆脱而不是打破现实的束缚,追求内在的、主观精神上的自由。这种追求落到实处,就是建立起一种精致高雅并富有审美意味的生活环境和生活模式,文人们陶醉其中,进入"天地与我共生,万物与我为一"的自由境界。

最早,文人士大夫们追求心灵自由、标榜隐逸的象征主要是寄情山水、笑傲江湖。这种山水意识在汉代获得了文人士大夫阶层的普遍认同。这是因为大一统集权统治的建立,使文人们正式有了凭借文学入仕的机会,但这些文人的政治地位却没有永久的保障,同时由于集权统治下文人的思想自由受到了极大限制,所以,"仕途不得志"和精神受挫的现象在文人中十分普遍。在这种情况下,自然山水成为文人们的寄情之所。到了魏晋南北朝时期,在老庄玄学以及隐逸风气的推动下,赏玩自然山石更成为文人生活中不可分割的一部分,甚至发展成为一门生活艺术。不过,文人们的隐逸概念发生了变化,这时的"自然"已不再是远离文明的深山老林,而是指乡间别墅或私人园林。这一点在东晋王羲之致谢万的一封信中有明显的体现:"古之辞世者或被发阳狂,或污身秽迹,可谓艰矣。今仆坐而获逸,遂其宿心,其为庆幸,岂非天赐!"①隋唐五代特别是宋代以后,上述隐逸观念便深深埋进了文人们的心底。在这个过程中,佛教的传入尤其是禅宗的建立产生了巨大影响。禅宗主张自心觉悟、随意畅适的修行方式,格外迎合了文人们避世的心理。

随着社会的发展,文人内心趣味愈来愈精微,中国隐逸文化的内容不断地充实和完善,同时,这种文化的载体也越来越小,最终形成了以园林书斋为绝对主体的隐逸文化载体。

中国文人将书香世界视为精神复归之所正是在上述前提下得以实现的。这个书香世界的内容极其丰富,它包括园林佳构、琴棋书画、读书著述、收藏鉴赏、谈玄斗禅、诗文唱和、饮酒品茗等。这是一片与世无争的洞天福地,是一个超现实的世界,是文人们的精神家园。需要指出的是,论者多以为隐逸文化只适合于那些不满政治情势、逃离社会现实、避浊世以求精神和道德上自我完善的失意文人,而那些积极入世的得意士大夫则无寻求精神家园的雅趣。其实这一论调是片面的。即便是那些官运亨通、诸事如意的文人同样会感到"形役""尘劳"的限制与束缚,感到现实的压力,感到身为人臣、恪守儒法的疲累,所以他们同样迫切需要心灵的安慰,同样需要那一片宁静的精神复归之所。

于是,这种非功利心态下的阅读就成为在中国传统社会绵延千余年的有别于功利阅读的另一种文人时尚:通过科举考试走上仕途

---

① 房玄龄等:《晋书》卷八十《王羲之传》,北京:中华书局,1974年,2012页。

雪室读书图

的"佼佼者",政务之余需要放松身心,怡情养性;而落第的文人或辞官不仕的文人往往寄情山水、书画、诗文等寻求精神安慰。这种以读书为乐的文人时尚追求生活情趣和精神享受,以清雅脱俗为显要特征,与琴、棋、书、画、诗文相互交融,从而成为传统意义上的"雅"文化的一部分。

四、休闲阅读在人们生活时尚中的变迁

古代士大夫的文人雅趣到了近现代发生了嬗变。清末科举制度废除后,士阶层解体,传统文人开始向近代知识分子过渡。读书人的阅读范围由"四书""五经"变为中西相融的新学,知识结构从伦理政治的规范性知识变为应用性的自然知识。读书人不再将入仕当作唯一的出路,他们与国家的制度化联系随着科举制度的废除被切断了,他们开始流向社会:军队、商业、金融、实业、媒体、出版业和学院,也

有一部分生存在社会正式结构的边缘和外围,成为国家的反叛者和造反者。① 知识分子不再被认为是国家精英。王汎森认为近代知识分子的自贬、自我边缘化可以分为两阶段。前一阶段是"士",后一阶段是"知识分子",前一阶段侧重"士"之无品无用,而后一阶段着重强调做一个知识分子是有罪的,人们希望成为"劳工",而不是知识分子,人们向往的不是"四民皆士",而是"四民皆工"。这个阶段开始于新文化运动。② 读书人的日益边缘化,再加之长期战乱造成的社会动荡,在这种情况下,中国文人传统的以雅文化为特征的、以读书为乐的阅读时尚逐渐式微。

随着社会的发展、新教育的普及、白话文作品大量产生、报刊等大众传媒走进千家万户,普通民众成了知识的拥有者,大众阅读兴盛,社会阅读活动呈现出广泛化和多元化的特点。政治局势的多变、生活压力的增大,现代化转变中的多重矛盾开始让人感觉紧张不安,人们希望阅读一些轻松、愉悦、刺激的读物来缓解心灵的压力。于是社会大众的休闲阅读随之兴起。20世纪上半叶,社会言情小说、武侠小说、侦探小说、黑幕小说等大众通俗读物的畅销与流行,都反映了这种以俗文化为特征的休闲阅读逐渐普及的趋势。

此外,在治学领域,近现代许多学者也都主张从兴趣出发读书。鲁迅在《读书杂谈》中指出:"读书至少有两种,一是职业的读书,一是嗜好的读书。嗜好的读书出于自愿,全不勉强,离开了利害关系,他在每一页里,都得到深厚的趣味。自然,也可能扩大精神,增加智识的,但这些倒都不计及,因为随随便便,所以不吃力,因为不吃力,所以会觉得有趣。"他还说:"爱看书的青年,大可以看看本分以外的书,

---

① 许纪霖:《"断裂社会"中的知识分子(编者序)》,载许纪霖:《20世纪中国知识分子史论》,北京:新星出版社,2005年,2页。
② 王汎森:《近代知识分子自我形象的转变》,载许纪霖:《20世纪中国知识分子史论》,北京:新星出版社,2005年,115页。

即课外的书,不要只将课内的书抱住。"①作家萧乾在《漫谈种种——读书》一文中,介绍了自己的分类读书法。他将读书分成甲乙丙丁戊己六类,区别对待:"甲类是业务上需要的,必得有目的有系统地去读。"乙类是为了"欣赏观摩而阅读的",如古华、宗璞的小说。丙类是放在厕所里读的一些闲书,如20世纪30年代他就是这样读完一些消遣性小说的。丁类是放在枕畔的,如一些游记,以及读书札记、曲艺等书。戊类大多是版式很小的书,"每逢上剧院或去车站接人,我必带上一个"。己类纯然是为查找用的,特别是工具书,像百科全书之类。② 这六类图书是为了依据不同的阅读需要和阅读目的进行分类的,即甲和己类图书适合实用阅读,乙、丙、丁、戊类图书适应休闲阅读需要。

20世纪80年代以后,随着新技术的进步,以及消费社会的兴起,休闲阅读行为所占比例越来越大,图书市场上文学、生活、旅游类等休闲主题的通俗读物持续热销。当代社会休闲阅读持续发展的原因可总结如下:社会与家庭的劳动强度逐渐减弱、劳动时间的减少和节假日的增加使得个人自由支配的闲暇时间日渐增多;同时,工作节奏加速,工作压力增大,使人们更加需要释放精神压力的空间和途径;技术和出版业的发展又促进了读物的丰富和媒体的多元化。

当代的休闲阅读呈现出趣味性、自主性、普及性的特点。首先,休闲阅读一般不带有明确的功利性目的,读者仅从个人兴趣出发阅读,因此阅读兴趣多样化,其中,以文学、艺术、通俗历史类图书以及大众休闲时尚类报刊最受读者欢迎。由于从兴趣出发,所以读者在阅读过程中更能体会到阅读带来的乐趣,从中获得美的享受和情操的陶冶。其次,休闲阅读在时间和空间上都受个人支配,阅读的内

---

① 雷风行:《中国名家读书法》,北京:中国铁道出版社,2000年,179页。
② 雷风行:《中国名家读书法》,北京:中国铁道出版社,2000年,312、313页。

容、方式也由自己选择。放松自在,没有任何精神压力,是一种最为自觉的阅读方式。最后,休闲生活是普通大众都不可缺少的,读书是其中一种重要的休闲方式;各种文化程度的读者都可以按照自己的意愿选择喜爱的书刊,每位读者都或多或少地进行过休闲阅读,因此无论数量还是种类,其读者的涵盖面最广。①

当代社会休闲阅读的兴盛,对于推广社会阅读活动、建设阅读文化有一定的积极意义。例如,近年来,通俗历史类和传统文化类读物热销,有利于传承中华历史,弘扬中华文化。但是,当代休闲阅读活动中也出现了一些不良倾向,需要纠正并正确引导。例如,人们越来越热衷于"浅阅读"。有人认为,浅阅读是对经典作品的轻视与亵渎,会导致读者思维的钝化和语言能力的弱化,不利于读者的个性发展和民族的进步。② 又如,在某些热销的通俗历史读物中,有过分渲染官场游戏规则或宫闱内幕的内容,这对培养读者的道德修养有害无益。

中国传统休闲文化主张天人合一,讲究修身养性,心性尤其要悠然散淡。"君子之行,静以修身,俭以养德,非淡泊无以明志,非宁静无以致远"③,这是中国传统休闲智慧的形象表达。正是这种休闲智慧,才可能产生诸如《诗经》《楚辞》、汉赋、唐诗、宋词、元曲到清代闲适小品的文化经典,才孕育了中国人的传统文化与气质。我们要吸取传统休闲阅读文化的精华,多读好书,品味经典,这样才能从阅读中得到真正的快乐。

---

① 张洁:《论休闲阅读》,载《佛山科学技术学院学报(社会科学版)》2001年第7期。
② 刘艺:《浅阅读的危害和出版人的责任》,载《出版科学》2006年第1期。
③ 诸葛亮:《诸葛亮集·诫子书》,北京:中华书局,1960年,28页。

第二节　阅读疗法

阅读具有陶冶情操、怡养性情的作用，这就延伸了它的"治愈"或"养生"的功能。

图书与治疗自古就有渊源。古代埃及的一些寺院图书馆就因是治疗中心而闻名，馆内收藏的基本上是医学文献，包括现存最大的纸莎草纸卷，掌管这些文献的图书馆员被称为"生命之宫的文臣"①。在古代埃及底比斯城的一个图书馆的正门上方还镌刻着"医治灵魂的良药"的字样，②也就是说图书是一种良药，阅读图书可以治疗精神和心理方面的疾病。阅读疗法作为图书馆学、医学、心理学、社会学、教育学的交叉课题，是把阅读作为养生保健和预防以及辅助治疗疾病的手段，使自己或他人保持或回归身心健康的一种方法。西方研究阅读疗法史，可以上溯到中世纪，那时基督教已在欧洲占据统治地位，伊斯兰教在东南欧也有一定影响，医生在给病人治病时朗读《圣经》或《古兰经》，作为辅助治疗的手段，这便是西方阅读疗法的起源。③ 从20世纪初开始，美国等西方发达国家的图书馆学界开始对阅读疗法进行深入而系统的研究。迄今，西方的阅读疗法研究已取得了丰硕成果，阅读的养生保健、预防和辅助治疗疾病的作用正在被越来越多的人所认识和重视，阅读疗法在实际生活中也得到了广泛应用。

---

① M. H. 哈里斯：《西方图书馆史》，吴唏、靳平译，北京：书目文献出版社，1989年，28页。
② 杰西·H. 谢拉：《图书馆学引论》，莎丽译，兰州：兰州大学出版社，1996年，2页。
③ 王波：《明清时期的阅读疗法和医案》，载《中国图书馆学报》2004年第4期。

中国作为文明古国,文化博大精深,阅读疗法的历史可谓源远流长,历代都不乏关于阅读疗法的思想和实例。

一、中国历代阅读疗法思想

王波在其专著《阅读疗法》①中首次系统地梳理了我国自古以来对于阅读疗法的认识和应用,使我们得以了解中国古代关于阅读疗法思想的全貌。

早在远古,中国人就创造了文体"箴",用以规过,疗以心疾。刘勰在《文心雕龙》的"铭箴"篇中说:"箴者,针也,所以攻疾防患,喻针石也。斯文之兴,盛于三代。"②这里的"针石",指的是古人治病时用的石针和矿物性药物,"三代"是指夏商周。箴作为一种文体,是由古代用石针和药石治疗疾病的事实引申来的:人有生理疾病,可以用针药治疗,人有心里的迷惘和过失,亦可用箴谏、箴诫来疗救。刘勰对文体"箴"之源流的考证,揭示了阅读疗法在远古中国的存在。箴的发明是中国古代有意识开展阅读疗法的开端,无意识的阅读疗法的活动,可能还要更早。记录占卜手或龋齿能否痊愈的卜辞的甲骨,在医学文献史上被称为"疾手""疾齿"。③因此,可能在甲骨文产生之时,阅读疗法就萌芽了。文学对心理具有很强的调节作用,如果把中国文学的产生作为中国阅读疗法的源头,那么中国阅读疗法的历史将会上溯得更远。

春秋战国时期百家争鸣,遗留下来许多震古烁今的名人名著,如《周易》《诗经》《礼记》《尚书》《论语》《老子》《庄子》《离骚》等名著微言

---

① 王波:《阅读疗法》,北京:海洋出版社,2007年。
② 刘勰:《文心雕龙解说》,祖保泉解说,合肥:安徽教育出版社,1993年,204页。
③ 陈高华:《中华古文明大图集·颐寿》,北京:人民日报出版社,1992年,474页。

大义,蕴藏着巨大的精神力量,是千余年来中国人疗养心灵的"基本良药"。孔子说:"诗可以兴,可以观,可以群,可以怨。"①从研究阅读疗法的视角看,孔子也许是从社会和伦理的角度解释阅读疗法的作用机制,称得上是中国阅读疗法发展史上的理论先声。孔子一生嗜好读书,他在60多岁时说自己"发愤忘食,乐以忘忧,不知老之将至云尔"②。这是结合自身实际来说明读书可使人心灵充实,快乐得不知忧愁,乃长寿之道。

先秦诸子中,孟子的《尽心》、庄子的《养生主》也都间接地肯定了阅读疗法的作用。尤其是庄子的"知人论世"和"得意忘言"思想对阅读疗法具有较强的解释力,与现代西方的某些阅读疗法理论不谋而合,是中国阅读疗法史上宝贵的理论资源。"知人论世"就是要求读者尽可能多地了解作者的心路历程和生活经历,关注作者的生活环境和精神状态,认真体会作者表达的真实意思和感受,与作者实现心灵沟通,情感共振。阅读过程中的这种心理活动机制,在现代西方阅读疗法理论中被称为"共鸣","传记疗法"可以说是对"知人论世"思想的典型应用。"得意忘言"强调在阅读时要"会意""会心",以求透过语言文字领悟更多的"言外之意",因此阅读在某种意义上被视为非功利性的审美行为和慰藉心灵的方式。"得意忘言"思想从另一个角度阐释了阅读疗法的作用机制,现代西方阅读疗法理论将其称为"领悟"。

到了汉代,人们对阅读功能的认识更加深入,出现了一些更有针对性的与阅读疗法有关的观念和思想。刘向在《说苑》中一语点破阅读的治疗性质:"书犹药也,善读者可以医愚。"汉代的文学创作有了很大发展,与此相适应,人们对文学的抒情功能也有了更加深刻的认

---

① 孔子:《论语·阳货》,长沙:岳麓书社,2000年,168页。
② 孔子:《论语·述而》,长沙:岳麓书社,2000年,63页。

识,例如司马迁、班固等人把写作的动机归结为泄哀乐、发忧愤。班固在《汉书·艺文志》中说:"'诗言志,歌咏言。'故哀乐之心感,而歌咏之声发。"①王符在《潜夫论·务本篇》中说:"诗赋者,所以颂善丑之德,泄哀乐之情也。"②写作的抒发作用,也同样体现在阅读过程中,具体表现为借作者之笔抒发自己的心声,享受到宣泄的快感,同时把作者的心声还原,体味作者创作时的心态和所处的环境,吸收一些新鲜的感受,像作者那样端正心态,战胜困苦。

魏晋南北朝时期战乱纷起,佛教大举东渐,由于阅读宗教经典时读者通常抱着虔诚的信仰,其中的劝诫和教化思想更容易被吸收,所以书籍的治疗作用更为明显。此外,以本土道教为基础的玄学以及游宴文学也都扩大了其社会功能,成为动荡时代人们抚慰心灵的自疗工具。这一时期的阅读疗法思想主要体现在文学家的文学主张和理论著作中。例如,南朝徐陵编撰的《玉台新咏》是主要收录宫体诗的总集,大多数诗歌俗艳无聊,但对宫廷男女来说,这类诗歌却包含着许多复杂的情感,容易引起共鸣。徐陵在《玉台新咏》的序中交代编选此书的理由和作用时说,汇编这些诗的目的之一是"庶得代彼萱苏,微蠲愁疾"③。"萱苏"是传说中的忘忧草,"蠲"是"清除"的意思,徐陵认为承载和传播情感的文学作品可以替代忘忧草,消愁祛疾,点明了阅读的治疗作用。

受玄学和文气说、抒情说等文学理念的影响,魏晋南北朝主流文学评论家的评赏观念也变得超然抽象,钟嵘的《诗品》以"滋味"论诗,刘勰的《文心雕龙》以"风骨"论文,"妙绝"成为审美标准。"妙赏"和"玄赏"被认为是最佳的鉴赏方式。如果以这种不掺杂任何功利色彩

---

① 班固:《汉书·艺文志》,北京:中华书局,1962年,1708页。
② 胡大浚等:《王符〈潜夫论〉译注》,兰州:甘肃人民出版社,1991年,14页。
③ 徐陵:《玉台新咏笺注(上)》,吴兆宜等注,北京:中华书局,1985年,13页。

的理论和方法鉴赏作品,对澄净心境、调节情绪无疑是大有帮助的,这正是阅读疗法所倡导的。从这个意义上讲,《诗品》和《文心雕龙》也可以说是阅读疗法的指导书,它们推荐的上品在阅读疗法中也是上品。刘勰在《文心雕龙·知音》中说:"夫缀文者情动而辞发,观文者披文以入情,沿波讨源,虽幽必显。"①在他看来,阅读欣赏作品就是拨开文辞,追溯、探访作者的情感历程,只要读者认真地"沿波讨源",就能发掘到作者全部的情感。

　　隋唐时期实行三教合一的多元化文化政策,文化繁荣,成果辉煌的诗歌、散文、传奇和音乐具有精神滋养和辅助治疗疾病的价值,且影响深远。这一阶段发展最快、影响最大的是唐诗的阅读疗法。司空图的《二十四品》将唐以前的诗歌按风格分为二十四类,这为在实施阅读疗法时的"对症下诗"提供了方便,具有阅读疗法推荐书目的性质。唐代一些作家的文学主张也体现了阅读疗法的价值。如白居易把诗歌的功能上升到"裨教化、济万民"的高度:"天子闻此章,教化如法施;直谏从如流,佞臣恶如疵。宰相闻此章,政柄端正持;进贤不知倦,去邪勿复疑。宪臣闻此章,不敢怀依违。谏官闻此章,不可纵诡随。"②诗歌对君臣的心理干预力量居然如此之大,可见其在精神和心理上的辅助治疗作用。韩愈认为文学乃"不平则鸣","其歌也有思,其哭也有怀"③,读者通过阅读文学作品,进行情感上的替代、填补、冲和等活动,调节失衡的情志,达到保健之目的。中唐以后的诗人还有"尚怪"的一面,如孙樵推崇韩愈等"趋怪走奇"的文风,他说:"譬玉川子《月蚀诗》、杨司城《华山赋》、韩吏部《进学解》、冯常侍《清河壁记》,莫不拔地倚天,句句欲活。读之如赤手捕长蛇,不施鞿骑生

---

① 刘勰:《文心雕龙解说》,祖保泉解说,合肥:安徽教育出版社,1993年,963页。
② 白居易:《白居易集(一)·和〈阳城驿〉》,顾学颉校点,北京:中华书局,1979年,42页。
③ 韩愈:《韩愈选集·送孟东野序》,孙昌武选注,上海:上海古籍出版社,1996年,202页。

马,急不得暇,莫可捉搦;又似远人入太兴城,茫然自失,讵比十家县,足未及东郭,目已及西郭耶?"①这段话从另一个角度揭示了阅读疗法的作用,那就是阅读能使得读者不自觉地受神奇的文本内容的指挥,做着虚拟的节奏性、模仿性和适应性的形体动作,其心理和生理的机能都得到调节。

宋朝把"偃武修文"作为基本国策,在文化上达到了又一个高峰。元代文化的显著特点是多民族文化剧烈碰撞,南北方文化交融,宗教信仰纷繁多元。宋词和元杂剧有着不同的阅读疗效。宋词的不同曲牌有着各自不同的节奏模式,人们在阅读中逐渐形成了对词的语言、情感、节奏和音律的阅读期待,在读到语言优美、感情真挚而又合乎节奏、音律的词时,这种阅读期待得以实现,从而得到心理和生理节奏随着文本和谐共振的满足感。而以元杂剧《窦娥冤》为代表的悲剧,对人的心灵具有极强的抚慰作用,人们通过阅读悲剧能够平衡心态、承认现实、宣泄感情,增强心理承受能力和抵抗力。

宋代推崇理学,论学长于思辨,有关阅读疗法的思想也颇为独到、系统。陆九渊说:"学苟知本,六经皆我注脚。"②这一论述突出了读者的主体意识。从阅读疗法的视角看,它主张把读物作为工具来探索生命的意义,弥补身心缺憾,增强读者对人生和事物的正确认识。相对于"我注六经"而言,"六经注我"可以说是阅读疗法过程中的高级阶段,发挥的作用更大。宋代也有不少文人名家作为阅读疗法的体验者、见证者发表了许多感性认识,论证阅读的保健和辅助治疗功能。王安石诗曰:"开编喜有得,一读疗沉疴。"③苏辙说:"看书如

---

① 孙樵:《孙可之文集·与王霖秀才书》,上海:上海古籍出版社,1994年,35、36页。
② 陆九渊:《象山先生全集·语录上》,转引自曾祥芹:《古代阅读论》,郑州:大象出版社,2002年,303页。
③ 王安石:《临川先生文集·送石庚归宁》,转引自曾祥芹:《古代阅读论》,郑州:大象出版社,2002年,246页。

服药，药多力自行。"①苏轼在谈论自己的读书倾向时也说：

> 文人之盛，莫如近世，然私所敬慕者，独陆宣公一人。家有公奏议善本，顷侍讲读，尝缮写进御，区区之忠，自谓庶几于孟轲之敬主，且欲推此学于天下，使家藏此方，人挟此药，以待世之病者，岂非仁人君子之用心也哉！②

苏轼把唐代陆贽的奏议奉为治世良药，恨不能让举国百姓人手一方，以医治社会的病痛。

陈莹中在论阅读《资治通鉴》的方法时说："《通鉴》如药山，随取随得，然虽有是药山，又须会采，若不能采，则不过博闻强记而已。"③陈莹中将书比作药山，强调它们都具有丰富的内容，对其中珍稀之棵需细心采撷。朱熹在谈到自己病中看《资治通鉴》的感受时说："病中抽几卷《通鉴》看，值难置处，不觉骨寒发耸，心胆欲堕地。向来只作文字看，全不自觉，直枉了读他古人书也。"④这句话一方面说明病中读书与平时读书会有不同的感受，另一方面也说明病中读书是有讲究的，若病情危重，也挑令人骨寒发耸、心胆坠地的书来读，显然是于健康不利的。

明代市民阶层的出现、娱乐的需要使得戏剧和小说之类的通俗阅读空前发展，阅读对人们心理的干预层面更加丰富，干预力量也更加巨大。明代以前，中国的阅读疗法思想主要体现在带有哲学、美学

---

① 吴应箕：《读书止观录》，载王余光等：《读书四观》，武汉：湖北辞书出版社，1997年，88页。
② 周永年：《先正读书诀》，载王余光等：《读书四观》，武汉：湖北辞书出版社，1997年，296页。
③ 周永年：《先正读书诀》，载王余光等：《读书四观》，武汉：湖北辞书出版社，1997年，300页。
④ 吴应箕：《读书止观录》，载王余光等：《读书四观》，武汉：湖北辞书出版社，1997年，62页。

和文学评论意味的文艺理论著述中。到了明清时期,一方面,新的文艺欣赏观念和文学创作理论对阅读疗法富有启发。如明代在文学阐释上宣扬以意逆志、诗无达诂的观点,在创作上遵从文以明道、师心尚俗、言情宣泄等观点。清代王夫之提出情景互发、妙合无垠,以有限表现无限、以质实表现空灵,意境乃主客体偶然感发、天然妙和等文学创作观点。叶燮把理、事、情的互动视为文学创作的源泉。王士贞从画论中吸取"神韵"的概念论文学等。这些观点从不同角度说明了文学作品对情志的调节作用、对人心和社会的干预作用,为阅读疗法提供了理论依据。另一方面,阅读治疗开始突破教化领域,进入养生学家的视野,养生学著作中出现了专门介绍阅读疗法的篇章,这是中国历史上阅读疗法思想的飞跃。可以说,自明清以后,阅读疗法进入了理论自觉时代,系统论述逐渐增多,并纳入到保健、养生和医疗的理论体系中。下面介绍明代两位养生学家的阅读疗法思想。

高濂明确地把阅读作为养生保健方法写入其养生学专著《遵生八笺》中,书中的"清修妙论笺""起居安乐笺"两部分对阅读保健多有涉及。高濂认为,富人不知卫生有方,穷人不晓保身有道,直到病痛袭身,方急慌慌寻医问药,这是很可悲的。他说:

> 摄生尚玄,非崇异也。三教法门,总是教人修身正己,立身行己,无所欠缺。……保养之道,可以长年,载之简编,历历可指。即《易》有颐卦,《书》有"无逸",黄帝有《内经》,《论语》有"乡党"。君子之心悟,躬行则养德养生兼得之矣。①

在高濂看来,具有养生之效的书主要是儒道佛三教经典,同时,他特别强调了远古圣贤之书中的养生专论。高濂也不认为所有的阅

---

① 高濂:《遵生八笺·清修妙论笺上》,载《洞天清录(外五种)》,上海:上海古籍出版社,1993年,330页。

读方式都具有养生祛病的作用,主张在一些前提下遵从一些原则才能收到效果,这实际上是对阅读疗法的应用条件和操作过程进行规范,标志着阅读疗法开始进入养生学家的视野。

龚廷贤在《寿世保元·延年良箴》中说:"诗书悦心……可以延年。"①这也是非常明确地肯定阅读的保健作用。

养生学家之外,明清一些文人学士对阅读疗法也有深刻的认识。明末清初的李渔在《闲情偶寄·颐养部·疗病》中说:

> 欲得未得之物,是人皆有,如文士之于异书,武人之于宝剑,醉翁之于名酒,佳人之于美饰,是皆一往情深,不辞困顿,而欲与相俱者也。多方觅得而使之一见,又复艰难其势而后出之,此驾驭病人之术也。然必既得而后留难之,许而不能卒与,是益其疾矣。所谓异书者,不必微言秘籍,搜藏破壁而后得之。凡属新编,未经目睹者,即是异书,如陈琳之檄,枚乘之文,皆前人已试之药也。须知奇文通神,鬼魅遇之,无有不辟者。而予所谓文人,亦不必定指才士,凡系识字之人,即可以书当药。传奇野史,最祛病魔,倩人读之,与诵咒避邪无异也。他可类推,勿拘一辙。②

在这里,李渔不仅列举了古代经典的阅读疗病的医案,勾勒了阅读疗法在中国的发展线索,说明了书可当药的道理,还指出了以书当药的注意事项。这段话有史、有论、有据,可以说是阅读疗法在中国的第一份理论大纲。在论述素常乐为之事可当药时,李渔把书能当药的道理归结为书可以调节情志,可以说是抓住了阅读疗法的精髓。他说:

---

① 王烈:《中国自然疗法大全》,上海:上海人民出版社,1992年,35页。
② 李渔:《闲情偶寄》,李忠实译注,天津:天津古籍出版社,1996年,602页。

病人忌劳,理之常也。然有"乐此不疲"一说作转语,则劳之适以逸之,亦非拘士所能知耳。予一生疗病,全用是方,无疾不试,无试不验,徒痛浣肠之奇,不是过也。予生无他癖,惟好著书,忧藉以消,怒藉以释,牢骚不平之气藉以铲除。因思诸疾之萌蘖,无不始于七情,我有治情理性之药,彼乌能崇我哉!故于伏枕呻吟之初,即作开卷第一义;能起能坐,则落毫端,不则但存腹稿。迨沉疴将起之日,即新编告竣之时。一生剞劂,孰使为之?强半出造化小儿之手。此我辈文人之药,"止堪自怡悦,不堪持赠君"者。①

清代才子张潮的小品文《书本草》②,开列了一个精彩的阅读疗法书目。张潮认为中国几乎所有典籍都是治病良药,《书本草》模仿中国传统的本草一类的药典的体例,用揭示中药药性的方法来分析书的治疗功能,把中国几乎所有的典籍的药性、适应症、疗效、副作用、服用方法揭示殆尽,短而精当,构思巧妙,是一份极具中国特色的阅读疗法书目。如果说李渔的相关论述是经典的阅读疗法理论大纲,《书本草》则是经典的阅读疗法书目,两文堪称中国阅读疗法文献史上的双璧。

除李渔和张潮外,明清一些文士的言论也涉及阅读疗法,丰富了这个时期的阅读疗法思想。例如,汤显祖在论及戏剧的起源时说:"人生而有情。思欢怒愁,感于幽微,流乎啸歌,形诸动摇。或一往而尽,或积日而不能自休。"③这是说戏剧的治疗作用,但小说、传记、散

---

① 李渔:《闲情偶寄》,李忠实译注,天津:天津古籍出版社,1996年,604、605页。
② 王晫、张潮:《檀几丛书·书本草》,上海:上海古籍出版社,1992年,459页。
③ 汤显祖:《汤显祖诗文集》卷三十四《宜黄县戏神清源师庙记》,徐朔方笺校,上海:上海古籍出版社,1982年,1127页。

文同样具有治疗作用,阅读这些文献也可为积日不休的情感找到突破口,从而起到预防疾病的功效。陈继儒也说:"医俗病者,独有书耳。"①王鸣盛一辈子穷研经史,孜孜不倦,68岁时曾一度双目失明,目愈后仍读书不辍,直至终老。他在《杂诗四首》中云:"书能益神智,六籍皆膏腴。"②这是把经典读物看作养神健脑、益于康复的营养品。

近代以来,越来越多的人认识到阅读疗法的作用。例如台湾诗人余光中在《何以解忧》一文中说:"就我而言,读诗,不失为解忧的好办法。不是默读,而是读出声来,甚至纵情朗诵。"③著名作家唐弢在《我和书》中写道:"偶有余暇,晴窗展读,一编在手,真个是使人心旷神怡,祛病延年。"④

二、中国历代阅读疗法案例

据王波的研究,历代读书人对阅读疗法有所体验、有所认识的不乏其人,他们在著述中记录自己读书疗病的经历,留下了许多可以称为佳话的阅读疗法案例。⑤

先秦到汉代的阅读疗法医案主要包括孔子成功地对弟子进行心理指导和汉代大赋神奇的审美效果两个方面。孔子善于运用包括阅读疗法在内的各种心理疗法对弟子们进行心理指导,这对他们的身心健康大有好处,颜回甚至修炼到了"一箪食,一瓢饮,在陋巷,人不堪其忧",而自己仍"不改其乐"的程度。⑥汉代流行宫廷文学,皇帝王

---

① 陈继儒:《读书镜》,载王余光等:《读书四观》,武汉:湖北辞书出版社,1997年,242页。
② 王余光、徐雁:《中国读书大辞典》,南京:南京大学出版社,1993年,86页。
③ 王三山:《文人书趣》,武汉:武汉大学出版社,1994年,158页。
④ 王三山:《文人书趣》,武汉:武汉大学出版社,1994年,144页。
⑤ 参见王波:《阅读疗法》,北京:海洋出版社,2007年。
⑥ 孔子:《论语·雍也》,长沙:岳麓书社,2000年,51页。

公纷纷豢养文学名家创作辞赋以悦身心。特别是以东方朔为代表的赋家,更被后人视为滑稽大师,人们或借东方朔之名,或以东方朔为原型,创作了大量雅俗共赏的滑稽作品,皆是公认的治病良药。

汉代的《七发》记录了一场虚拟的心理治疗的全过程。全文的大意是:楚太子有病,吴客前往探视,认为太子犯的是王公贵族常见的富贵病,此病非针药可治,只有听"要言妙道"方能去。于是吴客鼓动如簧之舌,展开了奇幻瑰丽的七层想象,从想象动听的音乐、可口的饮食、名贵的车马、奢侈的游览、壮观的打猎场景到本地美丽的风光,最后总结道人生应有高雅的情趣,要多听"圣人辩士"之言。畅想至此,太子"涊然汗出""霍然病已"。《七发》在结尾处提出楚太子若要保持良好的精神状态,要多读好书,这是对阅读疗法的倡导。《七发》在后世成了有治疗功效的诗文的代称。

汉代赋作家王褒等人治疗汉太子,是中国正史文献中记载的最早的一则阅读疗法典型医案。《汉书·王褒传》记载,汉宣帝特别喜爱王褒的作品,让王褒和刘向、张子侨、华龙、柳褒等并为侍诏,无论放猎还是游幸,经常带着这些文人作赋,欣赏娱乐。有一次,"太子体不安,苦忽忽善忘,不乐。诏使褒等皆之太子宫虞侍太子,朝夕诵读奇文及所自造作。疾平复,乃归。太子喜褒所为《甘泉》及《洞箫颂》,令后宫贵人左右皆诵读之"[1]。

东汉至三国时期的名医华佗巧妙地利用阅读疗法的副作用,他根据以毒攻毒原理,让病人阅读让人易受刺激的内容,从而排毒去病。《三国志》记载了这则医案:"有一郡守病,佗以为其人盛怒则差,乃多受其货而不加治,无何弃去,留书骂之。郡守果大怒,令人追捉杀佗。郡守子知之,属使勿逐。守瞋恚既甚,吐黑血数升而愈。"[2]

---

[1] 班固:《汉书》卷六四下《王褒传》,北京:中华书局,1962年,2821页。
[2] 陈寿:《三国志》卷二十九《魏书·方技传·华佗传》,北京:中华书局,1965年,801页。

三国时曹操读陈琳檄文而头痛顿愈，是历史上关于阅读疗法的一则著名案例。《三国志·魏书·王粲传》注引《典略》云："琳作诸书及檄，草成呈太祖。太祖先苦头风，是日疾发，卧读琳所作，翕然而起曰：'此愈我病。'数加厚赐。"①

唐代文化繁荣，特别是唐代诗文有着巨大的治疗价值。在唐代大文豪中，相传其作品有神奇疗效的有好几人，如"诗圣"杜甫、"诗鬼"李贺、"文起八代之衰"的散文大师韩愈等。杜甫荐诗疗病的掌故流传久远，影响较大，多见于文献。明代蒙学读物《龙文鞭影》的编撰者肖良有，在典故联句"能诗杜甫，嗜酒刘伶"的注释中说："杜甫博极群书，尤善诗赋，涵泳汪洋，千姿万状，忧时即事，世称'诗史'。客有病疟者，甫曰：'诵吾诗可疗之。'果然。宋彭仲举与林谦之游天竺，谈至杜诗好处，仲举曰'少陵可杀'。"②经过蒙学教材的传播，"杜诗疗病"之说就更为人所知了。

宋元明清时，不少学者文人都是阅读疗法的受益者，且多在自己的著述中记录下阅读的神奇疗效。北宋欧阳修与河南主簿张应之交好，张应之曾传授他阅读疗病之法。欧阳修在《东斋记》中记载了他学习运用阅读疗法的体验：

> 应之虽病，然力自为学，常曰：我之疾，气留而不行，血滞而留逆，故其病咳血。然每体之不康，则或取六经、百氏若古人述作之文章诵之，爱其深博闳达、雄富伟丽之说，则必茫乎以思，畅乎以平，释然不知疾之在体。因多取古书文字贮斋中，少休，则探以览焉。夫世之善医者，必多畜金石百草之物，以毒其疾，须其瞑眩而后瘳。应之独能安居是斋以养思虑，又以圣人之道，和

---

① 陈寿：《三国志》卷二十一《魏书·王粲传附阮瑀传》，北京：中华书局，1965年，600页。
② 肖良有：《龙文鞭影》卷四，转引自王三山：《文人书趣》，武汉：武汉大学出版社，1994年，215页。

平其心而忘厥疾,真古之乐善者欤?①

南宋诗人陆游是中国历史上最自觉地利用阅读疗法养生保健的躬行者之一。他在《抄书》诗中说:"储积山崇崇,探求海茫茫。一笑语儿子,此是却老方。"②他把藏书、读书之益概括为"却老方",并深有体会,要传之后人。他在《闲吟》诗中说:"闲吟可是治愁药,一展吴笺万事忘。"他认为《周易》和《离骚》最值得推荐:"研朱点《周易》,饮酒读《离骚》。"(《闭门诗》)"病里正须《周易》,醉中却要《离骚》。"(《六言杂兴诗》)这是说不同的场合用不同的读物药方。他还向人推荐自己的诗以做治病之用,有其诗《山村经行因施药之三》为证:"儿扶一老候溪边,来告头风久未痊。不用更求芎芷辈,吾诗读罢自醒然。"③陆游本人精通医药,又坚持读书养生,享寿85岁,这也证明了阅读在保健方面疗效不凡。

另据宋代类书《太平广记》载:"唐夔州道士王法朗,舌大而长,呼文字不甚典切,常以为恨。因发愿读《道德经》。梦老君与剪其舌。觉而言词轻利,精诵五千言,颇有征验。"④这则医案说明强化阅读具有扫除语言障碍的作用。

明代学者、藏书家胡应麟自述:"一生于他无所嗜,所嗜独书。饥以当食,渴以当饮,诵之可以当韶濩,览之可以当夷施。忧藉以释,忿藉以平,病藉以起。"⑤这里的"韶"是虞舜之乐,"濩"是商汤之乐,"夷施"即西施。把图书当作美妙的音乐和美丽的女子,难怪可以释忧、

---

① 欧阳修:《欧阳修全集》卷六十四(《居士外集卷十四》)《东斋记》,北京:中华书局,2001年,935页。
② 陆游:《陆游集》,北京:中华书局,1976年,350页。
③ 陆游:《陆游集》,北京:中华书局,1976年,1552页。
④ 李昉等:《太平广记》卷一百六十二《感应二》,上海:上海古籍出版社,1990年。
⑤ 王世贞:《二酉山房记》,载王余光、徐雁:《中国读书大辞典》,南京:南京大学出版社,1993年,79页。

平忿、消百病了。

明代的程敏政在给友人的书信中,多次用到"沉疴去体"这个习语,说明了阅读对自身病体的疗效。他在《与欧阳子相侍御书》中写道:"南归逾年,闻左右昌言于廷,大慰士望。继闻有按蜀之行,私计桐乡受爱惟深,宪节归时或有便道奉晤之,期也。既而病中连得手教,拳拳故旧之念,如挹风采,不觉沉疴去体。"①他在《复庄定山年兄书》中写道:"仆不佞托,有同年之契,于左右几三十年于今矣。宦途碌碌,不能以时上起居请教益,为罪实深。蒙恩放还,省循而已,乡人吴以时来承手书佳章,见慰,适在病中,奉诵再三,不觉沉疴去体,相念之意,其何能忘?"②

清代学者焦循的阅读疗法医案颇为典型。有一年他患病吐血,治愈后精神欠佳,于是便找来道家的书又读又抄,收效不错,恢复了元气。对于这段经历,他写道:

> 余庚戌岁之冬患吐血病,虽愈而精气不足。或劝服丸药。余谓以药不若以书,乃留心于道家者流。日诵《老子》《庄》《列》及黄帝《素问》凡二年,不知病之何所失也。壬子、癸丑间馆于郭舍人家,与黄解元居相近,时时相过论诗。黄所藏崇德书院所刻诸子书,有余未之见者。无能、天隐尤为当时所好,乃借出写之,得六种。越十年癸亥正月八日,风雪之下,不能出户,取之诵之,憧憧之心,颇为之平,乃知却无病之病,更良于却吐血之病也。灯下书此。③

焦循对阅读疗法作用的认识相当准确,他指出通过阅读治疗"无

---

① 程敏政:《篁墩文集(二)·与欧阳子相侍御书》,上海:上海古籍出版社,1991年,273页。
② 程敏政:《篁墩文集(二)·复庄定山年兄书》,上海:上海古籍出版社,1991年,271页。
③ 周越然:《言言斋书话》,西安:陕西师范大学出版社,1998年,112—115页。

病之病"更胜于单纯治疗"吐血之病",也就是说阅读疗法主治的是心理疾病,对生理疾病的治疗只起辅助作用,这与当代医学对阅读疗法的认识是一致的。

明清时期小说开始盛行,有的读者在阅读小说时投入了情感,心理变化复杂,身患的杂症竟不意自愈。例如清代的秦子忱本来是一位军人,有一次因为阅读《红楼梦》,不但治好了疮疾,还激起了创作兴趣,竟立志写出了《秦续红楼梦》一书。①

近代以来,阅读疗法的案例更是不胜枚举。如现代作家秦瘦鸥在《休息读书论》一文中真诚而不无得意地介绍他的经验:"我自小多病,但又最怕服药打针,几乎每次都是依靠着《西游记》《封神演义》《江湖奇侠传》《福尔摩斯大探案》等书,从而获得充分休息并恢复健康。近年则把金庸、梁羽生、琼瑶三位先生的巨作作为药物,以对抗伤风流感,乃至心脏早搏等,几乎百试百验。"②

总之,中国阅读疗法思想和实践的发展史,实际上是一部文献学、阅读学和医学的关系史,也是一部别具视角的阅读史和文化史。

三、阅读疗法的原理和前景

关于阅读疗法的原理,王波等人从多个角度对阅读活动进行考察,认为许多心理学、生理学的原理不仅是阅读疗法的科学基础,而且是阅读疗法原理的组成部分。阅读疗法的科学性不仅体现为阅读活动起源于人类治疗身心疾患的需要,自发生之时就具有治疗的功能,更重要的是阅读过程既能带来共鸣、净化、平衡、暗示、领悟等各种复杂的心理活动,又调动着五脏六腑做着看不见的体操,这些活动

---

① 秦子忱:《秦续红楼梦·弁言》,沈阳:春风文艺出版社,1985年,11页。
② 王三山:《文人书趣》,武汉:武汉大学出版社,1994年,141、142页。

起到了调节情绪、锻炼器官机能的作用,从而收到保健祛病的效果。①

正因为阅读的保健、养生和辅助治疗功能,阅读疗法现在已经广泛应用于临床医学、图书馆阅读指导、心理健康咨询等领域。人们有意识地将阅读作为治疗生理或心理疾病的一种治疗方法,来进行对症下药式的阅读行为。阅读疗法大致可以分为两类:治未病的阅读疗法(保健、养生)和治已病的阅读疗法(临床辅助治疗),又可称为发展阅读疗法和临床阅读疗法。② 发展阅读疗法的主要内容是在个人虽然没有生病,但暴露出了人格和精神上的缺陷,出现了疾病的诱因时,为了将疾病消灭在萌芽状态,及时地向个人提供合适的读物,改善其人格,调养其精神,帮助其健康地生活,这种疗法在中国文化里属于保健和养生的范畴。临床阅读疗法的主要内容是在个人已经患上了生理或心理疾病时,医生对其进行常规的药物治疗、手术治疗或机械治疗之余,选择合适的读物供其阅读,以调养其精神,达到辅助治疗的目的。

阅读的治疗功能在当今社会有着重要意义,随着社会的发展和生活节奏的加快,人们的精神世界普遍存在焦灼感,因此需要阅读活动来对精神和身体进行调节。发展阅读疗法可以通过自疗途径来实施,即读者自己在生活中注意选择合适的读物、运用科学的方法,坚持长期的阅读,修身养性,以防治生理和心理的隐患。临床阅读疗法可以通过他疗途径来实施,即采用科学方法为他人进行有目的、有计划的阅读辅助治疗,它更适用于有阅读障碍者,推广方式有开"书疗吧"、有针对性地给病人开推荐书目、指导阅读、陪读、朗读等。

纵观中国历代阅读疗法的发展,我们可以看到,无论乱世还是盛世,阅读疗法都是便利、廉价的康体妙法。阅读疗法的兴盛是物质文

---

① 王波、傅新:《阅读疗法原理》,载《图书馆》2003年第3期。
② 王波:《阅读疗法的类型》,载《大学图书馆学报》2004年第6期。

明和精神文明发展到一定程度的表征。随着我国经济、社会的进一步繁荣昌盛,人们的精神生活将更加丰富,人们的生活方式将更加精致,阅读疗法的发展前景也更加辽阔。

第三节　阅读生活情趣

徐雁在《读书之乐》①一文中描写了中国历代读书人的阅读生活情趣。其中引用的几首关于读书的诗歌,更是生动地展现了读书人的生活画面。这些诗歌大致可以分为两类:一类是以读书为乐,催人上进者;另一类则是以读书为苦,逃避厌学者。

前者如宋人翁森的《四时读书乐》,它以生动的艺术形式、绮美的文学意象,概括了中国古典社会的读书情趣:

山光照槛水绕廊,舞雩归咏春风香。
好鸟枝头亦朋友,落花水面皆文章。
蹉跎莫遣韶光老,人生惟有读书好。
读书之乐乐何如,绿满窗前草不除。

新竹压檐桑四围,小斋幽敞明朱曦。
昼长吟罢蝉鸣树,夜深烬落萤入帏。
北窗高卧羲皇侣,只因素稔读书趣。
读书之乐乐无穷,瑶琴一曲来薰风。

---

① 秋禾:《读书之乐》,载王余光、徐雁:《中国读书大辞典》,南京:南京大学出版社,1993年,1页。

昨夜庭前叶有声,篱豆花开蟋蟀鸣。
不觉商意满林薄,萧然万籁涵虚清。
近床赖有短檠在,对此读书功更倍。
读书之乐乐陶陶,起弄明月霜天高。

木落水尽千崖枯,迥然吾亦见真吾。
坐对韦编灯动壁,高歌夜半雪压庐。
地炉茶鼎烹活火,一清足称读书者。
读书之乐何处寻,数点梅花天地心。

又如,宋真宗赵恒以其"九五之尊"身份而作的《劝学诗》:

富家不用买良田,书中自有千钟粟。
安房不用架高堂,书中自有黄金屋。
娶妻莫恨无良媒,书中有女颜如玉。
出门莫恨无随人,书中车马多如簇。
男儿欲遂平生志,六经勤向窗前读。

后者如歌谣:"春困秋乏夏打盹,守着火炉待明年。"又如《四季读书歌》:"春天不是读书天,夏日炎炎正好眠。过了秋天又冬至,收拾书箱过新年。"

中国古人真实的读书生活如何?下文展示了其阅读生活中的一些情趣。

一、利用"三余""三上"读书

"三余""三上"是我国古人关于如何利用业余时间来读书的经典总结,这两种说法分别出自东汉董遇和北宋欧阳修。根据裴松之注解《三国志》卷一三《魏书》时所引用的《魏略》记载:

> 遇善治《老子》,为《老子》作训注。又善《左氏传》,更为作朱墨别异。人有从学者,遇不肯教,而云:"必当先读百遍。"言:"读书百遍而义自见。"从学者云:"苦渴无日。"遇言:"当以三余。"或问三余之意,遇言:"冬者岁之余,夜者日之余,阴雨者时之余也。"①

"三上"出自欧阳修的《归田录》卷二:

> 余因谓希深曰:"余平生所作文章,多在三上,乃马上、枕上、厕上也。"盖惟此尤可以属思尔。②

"三余"是指冬天、夜间和阴雨天,在古代农业社会,这三种时间基本上是空闲时间。中国历代关于利用"三余"读书的典故俯拾皆是,如"映月读书""囊萤映雪""凿壁偷光"等古代读书人刻苦学习的故事,实际上也反映了他们白天要为生计奔波,只有晚上才能读书的阅读生活情境。至于冬天读书的例子,如《汉书·东方朔传》载,东方朔上书汉武帝自述:"臣朔少失父母,长养兄嫂。年十三学书,三冬文史足用。"③唐人有诗曰:"六月飞将远,三冬学已精。洛阳推贾谊,江

---

① 陈寿:《三国志》卷一三《魏书·王肃传》注引《魏略》,北京:中华书局,1965年,421页。
② 欧阳修:《归田录》,林青校注,西安:三秦出版社,2003年,114页。
③ 班固:《汉书》卷六五《东方朔传》,北京:中华书局,1962年,2841页。

夏贵黄琼。"①可见早在汉代,东方朔、贾谊、黄琼等名家都是冬日读书成才的典型。

"三冬文史足用""三冬学已精",说明冬天读书的效果较好。至于古人为什么喜欢利用冬天来读书,主要有以下两个原因。一是冬天读书的时间更为集中,更为充裕。读书人,特别是贫苦人家子弟,不能弃生计于不顾,因此大多数人只能利用冬日休闲之时去学习。二是冬天读书的环境更为舒适,氛围更合适。捧上书,就如老僧入定,这种感觉,只有冬天才能找到;这种心境,只有冬天才能营造。在这样的环境和氛围中静心读书,人们不受干扰,坚持三冬,相信真的可以文史足用。②

金克木曾写过一篇文章《书读完了》③,他提出的主要观点就是"只要花费比'三冬'多一点的时间,也可以就一般人说是'文史足用'了"。浩如烟海的中外图书如何能读得完?而三冬又如何能文史足用?金克木是这样论述的:

> 文化不是杂乱无章而是有结构、有系统的。过去的书籍也应是有条理的,可以理出一个头绪的。……只就书籍而言,总有些书是绝大部分的书的基础,离了这些书,其他书就无所依附,因为书籍和文化一样总是累积起来的。因此,我想,有些不依附其他,而为其他所依附的书应当是少不了的必读书或则说必备的知识基础。举例说,只读过《红楼梦》本书可以说是知道一点《红楼梦》,若只读"红学"著作,不论如何博大精深,说来头头是道,却没有读过《红楼梦》本书,那只能算是知道别人讲的《红楼梦》。读《红楼梦》也不能只读"脂批",不看本文。所以《红楼梦》

---

① 韦嗣立:《酬崔光禄冬日述怀赠答》,载《全唐诗》卷九一,北京:中华书局,1960年,987页。
② 徐宗文:《岁余正是读书时》,载《中华读书报》2004年12月15日。
③ 金克木:《书读完了》,上海:汉语大辞典出版社,2006年,2页。

就是一切有关它的书的基础。

《红楼梦》宝黛读书图

……

想要了解西方文化……《圣经》和古希腊、古罗马的一些基础书是必读书。对于亚州,第一重要的是《古兰经》。没有《古兰经》的知识就无法透彻理解伊斯兰教世界的书。又例如读西方哲学书,少不了的是柏拉图、亚里士多德、笛卡尔、狄德罗、培根、贝克莱、康德、黑格尔。不是要读全集,但必须读一点。有这些知识而不知其他,还可以说是知道一点西方哲学。

……

若照这样来看中国古书,那就有头绪了。首先是所有写古书的人,或说古代读书人,几乎无人不读的书必须读,不然就不能读懂堆在那上面的无数古书,包括小说、戏曲。那些必读书的作者都是没有前人书可读的,准确些说是他们读的书我们无法知道。这样的书就是:《易》《诗》《书》《春秋左传》《礼记》《论语》《孟子》《荀子》《老子》《庄子》。这是从汉代以来的小孩子上学就背诵一大半的,一直背诵到上一世纪末。

......

以上是算总账,再下去,分类区别就比较容易了。举例来说,读史书,可先后齐读,最少要读《史记》《资治通鉴》,加上《续资治通鉴》《文献通考》。读文学书总要先读第一部总集《文选》。如不大略读读《文选》,就不知道唐以前文学从屈原《离骚》起是怎么回事,也就看不出以后的发展。

......

以上举例的这些中外古书分量并不大,外国人的书不必读全集,也读不了,哪些是其主要著者是有定论的。……中国的也不必每人每书全读,例如《礼记》中有些篇,《史记》的《表》和《书》,《文献通考》中的资料,就不是供人"读"的,可以"溜"览过去。这样算来,把这些书通看一遍,花不了多少时间,不用"皓首"即可"穷经"。

金克木由此得出书可以读完,而用不了"三冬"即能"文史兼备"的结论。推而广之,利用"三余"读书的功效则更不可小觑。

利用"三上"读书,对读书人来说也是常事。周作人曾撰写文章《入厕读书》,他认为除却在条件特别不济的如厕环境下不宜读书外,还是可以利用如厕的时间,随便读一些书:

一个人上厕的时间本来难以一定,但总未必很短,而且这与吃饭不同,无论时间怎么短,总觉得这是白费的,想方法要来利用他一下。……假如有干净的厕所,上厕时看点书却还是可以的,想作文则可不必。书也无须分好经史子集,随便看看都成。我有一个常例,便是不拿善本或难懂的书去,虽然看文法书也是寻常。据我的经验,看随笔一类最好,顶不行的是小说。至于朗诵,我们现在不读八大家文,自然可以无须了。①

---

① 周作人:《知堂书话》(上),北京:中国人民大学出版社,2004年,81、82页。

二、书痴

古人对读书人有种种谑称,"书痴"就是其中之一。"书痴"即我们平常所说的"书呆子"。《旧唐书·窦威传》载:"威家世勋贵,诸昆弟并尚武艺,而威耽玩文史,介然自守,诸兄哂之,谓为书痴。"①后世遂以"书痴"一词来比喻那些一心一意埋头读书而不问世事的人。《聊斋志异·书痴》②中记载了郎玉柱的故事,生动地描绘了一个死读书、缺乏社会实践的典型书呆子形象。

聊斋书痴图

"书痴"多用于贬义,专指那些为读书所误者。俗语中有"两脚书橱"之喻,用来讽刺那些只知啃书本,死读书,虽满腹经纶,却毫无见解,食古不化的人,也就是指那些不能将"学""思""行"相结合的读书

---

① 刘昫等:《旧唐书》卷六一《窦威传》,北京:中华书局,2000年,2364页。
② 蒲松龄:《聊斋志异》卷四《书痴》,北京:商务印书馆,1957年,196页。

人。中国历来提倡熟读精思、学思结合、知行合一,只有将所学知识通过思考而加以分析、整理、引申、归纳,做出自己的判断,并躬身实践,才能学有所感,学有所获。古今中外不能将"学"与"思""行"相结合的最典型的故事可能是战国时赵括的"纸上谈兵",他对书本知识死搬硬套,不知变通,致使长平一战,全军覆没。《知堂书话》里引清人著作《朴丽子》指出"学问之弊":"人但知剑戟足以杀人,而不知学问之弊其害尤甚。何也?所持者正,所操者微也。正也难夺,微也易惑。语云,不药当中医,此语可以喻学。夫学焉而不得其通,故不如不学之为犹愈也。"①同样,孟子的名言"尽信书,则不如无书"②也提醒人们,读书应注重分析,不能迷信书本。

然而,"书痴"一词在某种意义上也隐含着以读书为乐、酷爱读书的褒义色彩。古代读书人也有以甘当"书痴"而自豪的,如陆游《送范西叔赴召》诗云:"白头尚作书痴在,剩乞朱黄与校雠。"蒲松龄《聊斋志异·阿宝》云:"异史氏曰:'性痴则其志凝,故书痴者文必工,艺痴者技必良。'"陈淏子《花镜·自序》云:"世多笑余花癖,兼号书痴。噫嘻!读书乃儒家正务,何得云痴!"③可见一些读书人常以"书痴"自诩,来表达自己对读书的喜爱。

黄裳曾经撰写过《书痴》一文,揭示书痴成因之所在。他认为读书人痴书有功利性和非功利性两种类型。历代描写书痴的作品也有两类:一类如《聊斋志异》《夜谭随录》《夜雨秋灯录》等,记录的是功利性读书人的故事;另一类如叶昌炽的《藏书纪事诗》,则记录的是非功利性读书人的故事。一方面,"书中自有黄金屋,书中自有颜如玉,书中自有千钟粟"的美妙幻想始终存在于读书人的头脑里,使他们勤读

---

① 周作人:《知堂书话》(下),北京:中国人民大学出版社,2004年,760页。
② 孟子:《孟子·尽心下》,北京:中华书局,2006年,319页。
③ 王余光、徐雁:《中国读书大辞典》,南京:南京大学出版社,1993年,664、665页。

不辍。另一方面,"为读书而读书"的非功利性读书人也有很多,如叶昌炽就是一个生性恬淡、甘于寂寞、热爱书本的"书呆子"。

黄裳认为促使人们热爱书本的原因是强烈的求知欲。他说:

> 司马光是爱书的,他所藏的万余卷文史书籍,虽然天天翻阅,几十年后依然还像"新若手未触者"一样。他对自己的儿子说过"贾竖藏货贝,儒家惟此耳"。这是很坦率的话。书是知识分子的吃饭家伙,是不能不予以重视的。司马光自然并不是"为读书而读书"的人,他编写《通鉴》的目的是"资治",一点都不含糊。他的得力助手刘恕也是一位藏书家,他受司马光的委托,经常走几百里路访问藏书家,阅读抄写。一次,他到宋次道家看书,主人殷勤招待。刘恕却说,"此非吾所为来也。殊费吾事","悉去之,独闭阁昼夜口诵手抄,留旬日,尽其书而去,目为之瞖"。也是宋代的著名诗人尤袤,则公然声明他的藏书的目的是,"饥读之以当肉,寒读之以当裘。孤寂而读之以当友朋,幽忧而读之以当金石琴瑟也"。这个著名的声明,出自诗人之口,很有点浪漫主义的味道,他是道出了"为读书而读书"的真意的。近代学人章钰为自己的书斋取名"四当斋",就是出典于此。[①]

[①] 黄裳:《书痴》,载《读书》1980年第3期。

第七章　阅读传统

阅读传统是代代相传的阅读文化的历史遗产，它是在人类长期的阅读历史中产生的，被人们普遍认同和接受，具有旺盛的生命力，并在潜移默化中影响着人们过去、现在和未来的阅读行为。

阅读传统具有文化传统的基本特征：流传性、广泛性、潜移默化性、民族性、发展创新性、良莠二分性等，依据这些特征，我们可以从中国阅读史中提炼出中国古代读书人在阅读行为中的一些极具特色的思想、精神、行为、态度等，这些都是中国阅读传统的组成部分。

第一节　传统的阅读价值观

一、学而优则仕

"致用"是多数读书人读书的最大动力。儒家学说主张读"经"是为了"经世致用"，这里的"用"是指能够将从书本中学到的知识用在实际生活中，小到能作为谋生的本领，大到能够用于治国、平天下。

颜之推就非常反对学无所用的行为,对"世中文学之士,品藻古今,若指诸掌,及有试用,多无所堪"①的现象进行了批判。

更多的读书人是为实现自己的政治抱负而读书,希望能将所读所学用于"治国""平天下",这可能是读书人更为普遍的理想。孔子说:"诵《诗》三百,授之以政,不达;使于四方,不能专对;虽多,亦奚以为?"②北宋司马光说:"所谓学者,非诵章句、习笔札、作文辞也,在于正心、修身、齐家、治国、明德于天下也。"③此外,《读书纪事》《读书止观录》等书籍中也记载了古人勤学苦读而终有成就的事例,他们成为后世读书人读书治学的榜样。

古代读书人欲实现自己的政治抱负和人生理想,主要的途径就是做官,平民百姓是没有参与国家政治的权利的。所谓"学成文武艺,货与帝王家",入仕不仅能改变个人的社会地位和生活状况,而且有可能实现"治国、平天下"的人生理想。入仕即做官,而官员的名额有限,于是,无数儒生士子拥挤在"学而优则仕"的狭窄通道上,他们为有朝一日能登上庙堂而刻苦攻读,皓首穷经。

中国古代士人入仕是与春秋战国的社会变革相关联的。商周时代,任官的基本制度是世卿世禄制,王室贵族凭借宗法关系和血统关系世代承袭高爵显职。春秋战国时期,学术下移,私学兴起,随着社会变革,各国废除世卿世禄制,采用新的选官办法,士人地位提高,成为社会上最活跃的阶层,这时,能体现士人自身价值的最佳途径莫过于做官了。士与仕合二为一,故孟子说:"士之仕也,犹农夫之耕也。""士之失位也,犹诸侯之失国家也。"④为吸引士人入仕,汉武帝设立太学,实行读经入仕制度,大大强化了士人读书做官的思想,经学随之

---

① 颜之推:《颜氏家训译注》,庄辉明、章义和撰,上海:上海古籍出版社,1999年,206页。
② 孔子:《论语·子路》,长沙:岳麓书社,2000年,118页。
③ 司马光:《温国文正司马公文集·进〈孝经〉指解劄子》,四部丛刊本初编集部。
④ 孟子:《孟子·滕文公下》,北京:中华书局,2006年,126、127页。

大盛。《汉书·儒林传》说：

> 自武帝立"五经"博士，开弟子员，设科射策，劝以官禄，讫于元始，百有余年，传业者浸盛，支叶蕃滋，一经说至百余万言，大师众至千余人，盖禄利之路然也。①

魏晋南北朝时期，九品中正制是主要的选官制度，但后来成为门阀大族把持政权的工具，使许多寒庶之人与仕途无缘，官学也时兴时废，能从学校经考试入仕的人不多。尽管如此，士人还是不放弃读书做官的理想。

隋唐时代确立和完善的科举考试制度，更是以官方的名义宣布了读书入仕的有效性，使读书人趋之若鹜。从科举考试对阅读的影响来看，一方面，科举限制了读书的广度和深度，"自科举之学兴，士人抱兔园寒陋十数册故书，崛起白屋之下，取富贵而有余。读书者一生之精力，埋没敝纸渝墨之中，相寻于寒苦而不足"②；另一方面，科举又深深地激发了读书人的读书热情，以至于千年来"万般皆下品，唯有读书高"成为古代社会共识。

读书、做官、治国、平天下，这是读书人最初的读书目的。他们认为，从政做官不只是为自己谋利益，做官只是一种手段，治国、平天下才是真正的目的。从这一点来看，"学而优则仕"具有一定的进步意义。但是，随着社会的变迁和科举制度的推波助澜，这种读书目的渐渐地变了味，读书以致富贵成为一些读书人的主要目标。在他们看来，读书只是获得官职的一个台阶，而做官则是能获得大富大贵的一条捷径。于是，"学而优则仕"的目的被扭曲，读书的功利性目的显现，主张读书以致富贵的言论颇为盛行。如韩愈劝人读书，他说，即

---

① 班固：《汉书》卷八八《儒林传》，北京：中华书局，1962年，3620页。
② 黄宗羲：《天一阁藏书记》，载李希泌、张椒华：《中国古代藏书与近代图书馆史料（春秋至五四前后）》，北京：中华书局，1982年，36页。

使两个人出生时境况相同,但是读书者就能"为公与相,潭潭府中居",而不读书者则"为马前卒,鞭背生虫蛆",因此,要"灯火稍可亲,简编可卷舒。岂不旦夕念,为尔惜居诸。恩义有相夺,作诗劝踌躇"。① 杜牧也说:"愿尔一祝后,读书日日忙。一日读十纸,一月读一箱。朝廷用文治,大开官职场。愿尔出门去,取官如驱羊。"②还有"积财千万,无过读书"之类的劝诫和家训也影响甚广。

二、读书以求知、修身、怡情

"学而优则仕"是中国古代绝大多数士人的读书价值观,"修身、齐家、治国、平天下",则是读书人实现抱负的理想步骤,修身是其中的首要一环,而这是要靠读书来实现的。因此,对浸染于儒家文化的传统读书人来说,读书自然就有了求知和修身的意义和目的。但是,因现实条件的限制,不是每个读书人都能实现"治国、平天下"的初衷,于是,"达则兼济天下,穷则独善其身",读书以求知、修身,抑或以读书为乐,就成为落第文人无奈的选择,或者成为高人隐士高雅的文化追求。

读书以求知、修身、怡情的目的,是赖以书籍的文化内涵和力量来达到的。唐代魏征在《隋书·经籍志·总序》中对书的力量有以下精彩的比喻:

> 夫经籍也者,机神之妙旨,圣哲之能事,所以经天地、纬阴阳、正纪纲、弘道德,显仁足以利物,藏用足以独善,学之者将殖焉,不学者将落焉。大业崇之,则成钦明之德,匹夫克念,则有王公之重。其王者之所以树风声,流显号,美教化,移风俗,何莫由

---

① 韩愈:《符读书城南》,载《全唐诗》卷三四一,北京:中华书局,1960年,3822页。
② 杜牧:《冬至日寄小侄阿宜诗》,载《全唐诗》卷五二〇,北京:中华书局,1960年,5941页。

乎斯道？故曰："其为人也，温柔敦厚，《诗》教也。疏通知远，《书》教也。广博易良，《乐》教也。洁净精微，《易》教也。恭俭庄敬，《礼》教也。属辞比事，《春秋》教也。"①

古代读书人对书的力量和阅读的意义有着深刻的认识，并自觉地将其付诸阅读实践，因此读书治学就有了指导和方向。

1. 读书可增长见识

书保存了知识，并为人们拥有创造力奠定了基础。孔子说："性相近也，习相远也。"②他认为学习对人的发展起着主导作用，只有通过学习，才能获得知识、增长才干，必须"学而知之"和"困而学之"。苏轼在《李氏山房藏书记》中说：书是取之不竭、用之不弊的，人的天分不同，贤或不肖，读书都会各有所获。

2. 阅读有利于修身

阅读合适的书，对良好的道德情操的养成是必不可少的。孔子强调了阅读对于修身的重要意义，他说："好仁不好学，其蔽也愚；好知不好学，其蔽也荡；好信不好学，其蔽也贼；好直不好学，其蔽也绞；好勇不好学，其蔽也乱；好刚不好学，其蔽也狂。"③他指出，一个人即使"好仁""好知""好信""好直""好勇""好刚"，如果不读书学习，也可能形成愚、荡、贼、绞、乱、狂等不良品行。他又说："吾十有五而志于学，三十而立，四十而不惑，五十而知天命，六十而耳顺，七十而从心所欲，不逾矩。"④只有不断地学习，"博学、多闻、志于学"，良好的道德品质才能逐步形成并不断完善。

阅读有助于保持和发展良好品性。孔子说："兴于诗，立于礼，成

---

① 魏征等：《隋书·经籍志》，北京：中华书局，1973年，903页。
② 孔子：《论语·阳货》，长沙：岳麓书社，2000年，164页。
③ 孔子：《论语·阳货》，长沙：岳麓书社，2000年，167页。
④ 孔子：《论语·为政》，长沙：岳麓书社，2000年，9页。

于乐。"①西汉学者贾谊也总结说：读"春秋"，可"为之耸善而抑恶；以革劝其心"；读"礼"，可"使知上下之则"；读"诗"，可"广道显德，以驯明其志"；读"乐"，可"疏其秽而填其浮气"；读"语"，可"知先王之务明德于民"，读"故志"，可"使知废兴者而戒惧"。②

西汉董仲舒认为，人性之中有"善质"有"恶质"，善质待学而能成善。他强调："今万民之性，有其质而未能觉，譬如瞑者待觉，教之然后善。"③学习能够提高人的智力，"人受命于天，固超然异于群生，人有父子兄弟之亲，出有君臣上下之谊，会聚相遇，则有耆老长幼之施。粲然有文以相接，欢然有恩以相爱，此人之所以贵也"④。人之所以异于群生，是因其知晓父子兄弟之亲情，上下君臣之礼度，耆老长幼之节仪。这种道德认知能力非天生即有，必须通过后天学习获得，"然则常玉不琢，不成文章；君子不学，不成其德"⑤。

北朝颜之推勉励子女读书，说："虽百世小人，知读《论语》《孝经》者，尚为人师；虽千载冠冕，不晓书记者，莫不耕田养马。以此观之，安可不自勉耶？若能常保数百卷书，千载终不为小人也。"⑥他认为，读书能增益德行，不读书将成为"小人"。

3. 阅读是休闲怡情的寄托

古人以读书为乐，是通过意会得到精神享受的。阅读可以"疏神达思，怡情理性"⑦，而"束书不观，吾何以欢"？⑧

阅读带来的是一种纯粹的情趣和精神享受。许多学者终生读书

---

① 孔子：《论语·泰伯》，长沙：岳麓书社，2000年，72页。
② 贾谊：《新书·傅职》，上海：上海古籍出版社，1989年，37页。
③ 董仲舒：《春秋繁露》，上海：上海古籍出版社，1989年，61页。
④ 班固：《汉书》卷五六《董仲舒传》，北京：中华书局，1962年，2516页。
⑤ 班固：《汉书》卷五六《董仲舒传》，北京：中华书局，1962年，2510页。
⑥ 颜之推：《颜氏家训译注》，庄辉明、章义和撰，上海：上海古籍出版社，1999年，106页。
⑦ 徐干：《中论·治学》，上海：泰东图书局，1929年，1页。
⑧ 李贽：《焚书 续焚书》，北京：中华书局，1975年，227页。

不倦,享受着读书的乐趣。东晋陶渊明平生酷嗜读书,其诗文中多次出现"委怀在琴书""游好在六经""乐琴书以消忧"的句子。他"尝著《五柳先生传》以自况"。传曰:

> 先生不知何许人也,亦不详其姓字,宅边有五柳树,因以为号焉。闲静少言,不慕荣利。好读书,不求甚解。每有会意,便欣然忘食。性嗜酒,家贫不能常得。……环堵萧然,不蔽风日,短褐穿结,箪瓢屡空,晏如也。常著文章自娱,颇示己志。忘怀得失,以此自终。①

明清之际的著名文学批评家金圣叹则认为读书的乐趣首先在于替书中人物的命运担忧。毛宗岗也认为:"读书之乐,不大惊则不大喜,不大疑则不大快,不大急则不大慰。"②此外,从阅读中享受到的乐趣有益于身体和精神的健康,"一读疗沉疴"。

阅读既可助经国宏运,又可利修身养性,且可有独得之乐。无论出于何种目的阅读,对阅读的意义有着怎样的认识,对多数读书人来说,都有一种对读书的爱好。

三、以儒家经典的阅读和阐释为中心

选择什么样的读物是自由的,但是就总体而言,摆脱不了某些社会因素的影响,如社会经济文化水平、社会主旨趣味、意识形态、社会利益分配机制等。儒家经典在历史上地位的变迁正是对这种规律的极好诠释。对于阅读范围的选择,历史上虽然存在着多种学派和观点,但是儒家学说一直是自西汉以来在中国古代占据垄断地位的思

---

① 陶渊明:《陶渊明集·五柳先生传》,吴泽顺编注,长沙:岳麓书社,1996年,101页。
② 毛宗岗批点:《第一才子书》(第四十二回回评),清邹梧岗参订本。

想观念,围绕着儒家经典的读书活动是中国古代社会的阅读主流。

孔子删定"六经",并反对读"六经"以外的书,他认为:"攻乎异端,斯害也已。"①这成为儒家的指导思想之一。其弟子子思曾明确地提出:"学必由圣……杂说不与焉。"②后世两位学者又大大发展了这一思想。一位是董仲舒,"诸不在六艺之科,孔子之术者,皆绝其道,勿使并进"③,他要求将阅读对象由诸子百家的著作限制为儒家经典。另一位是朱熹,他不仅倡导人们读《论语》《孟子》,而且亲自为《周易》《诗经》《仪礼》《论语》《孟子》《大学》《中庸》等儒家经书做了详细注解,以指导人们阅读。官方考试科目的确立是"六经"成为社会阅读对象的最大推动力。在这些因素的影响下,儒家经典成了读书人的主要阅读内容。对儒家经典加以编撰、汇集、诠释,使之得以流布与传行,并通过这些经典去阐发新的义理,成为历代儒家的一个学术传统。

在我国的儒学经典诠释传统中,可称得上"经典"的文本,按历史的前后顺序可分为三个部分。一是孔子整理的"六经",即《诗》《书》《礼》《乐》《易》《春秋》(据说《乐》亡于秦火);二是先秦的原创性著作"四书",即《大学》《中庸》《论语》《孟子》;三是宋代理学家的著作、语录或注释文本。明成祖朱棣在永乐十二年(1414)命翰林院学士胡广等人编纂了三部"大全",即《五经大全》《四书大全》和《性理大全》,三部"大全"都以朱子之学的传注文本为主要内容,可以说是朱学著作的汇集。朱子之学自明代后不仅成为官方的统治思想,而且成为部分读书人信奉的对象,特别是朱熹的《四书章句集注》,具有经典文本的地位,长期被明清两代读书人所阅读和诠释。《四库全书总目》论

---

① 孔子:《论语·为政》,长沙:岳麓书社,2000年,13页。
② 汪晫:《子思子全书·外篇·无忧》,文渊阁四库全书本。
③ 班固:《汉书》卷五六《董仲舒传》,北京:中华书局,1962年,2523页。

及《四书大全》对后世的影响时说:"所研究者惟四书,所辨订者亦惟四书,后来四书讲章浩如烟海,皆是编为之滥觞。"①

一般而言,以上三部分"经典"的历史地位是不尽相同的。"六经"在儒学经典系统中具有至高无上的地位。程颐主张以《大学》《论语》《孟子》《中庸》为标指,而达于"六经";朱熹认为"四子,六经之阶梯"②。"宋学"的开创者欧阳修更主张抛开注疏,只读经典本身,说:"经之所书,予所信也;经所不言,予不知也。"他以《春秋》"三传"为例,认为自有"三传"之后,"学者宁舍经而从传,不信孔子而信三子,甚哉其惑也"。③ 他不信注疏,主张从经文本身而非后儒的注疏出发来直接解读儒家经典的真义。

进一步分析,孔子开创的"述而不作"的学术传统是中国古代儒家经典阅读传统之源头;对儒家经典的阅读和诠释,对于读书人来说是"以述代作"的一种形式。此外,中国古籍"经、史、子、集"四部分类法将经书作为专门的类别置于书籍的首位,也显示了儒家经典的重要地位和历代读书人崇尚经典的传统。甚至藏书的摆放顺序也处处体现"经"的核心地位,比如陈列书籍时要把经书放置于最上方,其他书依次往下放置;或者先把经书放置于最右边,其他书依次往左放置。

这种以"四书""五经"等儒家经典为主要阅读内容和"述而不作"的注经传统,直到19世纪末20世纪初西学东渐、中国社会向现代化转轨才得以打破,阅读内容才逐渐过渡到包括西学在内的现代各门学科知识。

---

① 永瑢等:《四库全书总目》卷三十六《经部类二·四书大全》,北京:中华书局,1965年。
② 朱熹:《朱子语类》卷一〇五,黎靖德编,北京:中华书局,1986年,2629页。
③ 欧阳修:《欧阳修全集·居士集卷十八·春秋论上》,李逸安点校,北京:中华书局,2001年,305、306页。

第二节 传统的阅读方法

一、读书以识字为先

自古以来,学者文人都提倡读书应以识字为先。清人王筠在其教育学专著《教童子法》中说:

> 蒙养之时,识字为先,不必遽读书。先取象形、指事之纯体教之。识"日""月"字,即以天上日、月告之;识"上""下"字,即以在上在下之物告之,乃为切实。纯体字既识,乃教以合体字。又须先易讲者,而后及难讲者。……能识两千字,乃可读书。①

清代著名教育家陆世仪揭露了时人不注重识字教育的危害:

> 古人读书,当先识字。自字学不讲,六书之义,举世茫然,竟为绝学。夫六书之义,虽非身心切要之学,然大而天地,细而万物,理无不存,要亦儒者格致所不废也。岂可弃置不问。②

因此,我国古代非常重视儿童的识字教育。古代儿童蒙学教育主要包括识字教育、读写训练和作文训练,识字教育是启蒙教育的基础和重点。《汉书·艺文志》曰:"古者八岁入小学,故周官保氏掌养国子,教之六书。"要识字、写字,也就出现了相关教材,如具有典范性

---

① 王筠:《教童子法》,北京:中华书局,1985年,1页。
② 陆世仪:《思辨录》卷一,转引自曾祥芹等:《古代阅读论》,郑州:大象出版社,2002年,376页。

的识字教材《三字经》《百家姓》和《千字文》，俗称"三、百、千"。"三、百、千"的编撰体例与内容主要受西汉史游编撰的《急就篇》的影响。《急就篇》是我国古代保存下来的最早的一部专供儿童识字之书，它是中国历史上流传最为长久、影响最为深远的儿童启蒙课本。

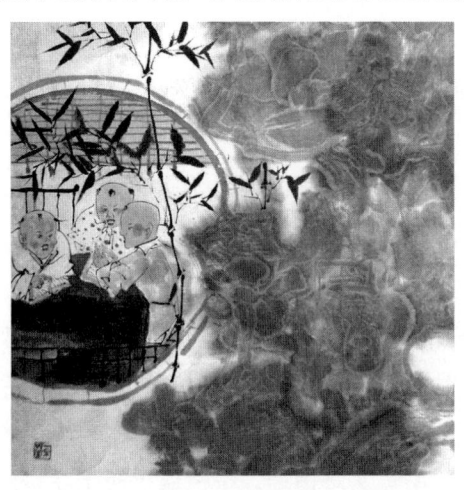

桃源读书图

儿童何时开始识字、识字量应该达到多少才能进行阅读，古人看法不一。清朝李新庵说："子弟四五岁，先教字方，多则三千，少则二千。"①唐彪认为儿童识字年龄应更早，他说："生子至三四岁时，口角清楚，知识稍开。"②他认为识字两千，方可读书。

古人多采用纸上识字和书上识字的办法。纸上识字类似于今人用识字卡片识字，书上识字类似于今人在阅读训练中识字。宋元时期出现了世界上最早的图文对照课本《对相识字》。古人进行书上识字教育主要有两种方式：一是教师先范读一遍课文，再讲解一遍课

---

① 李新庵原著，陈彝重订：《重订训学良规》，载徐梓、王雪梅：《蒙学要义》，太原：山西教育出版社，1991年，119页。
② 唐彪：《父师善诱法》，载徐梓、王雪梅：《蒙学要义》，太原：山西教育出版社，1991年，203页。

文,然后让学生自读课文,找出生字,最后老师答疑;二是特别要牢记疑难字,日积月累,就能学会许多字。古人在识字教学中有诸多经验之谈,唐彪指出"凡见易混淆之字,即当引其相似者证之"①;李新庵提出诸如"戒""戎""恕""怒"等容易混淆之字,"教令细认"②。

此外,在阅读过程中,解文是重要一环。解文,即解字说文,以明其辞意。中国文字的发展虽然保持相对稳定性,但也有过几次重大变迁,古人的文献对后人来说也不易理解。因此自古以来,从文字训诂入手,了解古人的思想,就是一种重要的传统读书方法。颜之推说:"夫文字者,坟籍根本。"③元代《程氏家塾读书分年日程》中说:"每句先逐字训之,然后通解一句之意,又通结一章之意,相接续作去,明理演文,一举两得。"④宋代理学家程颐也说:"凡看文字,先须晓其文义,然后可求其意。未有文义不晓而见意者也。"⑤清人戴震指出:

> 经之至者道也,所以明道者其词也;所以成词者,未有能外小学文字者也。由文字以通乎语言,由语言以通乎古圣贤之心志,譬之适堂坛之必循其阶,而不可以躐等。⑥

清代曾国藩认为只有先弄懂了字词的含义,才能真正地理解原书的义理,从而有能力去阅读古人的各种经典著作。他在《谕纪泽》中说:

> 看《汉书》有两种难处:必先通于小学、训诂之书,而后能识

---

① 唐彪:《父师善诱法》,载徐梓、王雪梅:《蒙学要义》,太原:山西教育出版社,1991年,205页。
② 李新庵原著,李彝重订:《重订训学良规》,载徐梓、王雪梅:《蒙学要义》,太原:山西教育出版社,1991年,123页。
③ 颜之推:《颜氏家训译注》,庄辉明、章义和撰,上海:上海古籍出版社,1999年,146页。
④ 程端礼:《程氏家塾读书分年日程》卷一,上海:商务印书馆,1936年,4页。
⑤ 朱熹:《近思录》,郑州:中州古籍出版社,2004年,106页。
⑥ 戴震:《戴震全集》(第五册),北京:清华大学出版社,1997年,2631页。

其假借奇字;必先习于古文辞章之学,而后能读其奇篇奥句。……欲通小学,须略看段氏《说文》《经籍纂诂》二书。王怀祖先生有《读书杂志》,中于《汉书》之训诂极为精博,为魏晋以来释《汉书》者所不能及。欲明古文,须略看《文选》及姚姬传之《古文辞类纂》二书。……若小学、古文二端略得途径,其于读《汉书》之道,思过半矣。①

文献学大师张舜徽也认为,识字、读文乃治学之根底。识字,即研习文字、音韵、训诂学,为读通古文献之第一步。他说:

阅读旧籍,必识古字古义。士而有志习本国文史,则日接于目者,皆古书也。苟不识其文字,何由通其语意?故读书必以识字为先。②

二、循序渐进

朱熹毕生治学与教书,总结了一套读书学习的经验方法,提出了许多精辟见解。他的弟子们将其归纳为六条,即循序渐进、熟读精思、虚心涵泳、切己体察、着紧用力和居敬持志。这就是为后人称道的"朱子读书法",其总原则是"循序而渐进,熟读而精思"。循序渐进是朱子读书法中的首要一条。他说:"读书之法,当循序而有常,致一而不懈。"③元代程端礼在《程氏家塾读书分年日程》中对其进一步做了解释:

---

① 曾国藩:《曾国藩家书文白对照全译》,张海雷等编译,北京:中国华侨出版社,1994年,336页。
② 张舜徽:《旧学辑存·初学求书简目》,武汉:华中师范大学出版社,2008年,1100页。
③ 朱熹:《晦庵先生朱文公文集》卷六十一《答陈师德》,载《朱子全书》第22册,上海:上海古籍出版社;合肥:安徽教育出版社,2002年,2671页。

以二书言之，通一书而后及一书；以一书言之，篇章文句，首尾次第，亦各有序而不可乱也。量力所致而谨守之；字求其训，句索其旨；未得乎前，则不敢求乎后；未通乎此，则不敢志乎彼。①

朱熹主张读书要制订计划，做出周密安排，即"读书须是遍布周满，某尝以为宁详毋略，宁下毋高，宁拙毋巧，宁近毋远"②。要做到循序渐进，他强调需注意以下几个方面。首先，应该先易后难。如读经书就应该"先读《大学》，以定其规模；次读《论语》，以立其根本；次读《孟子》，以观其发越；次读《中庸》，以求古人之微妙处"③。其次，量力而行，不可贪多，他说："读书不可贪多，常使自家力量有余。"④"读书，只怕逐段子细看，积累去，则一生读多少书！若务贪多，则反不曾读得。"⑤再次，读书不可走捷径，只有认真才能把书读懂读透。最后，从约入博，由博返约，"为学须是先立大本。其初甚约，中间一节甚广大，到末梢又约"。"故必先观《论》《孟》《大学》《中庸》，以考圣贤之意。读史，以考存亡治乱之迹。读诸子百家，以见其驳杂之病。其节目自有次序，不可逾越。"⑥

对于如何确定读物的顺序，程端礼认为"先读正文，后读注疏"，"性理毕，次治道，次制度"。⑦ 清代史学家万斯同说："大凡儒者读书必有先后，当先经而后史，先经史而后文集。就文集而论，当先秦汉而后唐宋，先唐宋而后元明。此不易之序也。"⑧他主张读书应正本清

---

① 程端礼：《程氏家塾读书分年日程》卷三，上海：商务印书馆，1936年，120页。
② 朱熹：《朱子语类》卷十《学四》，黎靖德编，北京：中华书局，1986年，165页。
③ 朱熹：《朱子语类》卷十四《大学一》，黎靖德编，北京：中华书局，1986年，249页。
④ 朱熹：《朱子语类》卷十《学四》，黎靖德编，北京：中华书局，1986年，166页。
⑤ 朱熹：《朱子语类》卷十《学四》，黎靖德编，北京：中华书局，1986年，166页。
⑥ 朱熹：《朱子语类》卷十一《学五》，黎靖德编，北京：中华书局，1986年，188页。
⑦ 程端礼：《程氏家塾读书分年日程》卷一，上海：商务印书馆，1936年，6页。
⑧ 万斯同：《石园文集》卷七《与钱汉臣书》，《续修四库全书》第1415册，上海：上海古籍出版社，2002年，511页。

源,源流分明,循序渐进。

循序渐进的读书方法还体现为读书要先读懂文字,例如要先识文字,后读训诂;年幼时多读些需要记诵的书,年长时需要多取"观大意"之书等。

三、读思结合、读习结合、读行结合

1. 读思结合

读书必须做到读思结合,不能只将阅读停留在对事物表层现象的认识之中,而应该通过思考获得事物的真实内涵,特别是掌握事物的发生和发展规律。历代学人对此都有认识,如:"学而不思则罔,思而不学则殆。"[1]"耳目之官不思,而蔽于物。物交物,则引之而已矣。心之官则思,思则得之,不思则不得也。"[2]"诵数以贯之,思索以通之。"[3]

朱熹强调熟读精思,因为"大凡读书,须是熟读。熟读了,自精熟;精熟后,理自见得"[4]。"大抵观书,先须熟读,使其言皆若出于吾之口;继以精思,使其意皆若出于吾之心;然后可以有得尔。"[5]

明代理学家薛瑄也强调读书要"寻思"。他说:"读书记得一句,便寻一句之理,务要见得下落,方有益。先儒谓读书只怕寻思,近看得'寻思'二字最好,如圣贤一句言语,便反复寻思:在吾身上,何者为是;在万物上,何者为是。使圣贤言语,皆有着落,则知一言一语,皆

---

[1] 孔子:《论语·为政》,长沙:岳麓书社,2000年,13页。
[2] 孟子:《孟子·告子上》,北京:中华书局,2006年,258页。
[3] 荀子:《荀子·劝学》,太原:山西古籍出版社,2003年,12页。
[4] 朱熹:《朱子语类》卷十《学四》,黎靖德编,北京:中华书局,1986年,167页。
[5] 朱熹:《朱子语类》卷十《学四》,黎靖德编,北京:中华书局,1986年,168页。

是实理,而非空言矣。"①他同时也反对苦思,认为思考就像井水一样,搅拌的次数太多,水就会变浑浊。如果思考得太苦却没有获得结果,人就会产生倦意,头脑也会不清醒。这时要"敛襟正坐,澄定此心,少时再从事于思索,则心清而义理自见"②。

饮酒读书图

明清之际的学者陆世仪认为"思只是'穷理'二字","悟处皆出于思,不思无由得悟。思处皆缘于学,不学则无可思。学者所以求悟也,悟者思而得通也"。③ 清代学者唐彪认为要先熟读成诵,然后勤于思考,他说:"微言精义,古人难以明言,而待人自悟者,可将其书熟读成诵,取而思之。今日不彻,明日更思;今岁不彻,明岁复思,数年之后,或得于他书,或触于他物,或通于他事,忽然心窍顿开,从前疑义透底了彻,有不期解而自解者。"④

对于思考哪些内容,历代学者也有论述。朱熹特别强调"涵泳",即读书要反复咀嚼,细心玩味,方能深刻领会书中旨趣。他说:"学者观书,先须读得正文,记得注解,成诵精熟,注中训释文意、事物、名义、发明经指,相穿纽处,一一认得,如自己做出来底一般,方能玩味

---

① 薛瑄:《薛文清公读书录》,载《薛瑄全集(下)》,太原:山西人民出版社,1990年,1253页。
② 薛瑄:《薛文清公读书录》,载《薛瑄全集(下)》,太原:山西人民出版社,1990年,1146页。
③ 陆世仪:《思辨录》,转引自张明仁:《古今名人读书法》,北京:商务印书馆,2007年,127页。
④ 唐彪:《读书作文谱》,转引自曾祥芹等:《古代阅读论》,郑州:大象出版社,2002年,499页。

反复,向上有透处。若不如此,只是虚设议论,如举业一般,非为己之学也。"①陆九渊认为:"所谓读书,须当明物理,揣事情,论事势。且如读史,须看他所以成,所以败,所以是,所以非处。优游涵泳,久自得力。若如此读得三五卷,胜看三万卷。"②这些论述反映的是"思"的内容。

对于如何思考,许多学者也提出了具体方法。孔子说,"引而不发","举一反三","多闻阙疑"。朱熹也说:"读书,始读未知有疑,其次则渐渐是疑,中则节节是疑。过了这一番后,疑渐渐解,以至融会贯通,都无所疑,方始是学。"③学贵在疑,所谓"大疑大悟,小疑小悟,不疑不悟"。

释疑的方法很多,有自得之法,可以通过考量作者所处的环境得之,可以通过"得一端而多连之"④得之,也可以通过"行"得之,或者是偶然的"旁书以求"。还有一种常用的方法就是问,"疑问"二字连用便可说明问题,问是自己思考不得的后继,"受学重问,孰不顺成?"⑤"闭门读书,师心自是,稠人广坐,谬误差失者多矣!"⑥"学问"二字,说的就是有学有问,正如郑燮所说:"读书好问,一问不得,不妨再三问,问一人不得,不妨问数十人,要使疑窦释然,精理迹露。"⑦

2. 读习结合

温习有助于记忆的巩固和知识的吸收。我国学者早在先秦时期就认识到了温习的必要性。《国语》中早就提到了"士朝受业,昼而讲

---

① 朱熹:《朱子语类》卷十一《学五》,黎靖德编,北京:中华书局,1986年,191页。
② 陆九渊:《陆九渊集》卷三五《语录下》,北京:中华书局,1980年,442页。
③ 黄宗羲:《宋元学案》卷四十八《晦翁学案》,北京:中华书局,1986年,1549页。
④ 董仲舒:《春秋繁露·精华》,北京:中华书局,1975年,108页。
⑤ 刘向:《说苑·建本》,贵阳:贵州人民出版社,1992年,127页。
⑥ 颜之推:《颜氏家训译注》,庄辉明、章义和撰,上海:上海古籍出版社,1999年,139页。
⑦ 王余光、徐雁:《中国读书大辞典》,南京:南京大学出版社,1993年,274、275页。

贯,夕而习复,夜而计过,无憾而后即安"①。孔子说,"学而时习之","温故而知新"。张载对"温故知新"做了如下解释:"温故知新,多识前言往行以畜德,绎旧业而知新益,思昔未至而今至,缘旧所见闻而察来,皆其义也。"②可见,"习"可以使人从旧知识中获得新知识,或者拿旧知识中的某些内容和新知识对照,以便加深理解。刘向提出了"为学三患"的理论,其中第一患就是"患其不习"③。南宋理学家张栻不仅肯定了主张要按时复习,更强调了要防止懒惰之心的滋长。他说:"时习之功有断绝者,心过有以害之也。心过尤难防,一萌于中,虽非视听所及,而吾时习之功已断绝矣。"④懒惰之心被发现得越晚,则滋长得越快,因此必须及早克服。

宋代王虚中在他所撰写的《训蒙法》中特意提到了吴秘家祖传的温书方法,并对其给予了高度赞扬。王虚中已经认识到了遗忘的存在,他说"读书当时虽极熟,久而不读亦必忘",这时就需要进行温习。吴秘家的祖传温习方法是:

> 若初读过书一卷,则一日温此一卷;其后读过二卷,则二日温一遍;三卷则三日温一遍……二百卷则二百日能温一遍,亦永不忘。⑤

总结古人的理论和经验,可得出以下几点温习时应该注意的事项。第一,温习要及时,温习的间隔要先密后疏,这样效果才最好。第二,温习形式要多样,应根据温习的内容,选择不同的方法,如可以采用提问、讨论、练习等方式,将眼、耳、口、手都调动起来,这样不易

---

① 左丘明:《国语·鲁语下》,沈阳:辽宁教育出版社,1997年,42页。
② 张载:《张载集》,北京:中华书局,1978年,30页。
③ 刘向:《说苑·谈丛》,贵阳:贵州人民出版社,1992年,703页。
④ 黄宗羲:《宋元学案·南轩学案》,北京:中华书局,1986年,1624、1625页。
⑤ 王虚中:《训蒙法》,载王余光等:《读书四观》,武汉:湖北辞书出版社,1997年,401页。

疲惫,可增强温习的效果。第三,温习要条理化、系统化,这样会增强记忆,收到事半功倍的效果。

3.读行结合

行是读的重要阶段。孔子将学习过程分解为"学—思—行"三个前后联系的阶段,强调读思结合、读行结合。《礼记·中庸》把学习的过程概括为"博学之,审问之,慎思之,明辨之,笃行之"五个步骤,这种思想对后世影响很大。朱熹将其解释为"学、问、思、辨以穷理,笃行以体事"。为此,他主张把《中庸》所提出的学习过程"博学、审问、慎思、明辨、笃行"定为书院的学规,尊为"为学之序",并以此来引导、启发书院的学生循序学习。① 这表明在古人的读书思想中,行是读的组成部分和重要过程。刘向也说明了这一观点:"君子之学也,入于耳,藏于心,行之以身。"②

行是读的终极目的。孔子说:"君子有三忧:弗知,可无忧与?知而不学,可无忧与?学而不行,可无忧与?"③他又说:"弗学何以行?弗思何以得?小人勉之,斯可以为人师矣!"④墨子说:"战虽有陈,而勇为本焉;丧虽有礼,而哀为本焉;士虽有学,而行为本焉。"⑤他用战以勇为本、丧以哀为本为例,说明学习归根结底是为了行。荀子认为行是读的最后阶段,也是知的最高阶段:"不闻不若闻之,闻之不若见之,见之不若知之,知之不若行之。学至于行之而止矣。……故闻之而不见,虽博必谬;见之而不知,虽识必妄;知之而不行,虽敦必困。"⑥

---

① 朱熹:《晦庵先生朱文公文集》卷七十四《白鹿洞书院揭示》,载《朱子全书》第24册,上海:上海古籍出版社;合肥:安徽教育出版社,2002年,3586页。
② 刘向:《说苑·谈丛》,贵阳:贵州人民出版社,1992年,695页。
③ 孙星衍:《孔子集语》,上海:上海古籍出版社,1989年,4页。
④ 孙星衍:《孔子集语》,上海:上海古籍出版社,1989年,7页。
⑤ 墨子:《墨子·修身》,沈阳:辽宁教育出版社,1997年,2页。
⑥ 荀子:《荀子·儒效》,太原:山西古籍出版社,2003年,94页。

读书的目的是将获得的知识付诸应用："不务说其所以然，而致善用其材。"①他提倡读行结合的阅读方法："道虽迩，不行不至；事虽小，不为不成。"②

读以致用是古代读书人的主要观点，这强调了以行为目的的读行结合的读书方法："学，行之，上也；言之，次也；教人，又其次也；咸无焉，为众人。"③"读书患不多，思义患不明。患足已不学，既学患不行。"④朱子读书法的重要一条是"切己体察"，即"读书不可只就纸上求义理，须反来就自家身上推究"。这是说读书不能只在纸面上下功夫，必须将"究明义理"和"躬行践履"结合起来，并使书中"圣贤言语，体之于身"。曾国藩对朱熹的这种读书方法推崇备至，并以自己读书的体会说明其重要性："'爱人不亲'章，往年读之，不甚亲切。近岁阅历日久，乃知治人不治者，智不足也。此切己体察之一端也。"⑤

读是行的前提。二程认为读是行取得成功的关键，致知比力行更困难："未尝知也，虽有欲往之心，其能进乎？后世非无美材能力行者，然鲜能明道，盖知之者难也。""未有知之而不能行者。谓知之而未能行，是知之未至也。"⑥

行可促读。所谓"纸上得来终觉浅，绝知此事要躬行"⑦，是指以"读"为指导的"行"可以强化对所读的记忆，深化对所读的理解。"行"同样是检验"读"达到目的的标准，读与行是相互促进的，如"读万卷书，行万里路"。陆世仪也说："凡人读书用工，或考察名物，或精究义理，至纷颐难通，或思路俱绝处，且放下书册，至空旷处游衍，一

---

① 荀子：《荀子·君道》，太原：山西古籍出版社，2003年，141页。
② 荀子：《荀子·修身》，太原：山西古籍出版社，2003年，19页。
③ 扬雄：《法言·学行》，北京：中华书局，1985年，1页。
④ 韩愈：《赠别元十八协律六首》，载《全唐诗》卷三四一，北京：中华书局，1960年，3825页。
⑤ 曾国藩：《曾国藩家书文白对照全译》，北京：中国华侨出版社，1994年，342页。
⑥ 程颢，程颐：《二程集·河南程氏粹言·论学篇》，北京：中华书局，1981年，1191页。
⑦ 陆游：《陆游集·剑南诗稿·冬夜读书示子聿》，北京：中华书局，1976年。

游衍忽地思致触发,春然中解,有不期然而然者。"①这说明行对于读还有不期然而然的作用。

对于当世人不务实的学风,学者们加以揭露和批判。颜之推在《颜氏家训·勉学》中揭露道:"世人读书者,但能言之,不能行之……问其造屋,不必知楣横而梲竖也;问其为田,不必知稷早黍迟也;吟啸谈谑,讽咏辞赋,事既优闲,材增迂诞。"②二程说:"读书将以穷理,将以致用也。今或滞心于章句之末,则无所用也,此学者之大患。"③王安石批判旧的读书方法不注重实际:"记不必诵,诵不必博,略通于文辞,而又尝学诗赋,则谓之进士。"这样培养的学生"大则不足以用天下国家,小则不足以为天下国家之用"。④

明清时期八股风盛行,程朱理学空谈心性,读书人大多不钻研实际学问,一些学者和思想家对此大加批判,并提出了经世致用的主张。王夫之在《四书训义》中说:

> 学者之于道,知之非艰,行之惟艰,知而不行,犹无知也。况乎因知而有言,而徒求之言,则有非真知而可以言者。故学莫切于力行,而言为不足贵。力行之得失,在心之勤怠而已。能言而遂谓能知,自谓已知而不复勤于力行,则君子甚恶之。⑤

顾炎武终生重视读书与实践相结合,一生读书不废,出外考察时总是携带大量书籍,结合考察内容,趁少休时就翻书搜讨,考订真伪。颜元是位非常重视行的学者,他把只会"读书千卷,注书百帙",而不

---

① 陆世仪:《思辨录》卷一,转引自张明仁:《古今名人读书法》,北京:商务印书馆,2007年,129页。
② 颜之推:《颜氏家训译注》,庄辉明、章义和撰,上海:上海古籍出版社,1999年,114、115页。
③ 程颢、程颐:《二程集·河南程氏粹言·论学篇》,北京:中华书局,1981年,1187页。
④ 王安石:《王文公文集·上皇帝万言书》,上海:上海人民出版社,1974年,6页。
⑤ 王夫之:《四书训义》,载《船山全书》第七册,长沙:岳麓书社,1998年,407、408页。

致力于行的人称为书生。他曾将习医比喻读书,说明理论学习不能脱离实际:

> 若读尽医书而鄙视方脉、药饵、针灸、摩砭,妄人也,不惟非歧、黄,并非医也,尚不如习一科、验一方者之为医也。读尽天下书而不习行六府、六艺,文人也,非儒也,尚不如行一节、精一艺者之为儒也。①

他批判宋明理学将读书人引入歧途,说:"千余年来,率天下人入故纸中,耗尽身心气力,作弱人、病人、无用人,皆晦庵为之,可谓迷魂第一、洪涛水母矣。"②他提倡读书要"体用一致",主张入于耳、存于心的读行结合,反对静坐口耳之习的空谈风尚,"开聪明,长才见,固资读书,若化质养性,必在行上得之。不然,虽读书万卷,所知似几于贤圣,其性情气量,仍毫无异于乡人也"③。

四、熟读成诵

古人说:"书读百遍,其义自见。"④"书不可不成诵,或在马上,或中夜不寝时,咏其文,思其义,所得多矣。"⑤这里说的是"口到",即熟读成诵,也可以称为诵读法。汉语中"诵"和"读"是两个词。古人对"诵"有不同的解释。《说文解字》中说:"诵,讽也。"东汉郑玄注《周礼》:"倍(背)文曰讽,以声节之曰诵。"这是把"讽"和"诵"的意思加以

---

① 颜元:《颜元集·学辨一》,北京:中华书局,1987年,50页。
② 颜元:《颜元集·朱子语类评》,北京:中华书局,1987年,251页。
③ 颜元:《颜元集·颜习斋先生言行录卷上·理欲第二》,北京:中华书局,1987年,625页。
④ 陈寿:《三国志》卷一三《魏书·王肃传》注引《魏略》,北京:中华书局,1965年,421页。
⑤ 朱熹:《三朝名臣言行录》卷七之一《丞相温国司马文正公》,载《朱子全书》第12册,上海:上海古籍出版社;合肥:安徽教育出版社,2002年,570页。

区分:讽是背诵,诵是吟唱。清代段玉裁《说文解字注》中解释说:"诵则非直背文,又为吟咏以声节之。"这与《周礼》中的意思一致。东汉班固在《汉书·艺文志》中引毛传曰:"不歌而诵谓之赋。"这又把"诵"与重视音乐节奏的"歌"区别开来。现在我们一般认为,"诵"就是用抑扬顿挫的声调有节奏地读,而且随着词义的演变,"诵"也有了背诵之义。因此"诵"就是高声朗读、反复吟诵,以达到背诵程度的一种方法。"读",《说文解字》中解释为"籀书也"。段玉裁将其解释为:"抽绎其义蕴至于无穷,是之谓读。"他又解释道:"讽诵亦可云读,而读之义不止于讽诵。讽诵止得其文辞,读乃得其义蕴。"①

可见,"读"不仅包括"诵",还特别侧重于对内容的理解。"诵"与"读"的含义是有差别的,先秦典籍中两者多分开用。"诵"能增强阅读的刺激量,"读"能加深阅读的理解性,二者配合可相得益彰,秦汉之后两者即合称"诵读",成为一种有效的读书方法。古代诵读的精髓为"熟读精思、口诵心惟",现代的诵读则强调以理解为基础。

诵读包括朗读、吟读、朗诵、背诵等。在中国阅读史中,诵读很早就作为一种有效的阅读方法被广泛应用。《周礼·春官宗伯下》记载,"以乐语教国子,兴道、讽诵、言语",其中的讽诵,就是进行吟诵、吟咏的阅读活动。《礼记·文王世子》有"春诵、夏弦,大师诏之",《公孙篇》有"诵诗三百,弦诗三百,歌诗三百,舞诗三百"。在古代,读书人普遍重视诵习诗书。文人学者从小就在诵读上下功夫:司马迁年十岁,诵古文;马续七岁,诵《论语》;冯衍幼有奇才,年十九,能诵《诗》;班固年九岁,能属文诵诗赋;曹植年十岁余,诵读《诗》《论语》及辞赋数十万言;东汉延笃用了十天工夫就能背诵《左传》;蔡文姬应曹操之请把四百多篇文章全部默写下来,没有疏漏。如此非凡的记忆力除了拥有天赋之外,自幼接受扎实的诵读训练是一个重要的因素。

---

① 段玉裁:《说文解字注》,上海:上海古籍出版社,1981年,90页。

对儿童来说,诵读更是被视为一种非常重要的阅读方法。这是有科学和历史依据的。首先,因儿童年少,机械记忆处于主导地位,理解力缺乏,大量诵读与口语差异大的文言,有利于培养儿童的文言语感,为将来理解力增强时,进一步积累知识和认识社会打下坚实的基础。其次,古代的蒙学教材以及诗赋文章,多朗朗上口,易于记诵。诵读法符合儿童心理特点,因此非常普及。

对于诵读的科学性,古人已有深刻的认识。古人把读书分成"口治"与"目治"两种基本方法。口治指诵读,目治指看书。从历代文人有关诵读的论述中,可以归纳出诵读有以下好处。

1. 促进理解

古人读书时遇到难解处,往往借助于诵读,以求得融会贯通。王充《论衡·恢国篇》中提到,"夫经熟讲者,要妙乃见","积累岁月,见道弥深",是说诵读有助于更好地理解文本。朱熹说:"大凡读书,且要读,不可只管思。口中读,则心中闲,而义理自出。"①他还说:"去尽皮,方见肉;去尽肉,方见骨;去尽骨,方见髓。"②可见没有一遍又一遍的诵读是不可能达到"方见髓"的境地的。

2. 积累知识

读得多,知识积累得自然丰厚。唐代史学家刘知几在《史通·采撰》中写道:"珍裘以众腋成温,广厦以群材合构,自古探穴藏山之士,怀铅握椠之客,何尝不征求异说,采摭群言,然后能成一家,传诸不朽。"可见知识积累的妙用,而诵读正是把知识储存起来的一种有效的方法。

3. 培养语感

语感也就是古人所推崇的"悟"和"化"。"悟"就是对文章的感

---

① 朱熹:《朱子语类》卷十《学四》,黎靖德编,北京:中华书局,1986年,179页。
② 朱熹:《朱子语类》卷十《学四》,黎靖德编,北京:中华书局,1986年,172页。

悟,"悟"的诀窍的获得其实要从反复诵读入手。"化"即消化吸收,也要借助于反复诵读之法方可实现。唐彪在《家塾教学法》中说:"文章读之极熟,则与我为化,不知是人之文,我之文也。作文时,吾意所欲言,无不随吾所欲,应笔而出,如泉之涌,滔滔不竭。"①古人所说的"熟读唐诗三百首,不会作诗也会吟"也说明了此理。

此外,诵读还可以锻炼记忆力,促进人的思维发展,激发学习兴趣。

对于如何进行诵读才能提高阅读效率,古人认为应该强调以下几个方面。

1. 年少即始

颜之推在《颜氏家训》里指出:"人生小幼,精神专利,长成已后,思虑散逸,固须早教,勿失机也。吾七岁时,诵《灵光殿赋》,至于今日,十年一理,犹不遗忘;二十之外,所诵经书,一月废置,便至荒芜矣。"②陆世仪提倡在十五岁之前多诵读,让学童从小养成诵读的习惯。他说:

> 凡人有记性,有悟性。自十五以前,物欲未染,知识未开,则多记性,少悟性;自十五以后,知识既开,物欲渐染,则多悟性,少记性。故人凡有所当读书,皆当自十五以前,使之熟读。不但"四书""五经",即如天文、地理、史学、算学之类,皆有歌诀,皆须熟读。若年稍长,不惟不肯诵读,且不能诵读矣。③

2. 熟读精思

《程氏家塾读书分年日程》中记载,自八岁入学之后,读《小学》,

---

① 唐彪:《家塾教学法》,上海:华东师范大学出版社,1992年,92页。
② 颜之推:《颜氏家训译注》,庄辉明、章义和撰,上海:上海古籍出版社,1999年,119页。
③ 陆世仪:《思辨录》,转引自曾祥芹等:《古代阅读论》,郑州:大象出版社,2002年,375、376页。

要求由一二百字,渐至六七百字,每大段内要分细段,每细段必看读百遍,背读百遍,然后通读二三十遍。① 朱熹认为,熟读不但有助于理解,还有益于记忆的巩固,"诵得熟,方能通晓。若诵不熟,亦无可得思索"。因此,他反对贪多,反对求速效。他要人们"小作课程,大施功力。如会读得二百字,只读得一百字,却于百字中猛施工夫,理会子细,读诵教熟"。如果"按册子便在,掩了册子便忘却;看注时便忘了正文,看正文又忘了注",这样读法,他认为是毫无益处的。② 明代学者王守仁也说:

> 凡授书不在徒多,但贵精熟,量其资禀,能二百字者,止可以授一百字,常使精神力量有余,则无厌苦之患,而有自得之美。讽诵之际,务令专心一志,口诵心惟,字字句句䌷绎反复,抑扬其音节,宽虚其心意,久则义礼浃洽,聪明日开矣。③

3. 专心一志

朱熹的《童蒙须知》里说:"读书有三到:谓心到、眼到、口到。"其还规定:"须要读得字字响亮,不可误一字,不可少一字,不可多一字,不可倒一字。不可牵强暗记,只是要多诵遍数,自然上口,久远不忘。"④程端礼说得更为具体:"字字句句要分明,不可太快,读须声实,如讲说然。句尽,字重道则句完,不可添虚声,致句读不明,且难足遍数,他日信口难举。""宁剩段数,不可省遍数。""必待一书毕,然后方换一书,并不得兼读他书。"⑤清代崔学古也在《幼训》中提出了对诵读

---

① 程端礼:《程氏家塾读书分年日程》,上海:商务印书馆,1936 年,1、2 页。
② 朱熹:《朱子语类》卷十《学四》,北京:中华书局,1986 年,163、165、169 页。
③ 王守仁:《王阳明传习录详注集评》,陈荣捷撰,台北:台湾学生书局,1983 年,279 页。
④ 朱熹:《童蒙须知》,载《朱子全书》第 13 册,上海:上海古籍出版社;合肥:安徽教育出版社,2002 年,374 页。
⑤ 程端礼:《程氏家塾读书分年日程》卷一,上海:商务印书馆,1936 年,3 页。

的要求:"书有数字一句者,有一字一句者,又有文虽数句而语气作一句读者,须逐字逐句点读明白。"他还强调:"毋增、毋减、毋复、毋高、毋低、毋疾、毋迟。"①

4. 重视吟读

吟读是指用唱歌似的音调来诵读作品,从而感受作品的思想内涵和韵味情调的阅读方法。王守仁根据儿童特点提出"诱之歌诗,导之习礼,讽之读书"的观点,认为吟诗能把儿童那种原有的天性诱发出来,提高阅读效率,他要求"整容定气,清朗其声音,均审其节调,毋躁而急,毋荡而嚣,毋馁而慑,久则精神宣畅,心气和平矣"。② 明代学者吕坤说:"每日遇童子倦怠懒散之时,歌诗一章。择古今极浅极切、极痛快、极感发、极关系者,集为一书,令之歌咏,与之讲说,责之体认。"③这里的"歌""歌咏"就是吟读。历代诗家文人也是擅长吟读的,庄子曾"依树而吟",曾子曾"为梁山吟",曹操能"对酒当歌",孔明"好为梁父吟",历代文人的吟诗作赋的故事一直传颂至今。至于学习作诗,也要求熟读前人的佳作,重视吟读。曾国藩说:

> 先之以高声朗诵,以昌其气,继之以密咏恬吟,以玩其味。二者并进,使古人之声调拂拂然若与我喉舌相习,则下笔时必有句调奔赴腕下,诗成自读之,亦自觉琅琅可诵,引出一种兴会来。④

诵读作为一种传统的阅读方法,几千年沿用不衰,在中国传统社会一直占据主导地位。自20世纪初以来,随着社会的变迁,科技的发

---

① 崔学古:《幼训》,载曾祥芹等:《古代阅读论》,郑州:大象出版社,2002年,515页。
② 王守仁:《王阳明传习录详注集评》,陈荣捷撰,台北:台湾学生书局,1983年,276—278页。
③ 吕坤:《社学要略》,载余子侠、方玉芬:《中国幼儿教育名著选读》,武汉:华中师范大学出版社,2008年,94页。
④ 曾国藩:《曾国藩家书家训日记》,北京:北京古籍出版社,1994年,431页。

展,读物的泛滥,阅读的主要形式才由诵读转为默读。用今天的眼光来看,朗读和默读各有优劣,朗读有助于识记、背诵,默读有助于快速吸收信息和知识。人们可以根据具体的阅读环境或者希望获得的阅读效果等情况,适当地选择朗读或默读的方式。而对于流传至今的经典著作,应该反复阅读、体会与感悟,诵读经典的传统,仍然需要继承和弘扬。

五、抄读

"古人于书率多手抄"①,抄读是一种传统的阅读方法。抄读,也指"手过",古人常通过抄写或者反复抄写、摘录精彩字句,记录心得,编写纲要,乃至将所抄内容汇成著述来实现对书籍内容的记忆和理解。

书籍的手抄复制,在先秦时候就出现了,东汉时期简册、帛书、纸写书并行流传,都是手抄本。随着纸张的普遍应用,读书人增多,同时,书价高、书籍不易获得,抄书的风气逐渐兴盛。雕版印刷术发明后,出现大量印本书,但是多限于佛经、历书、字书等,经、史、子、集类的书仍需购买抄写本,或者自己抄写,这种状况直到五代时期才开始有所改变。可以说,隋唐时期是我国抄书的鼎盛时期。随着印刷术的普及,抄书的风气才逐渐衰退,但是,直至清末,仍然有大量的手抄书问世。例如,《明史·艺文志》记载,明宣宗时期,"是时,秘阁贮书二万余部,近百万卷,刻本十三,抄本十七"②。由此可见,抄写是我国古代重要的一种书写复制方式。而在抄写的过程中进行阅读,成为一种重要和有效的阅读方法。学者文人们或借为人佣书之机发奋读

---

① 钱曾:《读书敏求记》卷一,北京:书目文献出版社,1984年,23页。
② 张廷玉等:《明史·艺文志》,北京:中华书局,1974年,2343页。

书,或借书抄读,或为阅读而抄录自家藏书。例如,三国时的范汪,"布衣蔬食,然薪写书,写毕,诵读亦遍"①,后学业有成而入仕。《宋史》记载刘恕"求书不远数百里,身就之读且抄,殆忘寝食"②。即使是家有藏书的读书人,在得知别人家中有秘本、善本后,也会不辞辛苦前去借书。若因书籍珍贵,主人不愿出借,就会抄录一个副本,带回家中仔细阅读。许多大学者也很重视抄读的学习方法,明朝著名文学家张溥,年幼时酷爱读书,凡是所读的书必定亲手抄写,诵读数遍后烧掉,然后再抄,再读,再烧,这样反复六七次,他将书房就取名为"七录斋"。

  对古人来说,抄读不但可消无书之窘,而且可通过抄读学习知识,为学业有成奠定基础。首先,抄读时要求专心致志,有助于加深对书籍内容理解和记忆。抄书一遍,相当于读多遍。近人孙德谦认为,借书抄读时更容易专注,甚至有过目不忘的阅读效果:"盖凡人读书,恒易疏略。其书而为吾所有,不必借抄于人,以为予取予求,随时可读,于是因循旷废,有竟不取读者。自一经手钞,当时意既专注,可使过目不忘。"③其次,抄读有利于作品的流传和文化的传承。在古代印刷术还不发达的时候,通过弟子、朋友等人的抄写,许多优秀作品得以保存和流传。如晋代陈寿去世后,晋惠帝便派人带着纸笔到他家去,抄写他所撰写的《三国志》,使得这部作品得以流传。

  在长期的抄写实践中,学者文人们创造了多种行之有效的抄读方法,主要有以下几种。一是抄录全书,不改动一字。《旧唐书·柳公绰传》附传中记载了唐代柳仲郢勤奋抄读的故事,他一生抄写了很多的书,抄过一遍的书籍包括"九经""三史"等,而从《三国志》《晋书》

---

① 房玄龄等:《晋书》卷七五《范汪传》,北京:中华书局,1974年,1982页。
② 脱脱等:《宋史》卷四四四《文苑传六·刘恕传》,北京:中华书局,1977年,13119页。
③ 孙德谦:《古书读法略例》卷四,桂林:广西师范大学出版社,2006年,146页。

到《南史》《北史》等 12 部纪传体正史,以及佛典《瑜伽经》《智度大论》等都抄过两遍。① 二是抄录全书,不增删一字,将旧作改为新著。如南宋史学家袁枢分门别类地将《资治通鉴》的内容抄写了一遍,将该书由编年体改为纪事本末体,编成了一部《通鉴纪事本末》,给后人的阅读和研究带来了很大便利。三是只抄录书中的要义。南宋著名学者魏了翁就摘抄了群经注疏中的要言精义,合成《九经要义》。唐代的柳仲郢除了抄录整书外,还摘录书中的要义,并将它们分门别类地汇集成一部 30 卷的类书,取名《柳氏自备》。② 四是从历史记载中摘录大事。如南宋学者黄震就从历代史书中摘抄大事件而合成《古今纪要》。此外还有合抄、资料性的抄写等多种方法。

写笔记是一种重要的抄读方法。读书时要写笔记,读不同的书需要写不同的笔记,韩愈说:"记事者必提其要,纂言者必钩其玄。"③ 对记录事实的典籍,要写出提要、掌握纲领;对刊载言论的书,就要钩出要旨,领会精神。

写笔记有助于保存和提醒记忆,许多学者的繁博的征引都是从笔记中来的。笔记还有助于阅读理解,司马迁的"列表读书法"即是一例:"于是谱十二诸侯,自共和讫孔子,表见《春秋》《国语》学者所讥盛衰大指著于篇,为成学治古文者要删焉。"④司马光在阅读史书的时候,患其纷繁复杂,故采用了列表读书法:"略记国家兴衰大迹,集为五图。每图为五重,每重为六十行,每行纪一年之事,其年取一国为主,而以朱书他国元年缀于其下,盖欲指其元年,以推二三四五,则从

---

① 刘昫等:《旧唐书》卷一六五《柳公绰传》,北京:中华书局,1975 年,4307 页。
② 刘昫等:《旧唐书》卷一六五《柳公绰传》,北京:中华书局,1975 年,4307 页。
③ 韩愈:《进学解》,载《韩昌黎文集校注》,马其昶校注,上海:古典文学出版社,1957 年,26 页。
④ 司马迁:《史记》卷十四《十二诸侯年表》,北京:中华书局,1982 年。

可知矣。"①在阅读中以自己的方式对书的内容加以重新整理和编排，既有益于编者自己记忆，也有益于他人借助于所编降低阅读原书的难度。

笔记还可以用来记录读书时遇到的疑问，在读其他书时，如碰到类似疑问，可记录在前书笔记之后，这样读完多部书后再将笔记中的疑义进行比较研究，更容易加深对书中内容的理解，解决疑难。这一方法可用来解决遇到问题而无力继续读下去的难题。曾国藩认为无论看注疏还是看宋传的时候，都要注意记笔记，"其惬意者，则以朱笔识出；其怀疑者，则以另册写一小条，或多为辨论，或仅著数字，将来疑者渐晰，又记于此条之下，久久渐成卷帙"②，这样学业自然就会进步。

写笔记对著述大有好处。持续地写笔记，日积月累往往有大收获，顾炎武的《日知录》即是利用每日记录笔记而成的，他在《日知录》自序中说："愚自少读书，有所得辄记之。其有不合，时复改定。或古人先我而有者，则遂削之。"③他的"有所得辄记之"是一个很重要的学习经验，因为不记则易忘，有所得也就变成无所得了。清代李慈铭有《越缦堂日记》留存，是他积四十年心力，铢积寸累而写成的，《清史稿》记载他"日有课记，每读一书，必求其所蓄之深浅，致力之先后，而评骘之，务得其当，后进翕然大服"④。近人梁启超很重视通过写笔记来积累资料，他认为"读书莫要于笔记。……无笔记则必不经心，不经心则虽读犹不读而已"⑤。他又说："大抵凡一个大学者平日用功，

---

① 司马光：《司马温公集编年笺注（五）》卷六六《记〈历年图〉后》，成都：巴蜀书社，2009年，200页。
② 曾国藩：《曾国藩家书文白对照全译》，张海雷等编译，北京：中国华侨出版社，1994年，349页。
③ 顾炎武：《日知录集释》，黄汝成集释，长沙：岳麓书社，1994年，1页。
④ 赵尔巽等：《清史稿》卷四八六《文苑传三·李慈铭传》，北京：中华书局，1977年，13441页。
⑤ 梁启超：《饮冰室合集·专集之六十九》，北京：中华书局，1989年，4页。

总是有无数大册子或单纸片,读书看见一段资料,觉其有用者即刻钞下,资料渐渐积得丰富,再用眼光来整理分析它,便成一篇名著。"①胡适把札记分为四类:抄录备忘;写提要节要;记录心得;参考诸书,融会贯通,作有系统的著作。因此,写笔记是著述的基础。

照本抄写现象现在已经很少见了,但是,现代人有写读书笔记,摘录卡片,做提纲、提要、批注,写专题论述的习惯,这些都可以看作是对古人抄读方式的继承和改进。

六、博约结合、重视精读

1. 博约结合

"大抵古人多贵精,后人多尚博,世益古则其取舍益慎,世益晚则其采择益杂。"②读物的多寡制约着古代学者对博览群书(博)与精读(约)的不同看法。

古之学者多推崇博学。孔子说:"博学于文,约之于礼。"③"博学而笃志,切问而近思。"④南梁文学理论家刘勰称博览为"才思之神皋"⑤。孔子时代的博学指的还只是"六艺",到了清代,颜元扩展了博学的范围,他说:"博学之,是学六府、六德、六行、六艺之事也。"⑥这里的六府泛指各种经济事务,六德、六行、六艺分别泛指各种道德、行为、百科知识和杂艺技巧,可见近世学者对博学的要求更高。

主张"约"的学者也不少。如宋代理学家程颢、程颐就说:"夫古

---

① 梁启超:《饮冰室合集·专集之七十一》,北京:中华书局,1989年,24、25页。
② 崔述:《崔东壁遗书·考信录提要卷上》,上海:上海古籍出版社,1983年,13页。
③ 孔子:《论语·雍也》,长沙:岳麓书社,2000年,55页。
④ 朱熹:《四书集注》,长沙:岳麓书社,2004年,215页。
⑤ 刘勰:《文心雕龙译注》,王运熙、周锋撰,上海:上海古籍出版社,1998年,341页。
⑥ 颜元:《颜元集(上册)》,北京:中华书局,1987年,54页。

人之学贵专,不以泛滥为贤。诸君之于经,必各有所治,人言其所学可也,惟毋泛毋略。"①朱熹继承了二程的思想,主张读书贵专不贵博,他说:"夫学,非读书之谓。然不读书则无以知为学之方。故读之者贵专而不贵博。盖惟专为能知其意而得其用,徒博则反苦于杂乱浅略而无所得也。今一旦而读八书,则其茫然而不得其要也岂足怪哉?"②清朝戴震也认为:"学贵精不贵博,吾之学,不务博也。""知得十件而都不到地,不如知得一件,却到地也。"③

博读和约读各有其作用。"读书之道,博与约二者而已。博者所以为约也,约者所以守博也。博而能宗,故穷大而不荒;约而能详,故深藏而用昌。"④当意识到博约之间存在矛盾时,历代学者大多主张在其中寻找平衡点,从而持博约结合的观点,即"博观而约取,厚积而薄发"⑤。

首先要区分博读之书和约读之书,"读者当约,阅者宜博,博约又可分两件也"⑥。隋唐时期语文学家高士廉提出了"观书贵要""观要贵博"之说:"以为观书贵要,则十家并驰,观要贵博,则《七略》殊致。自非总质文而分其流,混古今而共其辙,则万物虽众,可以同类,千里虽遥,可以同声。"⑦所以,何时该博,何时该约,要视不同的情况来定。

那么,读书是先博后约还是先约后博呢?古人对其有不同的观点。孟子说:"博学而详说之,将以反说约也。"⑧南宋理学家张栻支持

---

① 程颢,程颐:《二程集·河南程氏文集》卷八,北京:中华书局,1981年,581页。
② 朱熹:《朱熹集》(第六册),成都:四川教育出版社,1996年,3083页。
③ 段玉裁:《戴东原先生年谱》,载戴震:《戴震文集》,北京:中华书局,1980年,24、248页。
④ 陆世仪:《桴亭先生遗书文集·古今文选要序》,转引自曾祥芹等:《古代阅读论》,郑州:大象出版社,2002年,381页。
⑤ 苏轼:《苏东坡全集》卷五十七《送张琥》,北京:燕山出版社,2009年,1512页。
⑥ 唐彪:《读书作文谱》,转引自曾祥芹等:《古代阅读论》,郑州:大象出版社,2002年,499页。
⑦ 高士廉:《文思博要序》,载《全唐文新编》卷一三四,长春:吉林文史出版社,2000年,1518页。
⑧ 孟子:《孟子·离娄下》,北京:中华书局,2006年,176页。

由博至约的方法,他说:"读书欲自博而趋约,此固前人规模,其序固当尔。"但他也提醒说:"旁观博取之时,须常存趋约之意,庶不至溺心。"①清代史学家章学诚也认为"博为知类,约求专精"②,主张由博返约,博约相济。还有一种观点是,只有在精读基础上的多读才有意义,"板桥居士读书,求精不求多。非不多也,唯精乃能运多,徒多徒烂耳"③。

此外,还要谨慎区别博与杂、约与陋。"学欲博,不欲杂;守欲约,不欲陋。杂似博,陋似约,学者不可不察也。"④"博与杂,相似而不同,不可不察也。"⑤

2.重视精读

古人非常重视精读,"熟读精思"是历代学者大力提倡和普遍运用的阅读方法。传统的"四书""五经"都是需要精读的,解文、朗读、温习等方法的采用都是为了达到精读的目的。古人所谓"字训其义,句贯其意,文寻其脉,篇会其旨"都是精读的具体体现,要求阅读时字字落实,细细涵泳,读得精细,懂得精深。

相对于古人对精读方法的重视程度而言,略读显然被忽视了。陶渊明提出的"不求甚解、读书会意"的方法,并未被大多数人所认同。如清代冯班所说:"今者朝读一书,至暮便竟,问其指归,尚不知所言何事,自云吾师渊明,不惟自误,更以教人,少年倦于讨求,从之而废。"⑥实际上,"不求甚解"并非真的不要求把书读懂,而是主张将难懂的地方搁置一旁,继续阅读,也许看完上下文之后,难懂的地方

---

① 黄宗羲:《宋元学案》卷五十《南轩学案》,北京:中华书局,1986年,1624页。
② 曾祥芹等:《古代阅读论》,郑州:大象出版社,2002年,451页。
③ 郑板桥:《郑板桥集·板桥自序》,吴泽顺编注,长沙:岳麓社,2002年,335页。
④ 胡宏:《胡宏集》,上海:中华书局,1987年,17页。
⑤ 黄宗羲:《宋元学案》卷五十《南轩学案》,北京:中华书局,1986年,1624页。
⑥ 冯班:《钝吟杂录》卷七《诫子书帖附社约》,北京:中华书局,1985年,95页。

也就懂了;如果仍然不懂,可以留待日后再求解释。但是这种读书会意法直到近世才得到重视。

现在,经常与精读、略读相提并论的阅读方法还有速读。自古就有"过目成诵""一目十行""一览无余"的说法。《南史·简文帝纪》中便有"读书十行俱下"①的记载;《栾城遗言》中也记载:"欧阳文忠公读书,五行俱下,吾尝见之,但近觑耳。若远视,何可当?"②与略读一样,速读的作用在中国阅读史上同样被主流学者所忽视甚至大力抨击。冯班在《钝吟杂录》中说:"开卷疾读,日得数十卷,至老死不懈,可曰勤矣,然而无益。"因为"疾读则思之不审,一读而止,则不能识忆其文,虽勤读书,如不读也"③。他认为只有天资过人者才可以采取这种方法,否则阅读的质量就会不高;读书不要贪多,应该慢慢积累知识,才能有所收获。清代理学家陆陇其也反对速读,他说:"欲速是读书第一大病,工夫只在绵密不间断,不在速也。能不间断,则一日所读虽不多,日积月累,自然充足。若刻刻欲速,则刻刻作潦草工夫,此终身不能成功之道也。"④郑板桥也说:"读书以过目成诵为能,最是不济事。眼中了了,心下匆匆,方寸无多,往来应接不暇,如看场中美色,一眼即过,与我何与也。"⑤这些观点都很具代表性。所以,读书时应该仔细研读,尤其是对其中的一些章节要反复诵读,这样才能体会其中的意味。

虽然速读的作用被一些文人所肯定,但是他们也主张速读必须与精读相结合,如明清之际的金圣叹在《读第六才子书〈西厢记〉法》

---

① 李延寿:《南史》,北京:中华书局,1975年,232页。
② 王余光等:《读书四观》,武汉:湖北辞书出版社,1997年,210页。
③ 冯班:《钝吟杂录》卷二《家戒下》,北京:中华书局,1985年,29页。
④ 陆陇其:《三鱼堂文集》卷四《示大儿定徵》,文渊阁四库全书本。
⑤ 郑板桥:《郑板桥集·潍县署中寄舍弟墨第一书》,吴泽顺编注,长沙:岳麓书社,2002年,186页。

中说:"《西厢记》必须尽一日一夜之力,一气读之。一气读之者,总揽其起尽也。《西厢记》必须展半月一月之功,精切读之。精切读之者,细寻其肤寸也。"①清代著名散文家姚鼐认为精读与速读各有好处,"急读以求其体势,缓读以求其神味"②,二者须结合运用。

除了以上的阅读方法以外,中国古代还有一些阅读方法也受到学人的重视与提倡,例如"以意逆志""知人论世""两论相订""善假于物"、分类阅读、分节阅读、分季阅读等。这些阅读方法都是阅读传统中的宝贵财富,直到今天仍得到广泛应用。

第三节 传统的阅读精神

一、读书须先立志

立志是读书的基础。朱熹认为治学首先应该立志,只要明白这个道理,"办得坚固心,一味向前,何患不进。只患立志不坚,只听人言语,看人文字,终是无得于己"③。"笃志力行、勤学好问"④,笃志之人可以弥补自身的不足,终至成功。"志者,学之师也;才者,学之徒也。学者不患才之不赡,而患志之不立。是以为之者亿兆,而成之者无几,故君子必

---

① 金圣叹:《金圣叹全集(三)·读第六才子书〈西厢记〉法》,南京:江苏古籍出版社,1985年,19页。
② 姚鼐:《惜抱轩尺牍》卷七《与陈硕士》,载曾祥芹等:《古代阅读论》,郑州:大象出版社,2002年,449页。
③ 李光地等:《性理精义》卷七,四部备要本。
④ 王守仁:《教条示龙场诸生》,载《王阳明诗文选译》,吴格译注,成都:巴蜀书社,1994年,161页。

立其志。"①张载解释道:"志小则易足,易足则无由进;气轻则虚而为盈,约而为泰,亡而为有,以未知为已知,未学为已学。"②

那么,读书立的是什么"志"呢?朱熹说:"学者大要立志,才学便要做圣人也。"③所谓学者"始乎为士者,所以学而至乎圣人之事。""夫子之所志,颜子之所学,子思、孟子之所传,皆是学也。"④可见,朱熹是把学做圣人,继承孔孟道统作为读书目的的。

古人常将"志""趣"二字并用,二者相辅相成。可是,"世人所难得者唯趣,趣如山中之色、水中之味、花中之光、女中之态,虽善说者不能下一语,唯会心者知之"⑤。

一些学者主张先定"趣"后治学也有一定道理。有了兴趣,治学就有动力。顾颉刚在谈论"怎样读书"的时候,认为读书的第一件事情就是要养成特殊方面的兴趣,钱穆也认为读书应先定"旨趣",不谈旨趣,则"莫谈方法门径、书籍选材以及其他等等"⑥。当然,天生对阅读感兴趣者是不多见的,多数学者有过从苦到乐的读书经历,即从被动阅读到主动阅读,苏轼回忆自己的读书经历时说:"幼时,父兄驱率读书,初甚苦之。渐知好学,则自知趣向。既久,则中心乐之。既有乐好之意,则自进不已。古人所谓知之者不如好之者,好之者不如乐之者。"⑦倘若读书到了"自趣""自进"的地步,读书也就成了生活,所

---

① 徐干:《中论·治学》,上海:泰东图书局,1929年,3页。
② 张载:《张载集·经学理窟》,北京:中华书局,1978年,287页。
③ 朱熹:《朱子语类》卷八,黎靖德编,北京:中华书局,1986年,134页。
④ 朱熹:《晦庵先生朱文公文集》卷三十二,载《朱子全书》第21册,上海:上海古籍出版社;合肥:安徽教育出版社,2002年,1401页。
⑤ 袁宏道:《叙陈正甫会心集》,载郭绍虞主编:《中国历代文论选(中册)》,北京:中华书局,1981年,337页。
⑥ 顾颉刚:《怎样读书》,钱穆:《漫谈读书》,载安俦:《阅读的危险》,长春:吉林出版集团,2007年,63、221页。
⑦ 李廌:《师友谈记》,载李廌等:《师友谈记·曲洧旧闻·西塘集耆旧续闻》,北京:中华书局,2002年,11页。

谓有"恒心",也就自然而然了。

古人所说的为学的"志""趣",实际上涵盖了阅读的功利性和非功利性两个方面的目标,目标明确了,自然就会有阅读的方向和动力,阅读的效果就会提高。

二、勤学苦读

历史上流传下来的大量劝学箴言和名篇,都对勤学苦读的精神大力褒扬,如孟子的"苦其心志"说,"业精于勤而荒于嬉"(韩愈),"富贵必从勤苦得,男儿须读五车书"①等。

自古以来勤学苦读的事例层出不穷,激励着一代又一代的读书人。在《颜氏家训·勉学》篇中,颜之推将"握锥投斧,照雪聚萤、锄则带经、牧则编简"视为苦读成才的榜样,并记载了"义阳朱詹"勤学成才的事例:

> 家贫无资……犹不废业,卒成学士,官至镇南录事参军,为孝元所礼。此乃不可为之事,亦是勤学之一人。②

历史上这样的例子还有很多,如"人将休,吾将不休;人将卧,吾不敢卧"的宁越,"三年不窥园"的董仲舒,"自鬻于保徒"的匡衡,"暮还辄燃柴读书"的侯瑾,一边织帘一边读书的"织帘先生"沈麟士,因家贫无笔而削树枝代笔,在衣服上或手心记录读书心得的任末,捡拾树叶来代替书简的董谒;等等。此外还有苏秦"读书欲睡,引锥自刺其股,血流至足"③;沈峻"昼夜自课,时或睡寐,辄以杖自击"④;杨泰

---

① 杜甫:《柏学士茅屋》,载《全唐诗》卷二三一,北京:中华书局,1960年,2544页。
② 颜之推:《颜氏家训译注》,庄辉明、章义和撰,上海:上海古籍出版社,1999年,134页。
③ 王余光等:《读书四观》,武汉:湖北辞书出版社,1997年,108页。
④ 姚思廉:《梁书》卷四八《儒林传·沈峻传》,北京:中华书局,1973年,678页。

之刻苦读书,几十年来睡觉不设床榻;谢深甫晚上读书时,为驱赶困意,把脚放在盛满水的瓶子里以警醒自己;邵雍读书时,为了磨砺自己,冬天不生火炉,夏天不摇扇子,夜晚睡觉不上床达数年之久;葛洪"屡遭火,典籍尽,乃负笈徒步,借书抄写,卖薪买纸,然火披览"①;《魏书》中记载了刁冲"虽家世贵达,及从师于外,自同诸生。于时学制,诸生悉日直监厨,冲虽有仆隶,不令代己,身自炊爨每师受之际,发情精专,不舍昼夜,殆忘寒暑"②;清代阎若璩幼年体弱多病,口吃,秉性迟钝,但仍自强不息,勤勉不息,潜心钻研,终成一代大儒。明代冯京第所撰的《读书灯》、清朝陈梦雷编撰的《读书纪事》等书都记载了大量贫家子弟勤学苦读的事迹。

对时间的珍惜是勤学苦读的前提和体现。"学如不及,犹恐失之。"③读书必须充分利用时间,"光阴可惜,譬诸逝水。当博览机要,以济功业"④。焦循介绍了一种充分利用时间的读书方法:"学有辍时,思无辍时也。食时、衣时、寝时、行路时、栉沐时、便溺时,凡不能学时,皆当即所学而思之。"这是说把阅读过程中的阅览与思考的时间分开,"每夜三鼓后不寐,拥被寻思,某处当检某书,某处当考某书。天将明,少睡片刻,日上纸窗,即起盥漱,依夜来所寻思,一一检而考之"。⑤朱熹主张读书须"着紧用力","着紧"即抓紧时间,必须"宽着期限,紧着课程,为学要刚毅果断,悠悠不济事。……直要抖擞精神,如救火治病然,如撑上水船,一篙不可放缓"。⑥朱熹将读书比喻为救火治病、逆水行舟,主张读书应该有紧迫感,要抓紧机会、坚持到底。

---

① 李温陵:《李贽文集·初潭集》,北京:北京燕山出版社,1998年,138页。
② 魏收:《魏书》卷八四《儒林传·刁冲传》,北京:中华书局,1974年,1858页。
③ 孔子:《论语·泰伯》,长沙:岳麓书社,2000年,75页。
④ 颜之推:《颜氏家训译注》,庄辉明、章义和撰,上海:上海古籍出版社,1999年,121页。
⑤ 焦廷琥:《先府君事略》,载《焦氏遗书》附录,衡阳魏氏藏版,光绪丙子秋重刻。
⑥ 程端礼:《程氏家塾读书分年日程》,上海:商务印书馆,1936年,121页。

人宜早学。"少而好学,如日出之阳;壮而好学,如日中之光;老而好学,如炳烛之明"①。然而,"人有坎壈,失于盛年,犹当晚学,不可自弃"②,像曾子七十岁、荀子五十岁的时候才开始"游学",正是勤奋者的典范。王国维在《人间词话》中说:

> 成就一切事,罔不历三种境界:"昨夜西风凋碧树。独上高楼,望尽天涯路",此第一境也;"衣带渐宽终不悔,为伊消得人憔悴",此第二境也;"众里寻他千百度,蓦然回首,那人却在,灯火阑珊处",此第三境也。③

第一、二境界言勤之苦,第三境界言知之乐,勤奋者终将体会到读书有成的乐趣。当然,就现在的观点来看,读书须劳逸结合,在勤学苦读外还要有适当的休息,这样才能提高读书的效率。

三、学不可以已

"学不可以已",因为,"为学正如撑上水船,方平稳处,尽行不妨,及到滩脊急流之中,舟人来这上一篙,不可放缓,直须着力撑上,不得一步不紧,放退一步,则此船不得上矣!"④因此为学要"有恒",古之学者对此还有论述,如:"有为者辟若掘井。掘井九轫而不及泉,犹为弃井也。"⑤"士之于学也,犹农夫之耕,农夫不耕则无所食,无所食则不得生,士之于学也,其可一日舍哉"⑥,是故"学必激昂自进,不至于成

---

① 刘向:《说苑·建本》,贵阳:贵州人民出版社,1992年,124页。
② 颜之推:《颜氏家训译注》,庄辉明、章义和撰,上海:上海古籍出版社,1999年,119页。
③ 王国维:《人间词话》,北京:中华书局,2010年,190页。
④ 朱熹:《朱子语类》卷八,黎靖德编,北京:中华书局,1986年,137页。
⑤ 孟子:《孟子·尽心上》,北京:中华书局,2006年,304页。
⑥ 程颢、程颐:《二程集·河南程氏遗书卷第十八》,北京:中华书局,1981年,189页。

德,不敢安也"①。立志譬如欲为"千里之行","有恒"正如"积跬步""积小流",是实现"志"的必要途径,"锲而舍之,朽木不折,锲而不舍,金石可镂"②说的正是这个道理。

多数人明白"有恒"之益,然而真正能做到"有恒"者却着实不多,或因志之不坚,或因难题之不解,或因身体之不健,因此要日有定程。近代教育家唐文治说:"一人每日能读二十页,只须每日读十五页。"倘使"一人每日能读三十页,而强读四十页,至三五日后,厌倦渐生,再数日则弃之而不读矣。""矢有恒之志气易,保有恒之精神难。有恒之精神,半生于磨练,半根于生理。……身体不健,以致精神萎弥,不能持久。故学者宜先讲求卫生,能卫生,则有恒之基以立;乃能操之而不舍,行之而无倦。"③可见,为学需要用可持续发展的眼光看待"有恒"。

四、读书须专心、虚心

读书须专心。"若心不在学而强讽诵,虽入于耳而不谛于心,譬若聋者之歌,效人为之,无以自乐,虽出于口,则越散矣"④,专心的效果是"读书乃有味,弃书册而游息,书味犹在胸中"⑤。如若不然,"日得数十卷,至老不懈,可谓勤矣,然而无益"⑥。"开卷读书时,整冠肃容,平心静气"⑦,这是专心读书的前提,然而"人岂能长静,须以制其乱"⑧,因此读书时须心无旁骛。

---

① 程颢、程颐:《二程集·河南程氏粹言》卷一《论学篇》,北京:中华书局,1981年,1190页。
② 荀子:《荀子·劝学》,太原:山西古籍出版社,2003年,6页。
③ 唐文治:《学生格》,载张明仁:《古今名人读书法》,北京:商务印书馆,2007年,229页。
④ 刘昼:《刘子》卷一《专学第六》,袁孝政注,北京:中华书局,1985年,6页。
⑤ 胡仔:《苕溪渔隐丛话》,北京:人民文学出版社,1962年,336页。
⑥ 冯班:《钝吟杂录》卷二《家戒下》,北京:中华书局,1985年,29页。
⑦ 陆九渊:《象山先生全集·与刘志甫》,四部丛刊本。
⑧ 张载:《张载集·经学理窟·义理》,北京:中华书局,1978年,277页。

专一有助于提升阅读的效果。"夫为学之道,用志不能不一,用力不能不专。农夫莽而广种,不如狭垦之为实也;工人泛而杂学,不如一艺之为精也。"①"心志整则无非僻,举止整则无倾邪,事务整则无纷杂,文思整则无杂乱。"②阅读无固定范围就会给深入思考设置障碍。

"居敬"说的也是专心。"敬"最初是春秋时期所提倡的一种道德规范,宋儒把"敬"解释为专一、无欲、静坐。朱熹认为"居敬"就是保持一种"内无妄思,外无妄动"的精神状态,并将它看作是进行阅读活动的前提。他说,"读书须收敛此心,这便是敬","及应事时,敬于应事;读书时,敬于读书;便自然该贯动静,心无不在。今学者说书,多是揍合来说,却不详密活熟。此病不是说书上病,乃是心上病。盖心不专静纯一,故思虑不精明。须要养得虚明专静,使道理从里面流出方好"。③ 读书的时候应该注意力集中,"须将心贴在书册上,逐句逐字,各有着落,方始好商量。大凡学者须是收拾此心,令专静纯一,日用动静间都无驰走散乱,方始看得文字精审。如此,方是有本领"④。

"虚心涵泳"是朱子读书法中的重要内容,历来被读书人所推崇。朱熹说:"读书须是虚心切己。虚心,方能得圣贤意;切己,则圣贤之言不为虚说。……今人多是心下先有一个意思了,却将他人说话来说自家底意思;其有不合者,则硬穿凿之使合。"⑤虽然朱熹将圣贤之言看作天理,迷信圣贤书本中的思想,但他认为读书要虚心,要如实地去领会先贤话语的原意,不可先有自己的意见、看法,更不可牵强

---

① 袁桷:《清容居士集》卷二十二《袁氏新书自序》,北京:中华书局,1985年,398页。
② 桑调元:《弢甫文集·大梁书院学规》,转引自曾祥芹等:《古代阅读论》,郑州:大象出版社,2002年,430页。
③ 朱熹:《朱子读书法》,载程端礼:《程氏家塾读书分年日程》卷三,上海:商务印书馆,1936年,121、122页。
④ 朱熹:《朱子语类》卷十一,黎靖德编,北京:中华书局,1986年,177页。
⑤ 朱熹:《朱子语类》卷十一,黎靖德编,北京:中华书局,1986年,179、185页。

附会,这是可取的,是科学、合理的阅读态度。

读书要有虚心的态度,这体现在两个方面:一是要多方请教,二是不能妄下结论。"读数十卷书,便自高大,凌忽长者,轻慢同列","如此以学自损,不如无学也","盖须切磋相起明也"。①

第四节　古代读书人的文化情怀

学者们对阅读的钟情很自然地表现为对书籍的爱护、读书场所的选择、读书环境的精心布置,以及着力于更为宏观的寓理想于其中的书香社会的倡导和建设,这些都可视为中国古代读书人的文化情怀。

一、文本尊重情结

书是读书人生活中必不可少的内容,古人尊重书、爱护书、珍惜书的传统经久不衰。读书人的这种文本尊重情结不但源自"天人合一"的传统文化影响、人们对知识的敬畏和对阅读的爱好,而且与古代书之不易得有关。

中国传统文化将"天人合一"作为人生的最高理想,也将其作为审美的最高境界。早在原始社会时期,中国人便通过简单类比,把自然物拟人化,认为世间万物均有情感、意志,并各有其灵魂。中国传统美学将审美中的心物感应关系概括为"神与物游",强调审美过程

---

① 颜之推:《颜氏家训译注》,庄辉明、章义和撰,上海:上海古籍出版社,1999年,139页。

中审美主体(神)与客体(物)之间的精神交往。这种观念使得中国传统读书人把书籍当作有生命的、可以交流情感的人看待,将其当作朋友、故人,当作先贤圣哲,在阅读过程中与之相呼应,从而得到心灵的满足。

许多文人学者将书籍人格化,将好书视作自己的朋友。明代藏书家王世贞,酷爱收藏古籍,尤好宋刻旧版,每遇宋版书,必设法购买。他的藏书楼中专有一处藏宋刻精本、善本,取名"九友斋"。其名取"九友",是因为内藏九种宋刻好书,即《周易》《仪礼》《毛诗》《左传》《史记》《前汉书》《后汉书》《三国志》《唐书》。明代诗人于谦作《观书》诗一首,表达他对书籍的喜爱之情。诗曰:

> 书卷多情似故人,晨昏忧乐每相亲。
> 眼前直下三千字,胸次全无一点尘。
> 活水源流随处满,东风花柳逐时新。
> 金鞍玉勒寻芳客,未信我庐别有春。①

明末学者陈继儒在《读书十六观》序言中说:"吾读未见书,如得良友;见已读书,如逢故人。"②清代藏书家孙从添在其著作《藏书记要》中的一段话,反映了当时读书人的一般心态:

> 且与二三知己,与能识古本今本之书籍者,并能道其源流者,能辨原板翻板之不同者,知某书之久不刷印、某书之止有抄本者,或偕之间访于坊家,密求于冷铺,于无心中得一最难得之书籍,不惜典衣,不顾重价,必欲得而后止。其既得之也,胜于拱璧。即觅善工装订,置之案头,手烧妙香,口吃苦茶,然后开卷读

---

① 于谦:《观书》,载冯亦同、周洁莹:《教育诗选》,南京:江苏教育出版社,1998年,6页。
② 王余光等:《读书四观》,武汉:湖北辞书出版社,1997年,94页。

之,岂非人世间一大韵事乎?①

古代许多读书人或将书本视为传播圣人经典的载体,将圣贤之书奉若神明,或将书本视为良师益友,珍视爱护。并且,他们对自己读书时的行为举止也确定了相应的规则,对书籍非常尊重,如读书前应该斋戒沐浴,阅读时应坐姿端正等。这些都是传统阅读秩序的表现形式。

司马光藏书万余卷,"晨夕披阅,虽数十年,皆新如未手触者",之所以能如此,是因为他特别爱惜书,"至启卷,先视几案净洁,籍以茵褥,然后敢启。或欲行,即承以方版,非唯免手汗渍及,亦恐触动其脑。每竟一版,即侧右手大指面衬其沿,而复以次指面捻而挟过"。②

颜之推在《颜氏家训·治家》中说:

> 借人典籍,皆须爱护,先有缺坏,就为补治,此亦士大夫百行之一也。……吾每读圣人之书,未尝不肃敬对之。其故纸有五经词义及贤达姓名,不敢秽用也。③

他还将这种爱护书籍的态度升华为人际交往的准则之一。宋末元初的学者赵子昂总结了爱书的方法,他说,懂得读书的人要净心正虑:读书前弄干净桌子,点上香;读书时"勿卷脑,勿折角,勿以爪侵字,勿以唾揭幅,勿以作枕,勿以夹刺,随损随修,随开随掩,后之得吾书者,并奉赠此法"④。

此外,为尊重和保护圣贤之书,古人通常还会选定日子,在天气晴好的时候,对书籍进行曝晒,甚至形成了曝书会和曝书节,不仅有

---

① 孙从添:《藏书记要》,载王余光等:《藏书四记》,武汉:湖北辞书出版社,1998年,191页。
② 王余光等:《读书四观》,武汉:湖北辞书出版社,1997年,36页。
③ 颜之推:《颜氏家训译注》,庄辉明、章义和撰,上海:上海古籍出版社,1999年,44、45页。
④ 王余光等:《读书四观》,武昌:湖北辞书出版社,1997年,93页。

官办的,还有民间自发举办的。在曝书会上,文人们叙旧谈新,吟诗作对,显示各自的文化素养和藏书状况,塑造乡间邻里的读书和藏书的氛围。①

二、精心构建阅读环境

1. 读书台、藏书楼和书院

古往今来,文人学士们都爱选择山水秀丽的幽静之处作为读书的场所,追求那种"竹摇清影罩幽窗""不受尘埃半点侵"的理想境界。

名人读书台和读书处,是历史文化名人遗留下来的读书胜迹,至今仍让人们驻足流连,生发思古之幽情。"台"原指古代的一种既高又平的土木混合结构的建筑,一般都做成四方形,供人眺望或游览。后来文人墨客往往将人工建筑的台,或者天然的高墩耸石,作为读书修身之所,从此地以人传,就被附丽为名人读书台。至今有迹可循的著名的读书台有镇江南山萧统读书台、苏州虎丘尹和靖读书台、苏州穹窿山朱买臣读书台、常熟虞山昭明太子读书台、无锡惠山李绅读书台、溧水无想山韩熙载读书台等。这些读书台往往位于山水灵秀、环境幽静之处,千百年来,不但是著名的人文景观,而且是历代文人学士吟诗赋词、命名泼墨的雅集之地。

我国古代藏书文化兴盛,藏书楼众多,这些藏书楼是文人学者藏书和读书之处。从历代藏书楼,特别是私人藏书楼的选址、建筑风貌、园林特色、厅堂装饰和环境氛围来看,它们都颇具特色,体现了深厚的文化底蕴。最著名的如宁波天一阁,是现存最古老的私家藏书楼,可称中国古代藏书楼建设的典范。值得一提的还有建于民国初年的吴兴刘氏嘉业堂,刘承干在《嘉业堂藏书楼记》中对其幽雅的环

---

① 桑良至:《曝书会——藏书文化活动之一》,载《大学图书情报学刊》1996年第4期。

境有如下描述：

> 园之四周，环以溪水，平临垬莽，直视无碍。门之左即吾家小莲庄，而宗祠家塾悉在焉。比邻适园，又石铭观察之别业也。春花秋月，梅雪荷风，景物所需，取供悉办。灵瞩莹发，朝暮尤胜。人家历历，半住斜阳；林影幢幢，如笋危塔。庭石孤啸，掳声一鸣。负手微吟，诗境亦古。①

书院是我国古代私学的重要表现形式，是文人聚居讲习和读书之所，自唐至清兴盛不衰。唐代以来的文人士大夫，由于受三教合流的影响，思想倾向兼有儒、道、佛三家的特征，既抱有儒家"修身、治国、平天下"的处世理想，又在个性上崇尚佛道、清心寡欲、自然无为的精神，尤其在社会动乱、政治黑暗、个人抱负难以实现、积极入世而不可得的时候更是如此，陶渊明的诗句"少无适俗韵，性本爱丘山"正是对这种心境的真实写照。因此，"择胜地，立精舍，以修学业"、隐迹山林静心读书便成了中国古代文人的一大选择。古代书院有很多都是由士子隐居读书之处发展起来的，这种僻远开阔的书院环境有利于士子大思大悟，产生创见。"人与自然的和谐统一，宇宙观、人格观、审美观的高度结合，是书院文化的理想追求和特有气质。'远尘俗之嚣，聆清幽之胜，踵名贤之迹，兴尚友之思'，视为'藏修息游，砥砺文行'的最佳境界。"②在书院发展的极盛时期——南宋，有五大著名读书胜地，即白鹿洞书院、岳麓书院、嵩阳书院、丽泽书院、象山精舍，它们都位于风景秀丽的名胜之地。

从书院人文景观的营造来看，这些名胜之地也非常符合书院读

---

① 刘承干：《嘉业堂藏书楼记》，载南浔镇志编纂委员会：《南浔镇志》，上海：上海科学技术文献出版社，1995年，387页。
② 杨慎初：《岳麓书院建筑文化特点》，载朱汉民、李弘祺：《中国书院》，长沙：湖南教育出版社，1997年，111页。

书治学的功能要求。① 讲学是书院的主要活动,与之相适应,书院的讲堂,一般为一面全开敞式的堂屋,内部气氛庄重,匾额高悬,两边挂有楹联,有的还在墙上嵌有各种碑刻。而书院中供学生读书自习的斋舍,一般为规则的、统一的宿舍形式,围成院落,与外界形成一种隔绝状态,营造一种潜心读书的环境氛围。斋舍的环境布置强调幽静,庭院中广植树木花草,有的还设有园林,特别是江浙一带的很多书院本身就是一座园林。斋舍还冠以各种名称,命名大多取自儒家的劝学格言,以勉励生徒修身治学。

读书台、藏书楼和书院将自然景观和人文景观结合起来,创造了一种潜心治学、怡情养性的读书氛围,不仅对文人士子教习读书礼乐起到了一种潜移默化的作用,而且对周围地区的文化发展起到了重要的促进作用。

2. 书斋

(1)书斋的人文意蕴

书斋是读书人的私人空间,他们在这里藏书、读书、著书立说,享受着书籍带来的乐趣。通过书斋这一窗口,我们不仅能够认识和领略文人学者的风采、情操以及处世立身之道,还可以窥视历史上某一学派乃至一个时代的文化特征。此外,古代士人的书斋又具有美学价值,阅读有关古人书斋生活的记述,常令人掩卷遐思,仿佛回到那种古色古香、恬淡宁静的意境之中。

在儒家思想影响下,书斋已不仅仅是文人读书著述的场所,在古代,尤其是思想禁锢较严的明清时期,书斋又成为文人学者去官隐居、独善其身的寄托。明清时代一些文人的关于书斋的题记中较多地反映了这种思想。清初浙东学者李邺嗣在《伏翠山房记》中写道:

---

① 杨布生、彭定国:《中国书院与传统文化》,长沙:湖南教育出版社,1992年,171—180页。

> 余见从来士大夫,方其身居要津,名位已重,亦尝命家人豫造泉石,以为身退之计,然有园亭置久,而主人竟不一至者;亦有主人暂来即去,翻不若过客流连者,此虽其退在口,而身固未尝求退也;或不幸身遭废退,放归田里,犹且临清泉而叹若枯鱼,处丰林而怨如穷鸟,漏逼钟鸣,尚图一出,此虽其身退,而心终未尝乐退也。①

明代学者薛瑄在为杨伯玉"澹庵"写的题记中说:"诚以士君子立心之要,莫要于澹而寡欲也,寡欲,则世味焉得以移易其志哉。"②他认为只有在淡泊中才能修性养心、"独善其身"。

许多书斋题记还反映了其主人因政治黑暗而去官隐退的思想。如明代大散文家归有光在《遂初堂记》中说:

> 后之君子,非复昔人之遭会,而义不容于不仕,及其已至贵显,或未必尽其用,而势不能以遽去,然其中之所谓介然者,终不肯随世俗而移易。虽三公之位,万钟之禄,固其心不能一日安也。③

(2)书斋的环境布置

书斋既是读书人的阅读和著述场所,又是修身养性的精神寄托之处,因此,书斋内外环境氛围的精心营造就为读书人所重视。明代高濂在《遵生八笺·起居安乐笺》中对书斋的环境要求有这样的描述:

> 书斋宜明静,不可太敞,明静可爽心神,宏敞则伤目力。窗外四壁,薜萝满墙。中列松桧盆景,或建兰一二,绕砌种以翠芸

---

① 李邺嗣:《伏翠山房记》,转引自王明洪:《明清时期的书斋文化》,载《文史月刊》2005年第7期。
② 薛瑄:《薛瑄全集》文集卷之十九《澹庵记》,太原:山西人民出版社,1990年,842页。
③ 归有光:《震川先生集》卷十五《遂初堂记》,上海:上海古籍出版社,1981年,373、374页。

草令遍,茂则青葱郁然。旁置洗砚池一,更设盆池,近窗处,蓄金鲫五七头,以观天机活泼。①

古雅幽静、高洁脱俗的书斋意境,是很多读书人心向往之并尽力去营造的。并且书斋主人的行为风范也追求古风雅致,以与书斋意境相契合。《明史》对倪瓒的书斋描写甚详:

> 所居有阁曰清閟,幽迥绝尘。藏书数千卷,皆手自勘定。古鼎法书,名琴奇画,陈列左右。四时卉木,萦绕其外,高木修篁,蔚然深秀,故自号云林居士。时与客觞咏其中。为人有洁癖,盥濯不离手,俗客造庐,比去,必洗涤其处。②

明末清初文学家张岱的书斋原名"梅花书屋",因其慕倪瓒书斋的意境,故取倪瓒的号"云林"命名自己的书斋为"云林秘阁"。云林秘阁建造得极为雅致,书斋开明窗,设卧榻。张岱在其中博览群书,"非高流佳客,不得入"。他对其有如下描绘:

> 前后空地,后墙坛其趾,西瓜瓤大牡丹三株,花出墙上,岁满三百余朵。坛前西府二树,花时积三尺香雪。前四壁稍高,对面砌石台,插太湖石数峰。西溪梅骨古劲,滇茶数茎,妩媚其旁。梅根种西番莲,缠绕如缨络。窗外竹棚,密宝襄盖之。阶下翠草深三尺,秋海棠疏疏杂入。前后明窗,宝襄西府,渐作绿暗。③

一些读书人对这种古风雅致境界的追求,甚至成为一种癖好。如明代宁献王朱权被封江西颖。由于宗藩不许干预军政,故朱权终日在书斋中研读秘籍,沉湎诗文,尝"令人往庐山之巅,囊云以归",在

---

① 高濂:《遵生八笺·起居安乐笺》,成都:巴蜀书社,1992年,306、307页。
② 张廷玉等:《明史》卷二九八《隐逸列传·倪瓒传》,北京:中华书局,1974年,7624页。
③ 张岱:《陶庵梦忆·西湖梦寻》,上海:上海古籍出版社,1982年,16页。

书斋中"障以帘幕,每日放云一囊,四壁氤氲,如在岩洞",故名其书斋为"云斋"。祁彪佳在"寓山草堂"中品茶赋诗自娱,"若俗子十往返不一见,虽受怒骂如张牧之,固不惜也",得入书斋者,皆"文人雅士,鸿学硕儒,相与文酒唱酬,谈学论道,无杂人,不杂言"。清末诗人龚自珍曾言,登乾嘉时代汉学家卢文绍的"抱经堂"和阮元的"研经堂","无杂宾,无杂言焉",登陈庆镛的"问经堂""愀乎非五经之简毕不敢言"。① 可见书斋主人自身的行为风范与书斋意境是互相辉映的。

在书斋的内部陈设方面,文人们也追求古雅,特别是明清以来有三种特点值得注意。一是喜收藏古代文物。这与人们的好古风尚有关。二是书画作品多见,因时人多善书画。三是清代学者多从事考据和古籍校勘,很多书斋实为藏书楼。

也有人反以书斋的简陋为乐,虽处陋室但读书意趣不减。虽然他们的书斋陈设简陋,但藏书很多,兼具藏书室的功能。如南宋陆游的书斋"老学庵",地处风景宜人的镜湖旁,陈设简陋,满室堆的都是书:

> 吾室之内,或栖于椟,或陈于前,或枕藉于床,俯仰四顾,无非书者。吾饮食起居,疾痛呻吟,悲忧愤叹,未尝不与书俱。宾客不至,妻子不觌,而风雨雷雹之变有不知也。间有意欲起,而乱书围之如积槁枝,或至不得行……乃引客就观之。客始不能入,既入,又不能出,乃亦大笑曰:信乎其似巢也。②

陆游将其书斋戏称为"老巢",但字里行间却透露出乐在其中的意味。坐落在浙江兰溪山中的明代著名文学家胡应麟的二酉山房,书斋内设有一床、一桌、一椅和文房四宝,但满屋都是他千辛万苦搜

---

① 王明洪:《明清时期的书斋文化》,载《文史月刊》2005年第7期。
② 王余光等:《藏书四记》,武汉:湖北辞书出版社,1998年,25页。

集而来的书。胡应麟将其分门别类,苦读不倦,著述不止,终成一代大家。

白居易的庐山草堂仅由几间茅屋组成,屋内陈设非常简朴,只有四床木榻,两座素色屏风,一张漆琴,儒、道、佛书各两三卷,但在这个简陋书斋里,白居易与朋友们吟诗诵文,留下了不少传世名篇。归有光的项脊轩"室仅方丈,可容一人居",遇到下雨时,"每移案,顾视无可置者"①。但归有光将其稍加修葺,"前辟四窗,垣墙周庭,以当南日,日影反照,室始洞然",并于院中种植花木,在小屋中读书,意境不减,乐趣无穷:

> 偃仰啸歌,冥然兀坐,万籁有声;而庭阶寂寂,小鸟时来啄食,人至不去。三五之夜,明月半墙,桂影斑驳,风移影动,珊珊可爱。②

祁彪佳有雄资大建园林,但书斋"一仍简陋,然亦可啸可歌,可偃仰栖息也已","避暑斋中,比窗尽致,平畴遗风,绿畦如浪,以觞以咏,忘其为简陋,而转觉浑朴之可亲,遂使画栋雕甍,俱为削色"。清代吴岑渚的半砚斋"才容十笏,图史笔砚之外,无他物",但斋主以著书为乐。学者钱大昕之弟钱晦之书斋简陋,但他认为可居即可,故命名为"可庐",并"能安于境上可",可见其意境高洁。③

其实,书斋的具体情境无论雅致还是简陋,在热爱阅读的传统读书人看来,只要与书相伴,入目皆为美景,心底满是乐趣。

---

① 归有光:《震川先生集·项脊轩记》,上海:上海古籍出版社,1981年,429页。
② 归有光:《震川先生集·项脊轩记》,上海:上海古籍出版社,1981年,429页。
③ 王明洪:《明清时期的书斋文化》,载《文史月刊》2005年第7期。

三、书斋名、书斋联、藏书印

书斋的命名古已有之,周代就见于典籍,宋代以降渐盛,明清以后书斋名号可谓蔚为大观。单从书斋名的用字来说,就有斋、堂、轩、庵、馆、阁、亭、寮、洞、巢、观、书院、书屋、别墅等十几种。书斋命名多是书斋主人雅兴所致,用心而成,蕴含着丰富的内涵,其用意主要有以下几种:①寓意景观。如唐代书法家怀素的"绿天庵",北宋周敦颐的"爱莲堂",明代徐渭的"青藤书屋"、汤显祖晚年的书斋"玉茗堂"等。②明志抒怀。如清代史学家钱大昕的"潜研斋",蕴含着潜心钻研学问之意;清初著名学者徐乾学将藏书楼命名为"传是楼",表达了要将书籍流传后世的想法;清代大儒俞樾凭诗句"花落春仍在,天时尚艳阳"金榜题名,赐进士出身,后来他罢官在家,取书斋名为"春在堂",一是为了纪念自己辉煌的过去,二是为了表示自己虽然罢了官——"花落",但志不衰——"春仍在"。③励志自勉。如黄宗羲的"续抄堂"、张溥的"七录斋"、曾国藩的"求阙斋"等。④显物耀宠。如清代吴云收藏了200种不同版本的王羲之《兰亭集序》,于是将其书斋命名曰"二百兰亭斋";梅文鼎学问渊博,康熙帝南巡时召其询问天象算法,随后特赐"绩学参微"为赞,于是梅氏号书斋曰"绩学堂";清代著名金石家陈介祺因为珍藏了古代乐器钟十口,便把自己的书斋起名为"十钟山房"。⑤以志纪念。如明代文学家袁宗道将书斋名为"白苏斋",是因为他敬仰白居易和苏轼。⑥出自典故。如王安石晚年的书斋名为"昭文斋",典出《左传》"火龙黼黻,昭其文也",意为显扬文采;钱大昕的书斋名"十驾斋",出自荀子《劝学》中"驽马十驾,功在不舍",他自谦为驽马,但有不舍的精神。⑦谦辞。如清代纪晓岚的"阅微草堂"。其他用意的书斋名还有很多,每个名称都体现了书斋主人的独具匠心，寄托了自己的文化情怀。

书斋联也是体现书斋主人志趣的一种形式。书斋联有自撰联、师友赠联、录用古今名人对联几种，这些对联都是书法佳作，既能起到装饰作用，又能反映书斋主人的内心世界。中国历代读书人的书斋联，大都有特定的寓意，或以自勉，或以言志，或以寄情，或以明愿。如南宋楼大防，官至枢密院参知政事，其书斋联是："门前莫约频来客，座上同观未见书。"对待客人的两种决然不同的态度，表明书斋主人读书求友的一片苦心。陆游的书斋联"万卷古今消永日，一窗昏晓送流年"也表明了他读书不倦的决心。明朝末年崇祯年间进士金声组织义师抗清，兵败就义，他的书斋联是："穷已彻骨，尚有一分生涯，饿死不如读死；学未惬心，正须百般磨炼，文通即是运通。"其写得刻骨铭心，悲愤至极。古人持读书做官论者甚多，金榜题名是读书人梦寐以求的事，清朝乾隆年间进士彭元瑞的书斋联最具代表性："何物动人，二月杏花八月桂；有谁催我，三更灯火五更鸡。"也有不求功名、以读书为乐意蕴的书斋联，如郑板桥的书斋联"室雅何须大，花香不在多"表明了他安贫乐道、不与世道同流合污的心志；晚清徐照的书斋联"志不求荣，满架图书成小隐；身虽近俗，一庭风月伴孤鸣"则体现了书斋主人孤芳自赏的傲气。[①]

此外，藏书印也是书斋内不可少的风景。藏书印虽小，却能够表达书斋主人的情趣爱好，非常具有中国文人特色。根据藏书印的印文来划分，可以将其分为姓名印、名号印、斋室名印、鉴赏印、校读印、记事印、仕官印、肖形印、纪年印等。但不管什么类型的印文，都透露出印的主人对书籍的热爱与珍视，无不耐人寻味，意趣横生。

---

① 黄文杰：《书斋联拾趣》，载《现代语文》2004年第4期。

第五节 热爱藏书和读书的传统

一、藏书和读书的风气世代不衰

中国是世界四大文明古国之一,藏书和读书的历史源远流长,留下来的典籍,数量之多,门类之繁,跨越的时空之广,是世界上任何一个国家和民族无法比拟的。与此相应,中国藏书和读书的风气也是历久不衰的。

典籍产生后,藏书活动便随之出现。早在夏商,学在官府,就有官方藏书机构;到春秋战国时期,私家藏书开始出现,历经汉魏、六朝、隋唐五代,其已有一定发展。自宋代起,私家藏书与国家藏书、书院和寺观藏书形成鼎足而三的局面,这种局面绵延千年,为保护、承传中国古代文化遗产做出了巨大的贡献,共同推动着中国文化学术的发展。

国家藏书系统利用国家职能为保护典籍,起到了重大作用。历代封建王朝都设有专门的藏书机构,拥有良好的典藏设施。通过接收前代藏书、征集民间收藏、组织抄写、刻印等途径,历代官藏机构都拥有数量可观的藏书。尽管在财力、物力及其他社会保障方面,私家藏书系统难以与官方藏书相比,但是它立足民间,有着更强的广泛性和灵活性,有着更顽强的生命力。而且历代国家藏书系统的建立、恢复或扩充,往往是以私家藏书为基础的。

历史上的藏书家,即指私人藏书者。古往今来出现了大量藏书家。范凤书的《中国私家藏书史》共辑录出确有一定藏书故实的历代藏书家 5045 人,若按时代分,计北宋以前 253 人,两宋 738 人,元代 207 人,明代 897 人,清代 2082 人,近现代 868 人。① 中国古代私人藏书家涉及社会各个阶层。藏书家在保存典籍和传播文化、促进学术研究、形成一代学风、弘扬文化事业等方面做出了贡献。吴晗在《江苏藏书家史略·序言》中从藏书的收集、保存、校勘、刊布等诸多环节总结了藏书家的贡献:

> 藏书之风气盛,读书之风气亦因之而兴。好学敏求之士往往跋涉千里,登门借读,或则辗转请托,迻录副本,甚或节衣缩食,恣意置书。每有室如悬磬而弃书充栋者;亦有毕生以抄诵秘籍为事,蔚成藏家者。版本既多,校雠之学因盛,绩学方闻之士多能扫去鱼豕,一意补残正缺,古书因之可读,而自来所不能通释之典籍,亦因之而复显于人间。甚或比勘异文,发现前人误失,造成学术上之疑古求真风气。藏家之有力者复举以剞劂,辑为丛书,公诸天下。数百年来踵接武继,化秘籍为亿万千身,其嘉惠来学者甚多。②

我国古代私人藏书家对藏书非常执着。明代藏书家丰坊将家中田产千余亩尽数出卖,以购图书碑帖而成"万卷楼";王世贞以一座花园换取一部宋刻版《两汉书》;毛晋为购书不惜倾家荡产,收藏书籍八万四千余册;等等。还有许多藏书家以"性命轻至宝重""后人观之宜加珍护""愿流传勿污损""勿恣意涂窜""凡我子孙宜珍惜宝爱"等印文警示同仁后世务必宝惜典籍。此外,历代还流传下来大量关于藏书、读书、理书的文献资料。

藏书的兴盛亦带来了读书风气的兴盛。季羡林说过,这样的藏

---

① 范凤书:《中国私家藏书史》,郑州:大象出版社,2001 年,689 页。
② 吴晗:《江苏藏书家史略·序言》,载《江浙藏书家史略》,北京:中华书局,1981 年,118 页。

书和读书的风气,其他国家不能说一点没有,然而实在是远远不能同我国相比。中国儒家传统重视读书。"士农工商"的四民等级划分提高了读书人的社会地位,儒家中的考取功名、积极入世等思想深刻地影响着中国读书人,特别是隋唐全面推行科举制后在客观上推动了社会读书风气的兴盛和文化教育的普及。此外,对书和读书的钟情是中国学者特有的情怀,源远流长,历久不衰。

二、耕读传家

"耕读传家久,诗书继世长。""耕读传家"是我国乡土社会中的一种深厚的文化传统,它产生于中国古代社会早期以农耕文明为基础、自给自足的自然经济条件下,并且深受科举制度和宗法制度的影响。"耕读传家"是经济宽裕的富裕农民家庭的一种劳动和生活方式,其中,"耕"指农耕,这是农民的生活之源,是"读"的基础;"读"即读书,它不仅是农家子弟参加科举考试、取士为官的唯一途径,而且是家族子弟学习孝悌礼仪、伦理道德的方式,以及维系家族和谐与兴旺的重要纽带。"耕读之家"不但能够使家族赢得社会尊重,而且往往能使家族成为乡里农家的表率。

徐雁对"耕读传家"这种经典观念的民间传统做了历史回顾和深入剖析。① 他认为,中国古代的耕读文化源远流长,可上溯到远古时代教育与生产的结合时期。中国历代都有耕读结合现象的记载。《尚书大传·略说》云:"耕锄已藏,祈乐(新谷)已入,岁时已毕,余子皆入学。十五始入小学,见小节,践小义;十八入大学,见大节,践大义焉。距冬至四十五日,始出学傅农事。"这是说乡里子弟从收成已毕开始入学,冬至后四十五天则离开学校从事生产。《后汉书·仲长

---

① 徐雁:《"耕读传家":一种经典观念的民间传统》,载《江海学刊》2003年第2期。

统传》记载了士大夫理想的田园耕读生活:"使居有良田广宅,背山临流,沟池环匝,场圃筑前,果园树后。"南北朝以后出现的家教书多有耕读结合的劝导,《颜氏家训·治家》中就提出"要当稼穑而食,桑麻以衣"。耕读文化自北宋后盛行,这与北宋影响深远的劝耕劝读政策有关。北宋仁宗(1023—1063)始,政府已经明确鼓励士人、农家出身的子弟参加科举考试,且只能在本乡本土应试,这就将"暮登天子堂"的科举前景与"朝为田舍郎"的乡土背景紧密地联系在了一起。胡念望在《读可荣身,耕以致富:耕读文化》一文中指出:

> 到了宋代,耕读文化由于科举制度的演进而得到改造与加强。北宋仁宗皇帝的几条科举政策有力地推动了耕读文化的发展:一是规定士子必须在本乡读书应试,使各地普设各类学校;二是在各科进士榜的人数上,给南方各省规定了优惠的最低配额;三是规定工商业者和他们的子弟都不得参加科举考试,只准许士、农子弟参加。这大大地激发了普通人家对科举入仕的兴趣,连农家子弟也看到了读书入仕、光耀门楣的希望。①

北宋天圣年间,政府明确政策,各州立学者皆赐"学田"及"九经"。十年后,政府再次下诏各州、县皆立学。南宋时的江南,临安城内外,"乡校、家塾、舍馆、书会,每一里巷,须一二所。弦诵之声,往往相闻"②。当时农家每到农历十月便遣童子入学,称为"冬学";以《百家姓》等为教材,是谓"村书"。宋代以后的江南人家,亦耕亦读,物质财富和精神财富的积累相辅相成,最终过上"耕读传家"的理想生活,耕读成为小康之家一种实惠的持家方略。而一些世家大族,也均以

---

① 胡念望:《读可荣身,耕以致富:耕读文化》,载《芙蓉苍坡以及楠溪江畔的其他村落》,杭州:浙江摄影出版社,2002年,30页。
② 耐得翁:《都城纪胜·三教外地》,北京:中国商业出版社,1982年,16页。

此为保持家族文化、经济和社会名望的秘诀。①

在封建农业社会,要实践"耕读传家",须有两个条件:家庭小康的基本经济实力和起码的文化追求意识。耕读之家一般拥有若干蒙学书本,以保证子弟开蒙读书。"耕读传家"的传统理念,隐含着诸如读书种子的养育、书香氛围的营造之类的价值观念,有了"耕读传家"的传统,才有可能诞生书香世家。书香世家与耕读之家相比,有着更强的家庭财政实力和深厚的文教基础,几代人都爱读书,并且一般藏书颇丰,并设家塾教育子弟。南宋以来就有一些享有声望的书香世家,如"南渡"前为赵宋宗室,后自南宋到清初先后流寓浙江绍兴、归安、上虞和杭州一带的赵氏、江苏常熟的钱氏,以及山东新城(今桓台)的王氏等。

随着劝学家训的流传,耕读对于维系家业的现实功利意义家喻户晓,"耕读传家"的观念更是深入小康农家之心。至今"耕读传家"的古训仍以多种形式在流传和延续。门楼、牌匾、门楣、花窗、雕墙等部位的镂刻书画内容,经常有"耕读传家""诗书继世"等字样,这些都昭示着主人的愿望和理想。还有一些箴言也强调了耕读传家的价值观,如:"二字箴言,惟勤惟俭;两条正路,曰耕曰读。""传家无别法,非耕即读;裕后有良图,惟俭与勤。""光前须种书中粟,裕后还耕心上田。"

徐雁认为:"耕读传家的思想文化传统,同汉民族根深蒂固的聚族而居、安土重迁、春种秋收等追求团圆、功利和实惠的种种农业文明心态是完全适应的。"在中国传统农业社会中,"耕读传家"既是小康农家也是众多仕宦之家的理想生活方式。此外,"耕读传家"还与隐逸风气、山林文化密切相关,古代士子还有着山林读书、胜境讲学以陶冶性灵的传统,他们把农耕当作培养道德的途径之一。这正如徐雁所指出的:"对于富裕农家或官僚之家出身的儒士文人来说,'亦

---

① 徐雁:《"耕读传家":一种经典观念的民间传统》,载《江海学刊》2003年第2期。

耕亦读'既是关乎其人生前程的出处方式,也是其及身可行的一种生活状态。其实质,当在选择一种隐身田园、人生自修,农耕种地与寄情著述并行不悖、从容进退的生活方式。"①

耕读为本是中国农耕文化和中国儒家思想之精髓,是历代封建统治者倍加推崇的立国之本。"耕读传家"的传统,作为一种民间习俗和文化定式,与乡民的日常生活融为一体,并重在为子孙后代营造尊师重教、崇文慕学的文化环境,从而使读书人形成了传统的知识系统、认知结构、思维方式以及带有地域色彩和家族特色的价值观念,实现了对地域文化和家族文化的传承。

中国在悠久历史中形成的阅读传统,早已融入古代读书人的血液里,成为他们的思想习惯和生活方式,是谁也抹不掉的生命痕迹。即使到了现在,我们在阅读活动中,也在不知不觉延续着传统。这些文化传统,千百年来深深影响着中国读书人的价值观念和行为方式,成为中国阅读文化的源头和精髓。

中华民族有着悠久的阅读文化和深厚的阅读传统。在当今社会视觉文化急速扩张的情况下,继承和弘扬中国阅读传统中的精华,积极倡导与构建以文字文本为主的阅读文化,有着极其重要的意义。书香社会的营造有赖于全社会的共同努力。"真知总在书中,忽微忽著;精神永存行间,时隐时现。阅读,让贫乏和平庸远离我们;阅读,让博学和睿智丰富我们;阅读,让历史和时间记住我们;阅读,让吾国之精魂永世传承!"②因此,阅读是民族创新的基石,伟大复兴的动力,可持续发展的加油站。中国阅读文化正处于一个逐渐分化和急剧变化的阶段,传统的图书阅读虽然受到了前所未有的冲击和挑战,但依

---

① 徐雁:《"耕读传家":一种经典观念的民间传统》,载《江海学刊》2003年第2期。
② 21世纪教育发展研究院:《阅读,让全民族精神起来——全民族阅读宣言》,载《中国教师》2003年第7期。

然具有长久的生命力。文字所承载的文化力量是永恒的,阅读将是人类永恒的生活方式。

主要参考书目

H.R.姚斯,R.C.霍拉勃.接受美学与接受理论.周宁,金元浦译.沈阳:辽宁人民出版社,1987年.

阿尔维托·曼古埃尔.阅读史.吴昌杰译.北京:商务印书馆,2002年.

阿诺德·汤因比.历史研究.郭小凌等译.上海:上海人民出版社,2000年.

埃里克·麦克卢汉,弗兰克·秦格龙.麦克卢汉精粹.何道宽译.南京:南京大学出版社,2000年.

爱德华·纽顿.聚书的乐趣.赵台安,赵振尧译.北京:生活·读书·新知三联书店,1992年.

茨威格等.书的礼赞.叶灵凤译.北京:生活·读书·新知三联书店,1998年.

弗雷德里克·巴比耶.书籍的历史.刘阳等译.桂林:广西师范大学出版社,2005年.

亨利·彼得洛斯基.书架的故事.冯丁妮等译.海口:海南出版社,2002年.

卡特琳娜·萨雷丝.古罗马人的阅读.张平,韩梅译.桂林:广西师范大学出版社,2005年.

  罗贝尔·埃斯卡皮.文学社会学.于沛选编.杭州:浙江人民出版社,1987年.

  玛丽娜·弗拉斯卡－斯帕达,尼克·贾丁.历史上的书籍与科学.苏贤贵等译.上海:上海科技教育出版社,2006年.

  毛姆等.阅读的艺术.陈安澜等编译.上海:上海翻译出版公司,1988年.

  尼尔·波兹曼.娱乐至死.章艳译.桂林:广西师范大学出版社,2004年.

  培根等.读书的情趣与艺术.林衡哲,廖运范译.北京:中国友谊出版公司,1988年.

  威尔伯·施拉姆,威廉·波特.传播学概论.陈亮,周立方,李启译.北京:新华出版社,1984年.

  沃尔夫冈·伊瑟尔.阅读行为.金惠敏等译.长沙:湖南文艺出版社,1991年.

  约翰·费斯克.理解大众文化.王晓珏,宋伟杰译.北京:中央编译出版社,2001年.

  叶昌炽.藏书纪事诗.上海:古典文学出版社,1958年.

  叶德辉.书林清话　书林余话.长沙:岳麓书社,1999年.

  永瑢等.四库全书简明目录.上海:上海古籍出版社,1985年.

  曹之.中国古籍版本学.武汉:武汉大学出版社,1992年.

  曹之.中国古籍编撰史.武汉:武汉大学出版社,1999年.

  曾祥芹,张维坤,黄果泉.古代阅读论.郑州:大象出版社,2002年.

  曾祥芹,韩雪屏.国外阅读研究.郑州:河南教育出版社,1992年.

  曾祥芹.汉文阅读学导论.北京:中央文献出版社,2004年.

  陈登原.古今典籍聚散考.上海:上海书店,1983年.

陈谷嘉,邓洪波.中国书院史资料.杭州:浙江教育出版社,1998年.

陈正宏,谈蓓芳.中国禁书简史.上海:学林出版社,2004年.

程焕文.中国图书论集.北京:商务印书馆,1994年.

范凤书.中国私家藏书史.郑州:大象出版社,2001年.

傅修延.文本学——文本主义文论系统研究.北京:北京大学出版社,2004年.

傅璇琮,谢灼华.中国藏书通史.宁波:宁波出版社,2001年.

来新夏.古典目录学.北京:中华书局,1991年.

来新夏等.中国古代图书事业史.上海:上海人民出版社,1990年.

李兵.书院与科举关系研究.武汉:华中师范大学出版社,2005年.

李瑞良.中国古代图书流通史.上海:上海人民出版社,2000年.

李希泌,张椒华编.中国古代藏书与近代图书馆史料(春秋至五四前后).北京:中华书局,1982年.

李致忠.古书版本学概论.北京:书目文献出版社,1990年.

李致忠,周少川,张木早.中国典籍史.上海:上海人民出版社,2004年.

刘国钧著,郑如斯订补.中国书史简编.北京:书目文献出版社,1982年.

龙协涛.文学阅读学.北京:北京大学出版社,2004年.

马以鑫.中国现代文学接受史.上海:华东师范大学出版社,1998年.

钱存训著,郑如斯增订.印刷发明前的中国书和文字记录.北京:印刷工业出版社,1988年.

尚学锋等.中国古典文学接受史.济南:山东教育出版社,2000年.

沈固朝. 欧洲书报检查制度的兴衰. 南京：南京大学出版社，1999年.

唐兰. 中国文字学. 上海：上海古籍出版社，2005年.

童雪译注. 语录四种. 武汉：湖北辞书出版社，1997年.

王波. 阅读疗法. 北京：海洋出版社，2007年.

王龙. 阅读研究引论. 香港：天马图书有限公司，2003年.

王三山. 文人书趣. 武汉：武汉大学出版社，1994年.

王欣夫. 文献学讲义. 上海：上海古籍出版社，1986年.

王余光，宁浩. 塑造中华文明的200本书. 武汉：武汉大学出版社，1997年.

王余光，邓咏秋. 名著的选择. 昆明：云南人民出版社，1999年.

王余光等. 读书四观. 武汉：湖北辞书出版社，1997年.

王余光，徐雁. 中国读书大辞典. 南京：南京大学出版社，1993年.

王余光. 读书随记. 南京：东南大学出版社，2002年.

王余光. 名著的阅读. 昆明：云南人民出版社，2001年.

王余光. 中国历史文献学. 武汉：武汉大学出版社，1988年.

王余光. 中国文献史：第一卷. 武汉：武汉大学出版社，1993年.

王余光. 中国读者理想藏书. 北京：光明日报出版社，1999年.

王余光. 藏书四记. 武汉：湖北辞书出版社，1998年.

王余光主编. 中国少儿适读书，中国家庭适读书，中国青年适读书. 宁波：宁波出版社，2000年.

李常庆等. 世纪阅读文库：全四册. 西安：陕西师范大学出版社，2001年.

王余光. 影响中国历史的三十本书. 武汉：武汉大学出版社，1990年.

王重民. 中国目录学史论丛. 北京：中华书局，1984年.

吴枫. 中国古典文献学. 济南：齐鲁书社，1982年.

吴刚. 知识演化与社会控制——中国教育知识史的比较社会学分析. 北京:教育科学出版社,2002年.

吴晗,费孝通等. 皇权与绅权. 天津:天津人民出版社,1988年.

吴晗. 江浙藏书家史略. 北京:中华书局,1981年.

肖东发. 中国图书出版印刷史论. 北京:北京大学出版社,2001年.

谢灼华. 中国图书和图书馆史. 武汉:武汉大学出版社,2005年.

杨布生,彭定国. 中国书院与传统文化. 长沙:湖南教育出版社,1992年.

姚名达. 中国目录学史. 北京:商务印书馆,1957年.

余嘉锡. 目录学发微. 北京:中华书局,1963年.

袁咏秋,曾季光 中国历代图书著录文选. 北京:北京大学出版社,1997年.

张明仁. 古今名人读书法. 北京:商务印书馆,1992年.

张舜徽. 广校雠略. 北京:中华书局,1963年.

张舜徽. 中国古代史籍校读法. 上海:上海古籍出版社,1980年.

张舜徽. 中国文献学. 郑州:中州书画社,1982年.

郑鹤声,郑鹤春. 中国文献学概要. 上海:上海古籍出版社,2001年.

郑伟章,李万健. 中国著名藏书家传略. 北京:书目文献出版社,1986年.

周光庆. 中国古典解释学导论. 北京:中华书局,2002年.

周庆华. 阅读社会学. 台北:台北扬智文化股份有限公司,2003年.

周庆山. 文献传播学. 北京:书目文献出版社,1997年.

周裕锴. 中国古代阐释学研究. 上海:上海人民出版社,2003年.

左玉河. 从四部之学到七科之学——学术分科与近代中国知识

系统之创建.上海：上海书店出版社，2004年.

Guglielmo Cavallo, Roger Chartier(eds.). *A History of Reading in the West*. Translated by Lydia G. Cochrane. Cambridge, London: Polity Press, 1999.

Gunther Kress. *Literacy in the New Media Age*. London : Routledge, 2003.

Molly Abel Travis. *Reading Cultures: The Construction of Readers in the Twentieth Century*. Carbondale: Southern Illinois University Press, 1998.

Paul Saenger. *Space Between Words: The Origins of Silent Reading*. Stanford, California. : Stanford University Press, 1997.

Robert Darnton. *The Kiss of Lamourette: Reflections in Cultural History*. New York: W. W. Norton & Company, 1990.

Roger Chartier. *The Order of Books : Readers, Authors, and Libraries in Europe Between the Fourteenth and Eighteenth Centuries*. Cambridge : Polity Press, 1994

Steven Roger Fischer. *A History of Reading*. London: Reaktion Books, 2003.

索　引

【人名】

A

- 阿尔维托·曼古埃尔　15,98
- 阿英　25

B

- 包筠雅　19,20
- 毕昇　106
- 卞冬磊　31
- 卜正民　19

C

- 蔡伦　39,95,103,106
- 蔡尚思　68
- 蔡襄　113
- 蔡亚平　32
- 曹积三　25
- 曹丕　105
- 陈梦雷　26,328
- 陈升之　113
- 陈师道　110
- 陈威　32
- 陈寅恪　111,232
- 陈振孙　116
- 陈正宏　33

D

- 大卫·霍尔 65
- 戴思哲 21
- 戴震 301,322
- 狄尔泰 78
- 狄青 114
- 董志先 25
- 杜衍 113

F

- 范希曾 25
- 冯道 107
- 冯守信 114
- 冯宿 107
- 福泽谕吉 25
- 傅修延 37

G

- 郭逵 114

H

- 郝振省 32
- 何谷理 21
- 何予明 21
- 洪迈 115
- 胡厚宣 68
- 胡应麟 106,110,277,340,341
- 黄庭坚 113,115,211,213,257
- 黄秀文 26

J

- 贾晋珠 19
- 江少虞 117
- 金克木 284,286
- 金元浦 25

K

- 凯蒂·哈尔西 16
- 阚泽 101
- 康晓光 32
- 孔文仲 113

L

- 来新夏 25

- 勒蒂夫·德·拉布雷东　99
- 李长声　31,62
- 李国庆　25
- 李清照　114,255
- 厉鹗　114
- 梁启超　2,31,64,67,148,164,166,170,225,262,320
- 刘师培　50
- 鲁迅　29,117,181,261
- 陆九渊　157,204,205,269,306
- 吕幼樵　25
- 罗伯特·达恩顿　10,55,65
- 罗杰·夏蒂埃　10,14
- 罗沙林德·克龙　16
- 罗烨　117

M

- 马丁·里昂　18

O

- 欧阳修　112,115,116,256,276,283,298

P

- 潘光哲　30
- 潘仕成　180
- 培根　153,285

Q

- 祁承㸁　26
- 前田爱　62
- 钱存训　19,41,95,103
- 钱穆　24,231,326

R

- 芮哲非　20

S

- 沈括　106
- 沈垚　112
- 司马光　117,289,291,319,334
- 斯文·伯克茨　16,127
- 苏轼　2,70,109,112,114,

116,117,121,203,211,213,
257,270,294,326,342
- 孙从添　40,41,333
- 孙德谦　318

T

- 谈蓓芳　33
- 谭华军　26
- 唐彪　300,301,305,314
- 唐弢　25,274

W

- 王安石　112,114,115,269,
310,342
- 王波　34,265,274,279
- 王国维　50,110,231,232,
329
- 王龙　27,29,176
- 王三山　5,26,251
- 王亚鸽　32
- 王余光　5,23,25—28,70
- 王禹偁　113
- 王子融　110
- 韦力　25
- 魏泰　114

- 沃尔夫冈·伊瑟尔　83
- 吴澄　109
- 吴应箕　26
- 吴永贵　24

X

- 邢昺　109
- 徐雁　26—28,33,281,346,
348
- 徐梓　24
- 许骧　112
- 荀子　25,219,308,329,342

Y

- 杨达明　25
- 杨磊　24
- 叶德辉　25,41,53,115,167
- 叶梦得　115,255,256
- 尤袤　110,289
- 虞莉　22
- 袁咏秋　24
- 岳珂　117

Z

- 曾国藩　64,301,309,316,320,342
- 曾祥芹　24,27,29,38
- 詹姆斯·史密斯·艾伦　14
- 张明仁　24
- 张舜徽　68,69,302
- 张欣毅　81,82
- 张新民　25
- 张雍　113
- 张之洞　2,25,164—169
- 张仲民　31
- 郑振铎　25
- 周启荣　19,20
- 周绍明　20
- 周蔚华　73
- 周永年　26,148
- 周作人　25,286
- 朱关法　24
- 朱淑真　114
- 朱熹　21,29,59,111,116,122,157,160,173,204—206,230,236,237,270,297,298,302—306,308,309,313,315,322,325,326,328,331
- 朱永新　158,159
- 庄绰　117
- 左思　104

【书名】

B

- 《把卷心醉:读书藏书》　24
- 《百家词》　116,117
- 《百家姓》　117,156,300,347

C

- 《陈氏书堂记》　204
- 《程氏家塾读书分年日程》　25,59,156,160,301,302,314
- 《从音读到默读:近代读者的形成》　62
- 《楚辞》　70,71,169,263
- 《春秋》　156,159,178,235,294,297,298,319

D

- 《当代百家话读书》 25
- 《读书的挽歌——从纸质书到电子书》 16,127
- 《读书的艺术》 25
- 《读书四观》 3,26
- 《读书随记》 28
- 《读写能力与社会秩序》 17
- 《读者与明清时期通俗小说创作、传播的关系研究》 32

E

- 《尔雅》 58,108,160,185

F

- 《封神演义》 202,279

G

- 《古代劝学寓言》 26
- 《古代阅读论》 24,29
- 《古典心灵的现实转向:晚清报刊阅读史》 31
- 《古今名人读书法》 24
- 《古罗马人的阅读》 18
- 《古文观止》 68,70,71
- 《古希腊罗马的图书与读者》 18
- 《谷登堡在上海:中国印刷资本业的发展(1876—1937)》 20
- 《国外阅读研究》 29

H

- 《汉书·艺文志》 43,97,220,267,299,312
- 《红楼梦》 71,176,211,279,284,285
- 《皇览》 104,244

J

- 《家与世界:16—17世纪刻本书籍中所塑造的"盛世皇明"》 21
- 《近百年来诸儒论读书》 24
- 《近代早期中国的出版、文化与权力》 20
- 《经学历史》 104

K

- 《开成石经》 107,108,120,185
- 《愧郯录》 117

L

- 《拉莫莱特之吻:有关文化史的思考》 10
- 《老子》 70,71,170,235,265,278,283,285
- 《礼记》 108,156,160,178,265,285,286
- 《历代读书诗》 24,29
- 《历史上的书籍与科学》 19
- 《历史研究》 49
- 《临汉隐居诗话》 114
- 《陆游读书诗》 25
- 《论语》 42,69—71,108,114,156,160,166,178,185,265,271,285,295,297,298,303,312

M

- 《美国的读写:1880年以来的读者与阅读》 17
- 《孟子》 42,71,156,166,178,185—187,232,285,297,298,303
- 《孟子节文》 186,187
- 《梦溪笔谈》 106,221
- 《名著的阅读》 28

P

- 《普通英语读者:阅读大众的社会史1800—1900》 17

Q

- 《七略》 58,217—224,242,322
- 《千字文》 68,117,156,160,222,300
- 《全民阅读参考读本》 28
- 《全民阅读推广手册》 28
- 《全民阅读知识导航》 28
- 《劝学——文明的导向》 24

- 《劝学谚语》 25

S

- 《三都赋》 104
- 《三国演义》 71,176
- 《三字经》 68,117,156,300
- 《少室山房笔丛》 106
- 《圣经》 46,62,65,77,78,81,98,100,101,119,264,285
- 《诗经》 70,71,169,172,173,263,265,297
- 《什么是书籍史》 12,31
- 《史记》 64,68,70,71,121,159,160,234,245,286,333
- 《书籍的历史》 19,66
- 《书籍的社会史——中华帝国晚期的书籍与士人文化》 20
- 《书籍的秩序:14至18世纪的书写文化与社会》 17
- 《书林清话》 25,41,115
- 《书目答问》 2,25,164—168,170
- 《书目答问补正》 25
- 《书目答问汇补》 25
- 《书目答问斠补》 25
- 《书目答问校补》 25
- 《水浒传》 71
- 《说文解字》 58,68,70,71,243,251,311,312
- 《四库全书总目》 52,53,222—224,226,297
- 《宋朝事实类苑》 117
- 《宋代科举》 111
- 《宋史》 115,318
- 《塑造中华文明的200本书》 27,164
- 《隋书·经籍志》 97,103,122,200,221,223,224

T

- 《"他者"的角色:启蒙运动时期的农民阅读》 18
- 《唐诗三百首》 68,70,71,157
- 《通志·艺文略》 122,221,223
- 《透过大众的眼睛:现代法国阅读史(1800—1940)》 17
- 《图书馆的社会功能》 150

W

- 《晚期中华帝国》 19
- 《晚期中华帝国的印刷与书籍文化》 20
- 《晚清士人的西学阅读史(一八三三—一八九八)》 30
- 《为赚钱的印刷业:11—17世纪福建建阳的商业印刷者》 20
- 《魏晋时期〈庄子〉阅读史》 32
- 《文化贸易——清代至民国时期四堡的书籍交易》 20
- 《文人书趣》 26,251
- 《文选》 69—71,160,286,302

X

- 《西方阅读史》 14,100,119
- 《西学书目表》 67,225—227
- 《西游记》 71,202,279
- 《续资治通鉴长编》 110
- 《荀子》 71,285

Y

- 《易经》 64,97,199,235
- 《影响中国历史的三十本书》 25,27,164
- 《阅读的人文与人文的阅读》 28
- 《阅读的未来》 16
- 《阅读的欣悦》 25
- 《阅读疗法》 34,265
- 《阅读史》 15,16
- 《〈阅读史〉第二卷:来自不列颠群岛的证据,1750—1950年》 16
- 《〈阅读史〉第三卷:方法和策略》 16
- 《〈阅读史〉第一卷:全球概览,1500—1900年》 16
- 《阅读史初探》 10,13
- 《阅读文化概论》 29
- 《阅读学新论》 29
- 《阅读研究引论》 29

Z

- 《知堂书话》 25,288

- 《直斋书录解题》 116
- 《智者阅读：中外名报名刊名家的推荐书目》 26
- 《中国藏书通史》 28
- 《中国出版通史》 28
- 《中国读书大辞典》 26
- 《中国读者理想藏书》 26
- 《中国古代劝学名篇选注》 24
- 《中国禁书简史》 33
- 《中国旧书业百年》 28
- 《中国历代国家藏书机构与名家藏读叙传选》 24
- 《中国历史文献学》 27
- 《中国名人读书生涯》 26
- 《中国人读书透视——1978—1998大众读书生活变迁调查》 32
- 《中国私家藏书史》 54，112，344
- 《中国阅读：全民阅读蓝皮书》 32
- 《中国阅读大辞典》 26
- 《中国阅读文化史论》 28
- 《中华帝国晚期的阅读史：1000—1800》 22
- 《中华读书之旅》 26，28
- 《中外劝学名篇系列》 25
- 《种瓜得豆——清末民初的阅读文化与接受政治》 31
- 《朱子文集》 111
- 《庄子》 32，70，71，160，170，265，285
- 《资治通鉴》 69—71，162，270，286，319
- 《左传》 64，70，71，160，161，235，312，333，342

【专有名词】

C

- 册页制 39，40，43，93，100，117—119
- 阐释团体 189—191
- 超文本标识语言 126

G

- 耕读传家 33，46，47，249，346—349
- 国际阅读协会 10

J

- 集体阅读　98—100,213
- 简牍制　39,40,43,93
- 卷轴制　39,40,93,100,117—119

K

- 口头阅读　59,60,98,118

Q

- 群体感情　189
- 群体规范　189
- 群体目标　189
- 群体意识　8,171,188,191—193,195—197

S

- 书痴　287—288

T

- 图像阅读　7,96,98

W

- 网络阅读　12,15,28,124—127,131

Y

- 阅读范围　68,71,103,105,122,170,181,213,230,260,296
- 阅读方法　11,22,24,46,57—59,156,205,299,309,312,313,316,317,323—325
- 阅读共同体　189—191
- 阅读环境　46,47,74,89,152,204,317,335
- 阅读理论　26,58,59,83,203
- 阅读史　1,3,4,6,9—35,56—58,60,61,63,74,82,83,87—90,94,100,119,120,132,154,177,182,188,189,279,290,312,319,324
- 阅读卫生　29
- 阅读文化　4,6—9,17,22,23,26—35,38,40,45,48,50,51,54—60,72,75,82,105,122,

129,130,132,134,136,156,157,171,172,178,188,196,206,263,290,349
- 阅读习惯 2,11,12,19,122,123,126,127,153,157,190,203
- 阅读障碍 280

说明

本套书部分照片从有关书籍中选取,特向拍摄者致谢。由于客观条件限制,很难一一寻找书中照片的作者,请有关作者与出版社联系,并提供足够的证明材料,以便及时支付稿酬。